DESVIACIÓN Y VERDAD
La re-escritura en Arenas y la Avellaneda

D0860816

WITHDRAWN

PUBLICATIONS OF THE SOCIETY OF SPANISH AND SPANISH-AMERICAN STUDIES

Luis T. González-del-Valle, *Director*

CAROLINA ALZATE CADAVID

DESVIACIÓN Y VERDAD
La re-escritura en
Arenas y
la Avellaneda

CALVIN T. RYAN LIBRARY
U. OF NEBRASKA AT KEARNEY

SOCIETY OF SPANISH AND SPANISH-AMERICAN STUDIES

© *Copyright, Society of Spanish and Spanish-American Studies, 1999.*

All rights reserved. No portion of this book may be reproduced, by any process or technique, without the express written consent of the publisher. The book may be quoted as part of scholarly studies.

The Society of Spanish and Spanish-American Studies promotes bibliographical, critical and pedagogical research in Spanish and Spanish-American studies by publishing works of particular merit in these areas. On occasion, the Society also publishes creative works. SSSAS is a non-profit educational organization sponsored by the University of Colorado at Boulder. It is located in the Department of Spanish and Portuguese, University of Colorado, Campus Box 278, Boulder, Colorado, 80309-0278. U.S.A.

International Standard Book Number (ISBN): 0-89295-094-3

Library of Congress Catalog Card Number: 98-75143

Printed in the United States of America.
Impreso en los Estados Unidos de América

This text was prepared by **Sandy Adler, Foreign Language Desktop Publishing Specialist for the College of Arts and Sciences, University of Colorado at Boulder.**

Para Jorge, por la risa

L'hypertext nous invite a une lecture rela-
tionelle dont la saveur, perverse autant
qu'on voudra, se condense assez bien
dans cet adjectif inédite qu'inventa na-
guère Philippe Lejeune: lecture palimp-
sesteuse.

Gérard Genette
Palimpsestes, 1982

. . . establecer las diversas eras donde la
imago se impuso como historia . . . Don-
de el hecho, al surgir sobre el tapiz de
una era imaginaria cobró su realidad y
gravitación.

José Lezama Lima
La expresión americana, 1957

CONTENIDO

AGRADECIMIENTOS

Agradezco ante todo a Pedro M. Barreda Tomás, Nina M. Scott y Montserrat Odóñez Vilá, cuyos conocimientos, experiencia y sabiduría fueron esenciales en la primera versión de este trabajo; a los tres agradezco profundamente el cuidado con que leyeron el texto y lo comentaron conmigo. La generosidad de los profesores Barreda y Scott durante mis años en Amherst es responsable en buena parte de este libro: mi obsesión por las ideas de nación y de romanticismo es la de él, mi constante pregunta por las mujeres y por la elaboración genérica es la de ella. El trabajo de ambos a estos niveles recorre mi texto. Montserrat Ordóñez, durante mi período de trabajo en Bogotá, fue la constante cómplice sin la cual habría perdido muy fácilmente la perspectiva dentro de ese monólogo diario que es la escritura.

Agradezco también al Departamento de Español y Portugués de la Universidad de Massachusetts en Amherst, a todos sus profesores, a mis amigos tanto dentro como fuera del Departamento: en ellos encontré conocimiento y apoyo constante; todos tienen una parte, nada pequeña, en este libro. Y a Amherst sus otoños e inviernos; también la primavera y el verano.

El último año de mi investigación fue financiado por COLCIENCIAS, Instituto Colombiano para el Desarrollo de la Ciencia y la Tecnología, con el apoyo de la Universidad de los Andes de Bogotá y su Programa de Literatura. Esta beca hizo posible mi dedicación exclusiva al proyecto, me permitió profundizar en la investigación y revisar una y otra vez mi manuscrito. Agradezco por ello a COLCIENCIAS y a la Universidad de los Andes, y muy especialmente a Betty Osorio de Negret, Directora entonces del Departamento de Filosofía y Letras de la Universidad.

Carolina Alzate C.
Bogotá, julio de 1998

Esta publicación fue financiada en parte por la Universidad de los Andes de Bogotá, a través de la Facultad de Artes y Humanidades y su Departamento de Humanidades y Literatura.

INTRODUCCIÓN

La novela histórica, quizás de manera más evidente que otros géneros literarios, se encuentra unida conceptual e históricamente, y de manera indisoluble, a los fenómenos de re-escritura y de conformación de identidad. Surgida en los comienzos del siglo XIX, se convierte en líder del desarrollo del género novelesco, y forma parte fundamental de los procesos de construcción imaginaria de las naciones que tanto en Europa como en América ocupa a una parte importante de la producción intelectual y material de la primera mitad de ese siglo. Marcada por el contexto de su nacimiento, la novela histórica continúa teniendo expresiones esporádicas hasta reaparecer como fenómeno de grandes proporciones otra vez en América Latina en la segunda mitad de nuestro siglo, en el marco de una voluntad de repensar la historia y de intentos reiterados de (re)configuración de identidades.

Si en general la novela histórica reconoce de manera manifiesta su carácter textual, tal naturaleza es doblemente autoconsciente en el caso de la narrativa latinoamericana. El texto del Inca Garcilaso de la Vega, por ejemplo, que es tal vez el primer relato mestizo que de manera consciente reflexiona sobre la relación discursiva entre las Indias y Europa, se presenta a sí mismo como "comento y glosa" de las crónicas que describen-inventan al llamado Perú. La textualidad que marca la entrada de este continente al imaginario occidental hace que nuestros escritores, al querer examinar nuestros orígenes, se vean llevados a la lectura de las crónicas de descubrimiento y conquista y a los diferentes textos que desde entonces han configurado y reconfigurado una y otra vez nuestro ser. De esta manera, la intertextualidad se presenta como eje central en torno al cual se construye la novela histórica latinoamericana, y ello en manifestaciones que van desde la simple alusión a narrativas anteriores hasta la re-escritura minuciosa de relatos específicos. Este último caso, con el de la parodia como una de sus formas, se presenta como el más fecundo para el estudio del género, en el sentido en que es la forma narrativa que se ofrece desde un primer momento como textualidad absoluta y que concibe de manera evidente a la historia y a la conformación de grupos sociales como fenómenos textuales.

Para el presente estudio he elegido dos novelas de Gertrudis Gómez de Avellaneda (1814-1873) y dos de Reinaldo Arenas (1943-1990), cuatro textos pertenecientes a los dos períodos de mayor auge de la novela histórica. A sus autores los une el hecho de ser dos cubanos que no se han movido a gusto dentro de la institución literaria a pesar del relativo

1

reconocimiento de que gozaron en su momento y de la altísima calidad de sus obras. Sus novelas tienen un carácter doble: representan tanto un intento de negociación con la institución literaria del momento, como un ataque radical, a la vez que oblicuo, a la misma.

De Gómez de Avellaneda leeremos *Guatimozín, último emperador de México* (1846) como re-escritura de la *Historia verdadera de la conquista de la Nueva España* (1632) de Bernal Díaz del Castillo y de las *Cartas de relación* (1519-1526) de Hernán Cortés, y *El cacique de Turmequé* (1871) como re-elaboración textual también, en este caso de *El Carnero. Crónica de la conquista y descubrimiento del Nuevo Reino de Granada* (1636) de Juan Rodríguez Freile. En el caso de Arenas, los textos fundadores elegidos pertenecen al siglo XIX, y son *Cecilia Valdés o la Loma del Ángel* (1882) de Cirilo Villaverde y las llamadas *Memorias* (1817) de Fray Servando Teresa de Mier, textos que Arenas parodia en sus novelas *La Loma del Ángel* (1987) y *El mundo alucinante* (1969) respectivamente.

Leer estas cuatro novelas y escribir sobre ellas significa entrar en contacto con la apretada red textual que a través de alusiones, citas y re-escrituras conforma estos textos. Por tal razón los pre-textos coloniales y decimonónicos que acabo de mencionar serán los más importantes dentro de esta relectura, pero no los únicos, como se verá. Al mismo tiempo, el estudio de estas novelas exige examinar la manera en que la literatura percibe sus relaciones con la realidad así como los supuestos historiográficos del momento de cada autor. Ambos fenómenos, inter-textualidad e historiografía, se delinean de manera diferente en cada autor, siendo ésta determinada por la particularidad con que sus épocas definen al ser de la literatura y al hecho creativo. Sus momentos son el moderno y el posmoderno, o romántico y posromántico, como prefiero llamarlos dado el carácter primariamente literario de mi aproximación. Dentro de las particularidades de esas dos órbitas discursivas tendrán que ser examinados los elementos que he planteado hasta aquí. Desde ya se puede prever que las conclusiones del presente estudio contribuirán al conocimiento no sólo de estos dos autores y de la novela histórica latinoamericana, sino también al de aspectos fundamentales de lo que llamamos romanticismo y posromanticismo, como son sus descripciones de la creación artística, de la realidad y de la historia. He preferido utilizar los términos *romántico* y *posromántico* para referirme específicamente a las manifestaciones de lo moderno y de lo posmoderno en las artes; en el capítulo uno me detendré sobre su definición, y los dos capítulos subsiguientes darán ejemplos de sus contenidos conceptuales.

Comenzaré entonces con una presentación del discurso de la modernidad y de la disciplina histórica que en él se gesta, para luego delinear el plano general en el que se mueve la problemática de la creación literaria. Desde allí haré una introducción al género de la novela histórica, el cual preparará la entrada al estudio de los textos propuestos.

CAPÍTULO 1
MONÓLOGO Y DISIDENCIA.
LA HISTORIA, LA NOVELA Y SU AUTOR

1. *ASÍ SUCEDIÓ*. DE CÓMO NACIERON EN LA MODERNIDAD EL SUJETO Y LA HISTORIA

> *Sobre ese hilado que le presta la imagen a la historia, pende la verdadera realidad de un hecho, o su indiferencia e inexistencia.*
>
> José Lezama Lima
> *La expresión americana*, 1957

> *Larga repercusión tienen las palabras.*
> Jorge Luis Borges
> "El arte narrativo y la magia," 1932

Michel Foucault describe el cambio epistemológico que inaugura la modernidad como un paso del orden del *mundo* al de la primacía del *pensamiento*. El pensamiento de Descartes no es ya la actividad aleatoria que explora en los enigmas de un lenguaje opaco (Foucault, *Las palabras y las cosas* 42 ss), sino la fundación de un nuevo lenguaje estrictamente regulado con miras a garantizar su transparencia y neutralidad y a representar los seres en su "claridad y distinción." El sujeto cartesiano, nacido como racionalidad, en manos de la Ilustración, y en particular de Kant, adquiere las características más sofisticadas del Sujeto Trascendental; las categorías histórico-culturales del pensamiento europeo de la era newtoniana se convierten en manos de este filósofo en categorías trascendentales: un pensamiento guiado por las formas *a priori* del tiempo, el espacio, la causalidad, la no-contradicción, se presenta como la vía legítima y propia del "ser humano en general" para construir mundo y conocimiento.

Este sujeto moderno, recién nacido pero sin embargo eterno y universal dentro del ahistoricismo que caracteriza a la modernidad, es el sujeto Uno, Autoconsciente y Coherente, y con referencia a Él se definirán como inacabadas todas las otras configuraciones del ser humano, no sólo las no occidentales, sino las muchas otras presentes dentro del nada homogéneo Occidente. A partir de entonces ese sujeto se constituye en único productor de conocimiento legítimo, "alcanzado" a través del ejercicio riguroso de las diferentes "disciplinas" a las cuales van asignándose los diversos "campos" de conocimiento a lo largo del siglo XIX. Como afirma Foucault, para el nuevo sujeto "saber es hablar como se debe y como lo prescribe la marcha cierta del espíritu" (*Las palabras* 92).

Este es el contexto en el que surge la Historia como disciplina moderna, y como tal su advenimiento y legitimación se realizan a costa de otras formas de relato; la Historia nace así, negando valor de conocimiento a los relatos históricos escritos antes de la era de la Verdad. Según las leyes del nuevo discurso una cosa es la realidad y otra la ficción, una el conocimiento científico y otra la literatura, definidos siempre en parejas dicotómicas que se guían por la oposición primaria objetividad/subjetividad.

Pero en el contexto en que nace esta disciplina hay un aspecto más, y es el de la secularización. El privilegio del pensamiento sobre el mundo, que arriba mencionamos, es un privilegio del sujeto trascendental como generador del Mundo, sobre un mundo opaco e inasible que era escritura cifrada de Dios y del cual el lenguaje mismo hacía parte (Foucault, *Las palabras* 35). En la concepción medieval providencial de la historia, el aquí y ahora no es un mero eslabón "in an earthly chain of events, it is *simultaneously* something that has always been, and will be fulfilled in the future; . . . in the eyes of God, it is something eternal, something omnitemporal" (Auerbach, cit. B. Anderson 24). Dentro del nuevo orden moderno el sujeto no mira ya hacia atrás, no trata de entender su destino en los textos heredados de la tradición, sino que lo busca en el futuro y sobre éste se proyecta como agente todopoderoso de un mundo en creación constante y coherente según su imagen y semejanza. Y es la Historia la encargada de "registrar" esa marcha continua y segura hacia la "libertad, igualdad y seguridad," la linealidad del progreso que define al presente como radicalmente separado del pasado (Anderson 23) y condición del futuro. El pasado para los Ilustrados es la sin razón, y el presente la expansión de una racionalidad que hasta ellos estuvo limitada a áreas ocupadas por la pasión, las emociones, la ignorancia y la superstición, un presente de lucha que anuncia el futuro de redención, el triunfo de la razón tras su eclipse de siglos incontables (White, *Metahistory* 62).

Sin embargo, y a pesar de la fuerza arroyadora del discurso moderno, muy pronto comenzó a hacerse la historia de lo que se pretendía sin historia: la historia de la modernidad, la historia sin mayúscula, la que habla de discontinuidades y fracturas, la que da cuenta de los silenciamientos que intentan ocultar lo heterogéneo y de la violencia que ejerce ese Sujeto Universal sobre lo diferente. Y estas otras historias muestran que el Sujeto Trascendental no es el eterno por fin develado, sino que ha sido creado en un momento muy particular y ha crecido simultáneamente a los Imperios modernos, legitimándolos, y gracias a negaciones entre las que se cuentan a "el salvaje" y a "la mujer" entre otros.

Son muchos los autores que, principalmente a partir de los años setenta de nuestro siglo, se han concentrado en contar estas historias. Sidonie Smith, por ejemplo, ha examinado los rasgos patriarcales que definen al Sujeto autónomo y autoconsciente, y Joan Kelly ha documentado cómo los desarrollos que en el Renacimiento iniciaron la gestación de este Individuo tuvieron un efecto adverso sobre las mujeres, significando entre otras cosas una reducción de sus posibilidades de acceso a la propiedad, al poder político y a la educación necesaria para desenvolverse en ellos (20). Julia Kristeva ha mostrado cómo el discurso moderno, al localizar a "la mujer" del lado "naturaleza" en la dicotomía naturaleza/cultura, le ha asignado a ésta un tiempo que es el de la repetición y la eternidad, dando al "tiempo de la civilización y de la historia" el sello masculino, y separando así el concepto de "lo femenino" del de agencia (445-46). Las teorías feministas coinciden en presentar a la modernidad como opresiva y androcéntrica, discurso de un hombre blanco europeo de la clase dominante que se auto-proclama centro del universo y paradigma según el cual todo lo demás es lo Otro y significa sólo en relación a él.

Edward Said, por otra parte, ha estudiado el desarrollo del imperialismo en el siglo XIX como parte integral de la formación de la cultura metropolitana (*Culture and Imperialism* 77 y 78), y ha mostrado cómo los discursos universalizantes de los imperios modernos marcan al mundo no europeo como el lugar del silencio: "there was virtual unanimity that subject races should be ruled, that they are 'subject' races, that one race deserves and has consistently earned the right to be considered the race whose main mission is to expand beyond its domain" (53). Hayden White en su ensayo acerca de la idea de "salvaje" muestra cómo el siglo XIX revive esta idea en el concepto de "primitivo" aplicado al Otro-colonial y lo elabora como humanidad detenida incapaz de superar la dependencia de la naturaleza, ejemplo de qué pudo haber sido el hombre "civilizado" y en qué podría caer de nuevo si se alejara del camino de la civilización ("The Forms of Wildness" 178). La historia de la idea de "salvaje" muestra que el Otro es colocado "in places sufficiently obscure to allow him to appear as whatever thinkers wanted to make out of him, while still locating him in some place beyond the confines of civilization" ("The Forms" 174), y siempre usado como dispositivo para legitimar el valor de la civilización, como su antítesis dialéctica (151); en la dicotomía civilización/barbarie, el "salvaje" aparece como aquel a quien faltan todas las instituciones de la vida civilizada: la seguridad del sexo organizado en la familia, la del sostén que proveen las organizaciones políticas, sociales y económicas, y la de la salvación, suministrada por la Iglesia ("The Forms" 166). José Martí lo había articulado ya en 1883, cuando calificando como errada la oposición "civilización y barbarie" para entender a América Latina, señalaba tal dicotomía como el mecanismo imperial según el cual "la civilización, que es el nombre vulgar con que corre el estado actual del hombre europeo, tiene derecho natural de apoderarse de la tierra ajena perteneciente a la barbarie, que es el nombre que los que desean la tierra ajena dan al estado acual de todo hombre que no es de Europa o de la América europea" (8: 442).

Los estudios citados hasta aquí son una muestra pequeña pero elocuente del inmenso *corpus* crítico que ha ido poniendo en evidencia el gran aparato del discurso de la modernidad. Tras el escenario se descubre entonces que el Sujeto que se legitima sobre la pretendida universalidad tiene por lo menos lugar geográfico y género, y que su existencia reposa sobre una estructura de poder que funciona a través de exclusiones y oposiciones, esenciales al Imperio y al patriarcado.

Pero así como del Sujeto, se han relatado también historias de las "disciplinas" que, como lo expone Foucault, han de-limitado y filtrado en sus "campos" lo visible (*Las palabras* 133 ss). Margarita Zamora, al presentar la historia de la recepción de los *Comentarios reales* del Inca Garcilaso de la Vega, ha mostrado que la historia positivista decimonónica se define a través de negaciones, autorizando como relatos históricos legítimos sólo aquellos que se erigen sobre la dicotomía moderna historia/ficción (7 ss), en una oposición que quiere ocultar la permeabilidad de la supuesta frontera. Tal dicotomía parte de la premisa de que "every utterance can be classified either as historical, that is, strictly referential, or as creative, where the narration of the past is embellished through fictional resources or transformed through the interpretation of personal feelings and circumstances of the author, or simply invented" (Zamora 7). Lo que hace el discurso positivista es negar el hecho de que, como muestra Roland Barthes, "le fait n'a jamais qu'une existence lin-

8

güistique (comme term d'un discours), et cependant tout se passe comme si cette existence n'était que la 'copie' pure et simple d'une autre existence, située dans un champ extrastructural" ("Le discours de l'histoire" 20).

Hayden White cuestiona la fundamentación dicotómica de la historia proponiendo que lo que realmente define y da fuerza a esta ciencia no es su pretendida objetividad, sino la construcción retórica que la emparenta con la literatura, y que la constituye en discurso interpretativo por medio del cual la conciencia construye al mundo en su afán por habitarlo ("The Historical Text as Literary Artifact" 99). Este mismo autor afirma que la escritura de la historia es una actividad a la vez poética, científica y filosófica, y que las bases reales sobre las cuales se privilegia una perspectiva histórica sobre otra son en último término estéticas o morales, más que epistemológicas (*Metahistory* x-xii). La historia positivista decimonónica, con su prejuicio cientificista, al negar su componente interpretativo y tratar de ocultarlo tras un aparato teórico mediante el cual se regula y autolegitima, lo que hace, además de escatimar el hecho de que está construyendo una identidad y proponiendo un futuro, es establecer una jerarquía y colocarse por encima de los demás relatos históricos, desautorizándolos. De tal manera los relatos que no se conforman al nuevo orden del discurso son silenciados en cuanto históricos, confinados al "campo" de la literatura o al de lo etnográfico imperial. La historiografía positivista se auto-designa como el único discurso con acceso a "lo real," y haciendo esto se constituye en ejemplo claro de cómo su narrativa encarna el interés que tienen los grupos dominantes en controlar "what will pass for the authoritative myths of a given cultural formation" (White, *The Content of the Form* x).

Nancy Partner, en su artículo "Making Up Lost Time," acusa una idea que en general impera entre los que ella llama "historiadores profesionales": "the idea . . . that there is such a thing as 'non-narrative' history which exhibits more sophisticated intellectual activity than narrative, a lower mode practiced chiefly by 'popular' historians whose books betray a strong family likeness to novels" (93). Si bien éste es el estado actual de cosas, no siempre fue así. Para el Renacimiento el conocimiento era todavía un producto de la interpretación: del historiador se esperaba no la presentación exacta y completa de los hechos sino una guía moral, y por tanto era legítimo, y por su puesto permitido, seleccionar y estilizar los eventos del pasado (Zamora 6). Pero en el siglo XIX el carácter supuestamente referencial y no performativo del relato histórico obliga a que el proceso de selección e interpretación que se lleva a cabo en la escritura quede en el mejor de los casos en el inconsciente, cuando no en un ocultamiento premeditado; de igual manera, "the elements of an acceptable history which the author is allowed, *in good conscience*, to invent have progressively shrunk" (Partner 104, mi énfasis). Sin embargo, y a pesar de los continuos esfuerzos, lo único que ha logrado la historia en su intento de separación radical de la literatura no ha sido más que un "overemplotment" que la acerca peligrosamente a su enemigo (Partner 102): para ocultar el carácter contingente y provisorio de la elaboración de sus relatos se empeña en presentarlos como objetos acabados "semejantes al mundo," continuos y necesarios; pero en este escrupuloso empeño tales objetos se develan como artefactos ultraelaborados que en último término lo que delatan es "the strong family likeness to novels" tan temida. Se trata aquí de esa "frenética y precisa causalidad" que es común, según Borges, tanto al arte narrativo como a la magia (1932).

Foucault afirma que la Literatura, en la concepción que aún hoy predomina, nació en el siglo XIX: la literatura definida como forma independiente, de difícil acceso, replegada sobre el enigma de su nacimiento y referida por completo al acto puro de escribir, en el reino de la intransitividad radical (*Las palabras y las cosas* 293). Esto nos lleva a concluir que la Historia y la Literatura nacen simultáneamente y como producto de un mismo movimiento conceptual, en oposición una a la otra, caracterizadas por su diferencia. Esta consideración nos regresa a nuestro propósito central: la literatura y la novela histórica. Hablar de Gertrudis Gómez de Avellaneda y de Reinaldo Arenas después de la presentación hecha hasta aquí, nos sitúa en contextos de poder y patriarcados, así como de conflictos disciplinarios, en ambos sentidos de la palabra.

2. El Autor y su Obra. Un contexto romántico para la novela histórica y la parodia

La literatura de características románticas que heredamos del siglo XIX nace pues como disciplina entre las disciplinas: producto del Individuo autoconsciente, autónomo y coherente. Pero este individuo literario romántico no es cualquier Individuo, es el Genio creador. La diferenciación que el racionalismo efectuó al interior del mundo nebuloso y opaco produjo unos campos de conocimiento definidos según las categorías de diferencia y de exclusión mutua presentadas arriba; siguiendo el paradigma cientificista, privilegiado en el momento, los diversos campos de investigación fueron delineándose con pulso seguro, y ello en parte a

10

costa de la literatura: el universo de seres que ésta abarcaba fue sufriendo despojos paulatinos y constantes. Separada de "lo justo" y de "lo verdadero," se le dejó como terreno propio el de "lo bello," reino aún por definir y que exigió la agencia del Genio para legitimarse y darse un modo de ser propio. Muy estudiado por Kant y por Schiller (aunque más bien habría que decir que imaginado y dibujado), el Genio romántico es la manifestación singular del Sujeto Trascendental en hombres marcados por su signo: el Genio, en el libre juego de sus facultades, logra producir un objeto artístico ante cuya contemplación el lector puede deponer los criterios pragmáticos y morales que dominan su vida diaria y regocijarse así en la actividad pura de un Espíritu por fin libre de los intereses cotidianos que lo alejan de su ser trascendental.

El siglo XIX habla de Genio, el XX de Autor, pero conceptualmente son el mismo, si bien el segundo tiene las sofisticaciones contemporáneas de la industria editorial. Es el Autor de la Literatura que con Foucault describíamos arriba como forma independiente, de difícil acceso, replegada sobre el enigma de su nacimiento y referida por completo al acto puro de escribir, en el reino de la intransitividad radical. Ese Autor es Origen prístino; su Obra no es conocimiento empírico, y por tanto fluye sin mediación desde su ser trascendental a lo largo de su pluma hasta tomar cuerpo sobre una página nunca antes escrita, en palabras recién nacidas. Ese Autor, en su ser cotidiano, es el que sufre "la ansiedad de la influencia" (Harold Bloom), consciente de que será leído por una crítica también romántica que privilegia las supuestas Originalidad e Individualidad y que en el fondo se basa en el ocultamiento de la memoria y de la tradición sin las cuales ni el autor ni su obra existirían.

Escritos como el de Roland Barthes de 1968 han proclamado la muerte del Autor, y otros como el de Foucault ("What is an Author?" 1969) han mostrado que la fuerza de su concepto no desaparece simplemente con negarlo. De hecho, esa figura del Autor que encarna el prestigio del individuo es la que sigue imperando en los lectores contemporáneos que se lanzan a su búsqueda en las biografías, entrevistas y revistas, y en cuya persona buscan la explicación de la obra, como si la voz de esta persona única estuviera siempre al final de la alegoría de la ficción (Barthes, "The Death of the Author" 168).[1] De manera reveladora Foucault describe el concepto de Autor como una función que define el modo de existencia de cierto tipo de discursos y que regula su circulación (Foucault, "What is . . .?" 105). El ser de lo que llamamos literario, históricamente, no puede por tanto prescindir de este concepto que lo define, si bien puede problematizarlo, reexaminarlo, replantearlo.[2]

En su estudio sobre el Autor, Foucault señala la aparición de este concepto como un momento privilegiado de la "individuación" en la historia de las ideas, del conocimiento, de la literatura, de la filosofía y de las ciencias (101). Esta noción forma una unidad tan fuerte con el concepto de Obra, que hace parecer débiles los conceptos de escuela e incluso de género literario (101) y de sus convenciones, tan importantes en los estudios de la crítica actual. Si hoy los textos que se firman son los literarios, antes del siglo XVIII los que exigían declarar su origen eran los científicos ("What is . . .?" 108): el texto que hoy llamamos literario era un eslabón más en la cadena de una larga tradición, una expresión más de las mismas convenciones definidas desde siempre, en la cual los nombres particulares importaban poco. En oposición a esta poética, las nociones románticas de individualidad y originalidad operan una negación de la tradición y en ella se fundan; se definen en contraste con el paradigma anterior, cuyo cánon poético incluía dentro de sus opciones la imitación como producción legítima, y dentro de ella la elaboración particular de los rasgos estilísticos y temáticos de los diversos géneros.

En *Los hijos del limo* Octavio Paz sostiene acertadamente que las vanguardias artísticas de nuestro siglo son la última manifestación de la tradición romántica de la ruptura. Esto significa que en América Latina, al menos hasta los años treinta, lo que predominó a partir del siglo XIX fue el ahistoricismo de la modernidad, con el romanticismo como su poética literaria. Ello en literatura significa no sólo un ahistoricismo literario en "sentido estricto," es decir la idea de que se tiene que crear y se crea una Obra nueva, cerrada en sí misma, completa y autosuficiente, que nada tiene que ver con la tradición anterior, nada le debe y se le opone, sino también un ahistoricismo a nivel de las condiciones concretas de producción y circulación de la Obra. Es decir, tan pronto como un texto ha logrado entrar al ámbito de "la gran literatura," las condiciones sociales, económicas y políticas en que se ha gestado desaparecen por completo: las Obras no tienen fecha de publicación, ni clase social, ni partido político, ni género sexual: son eternas, y se las juzga según pretendidos universales poéticos que ocultan su origen en las élites literarias y socio-políticas que las producen o promueven.

Si llevamos esta discusión al contexto de las novelas históricas que nos ocupan, surgen, pues, dos puntos que exigen ser examinados con detenimiento. Por un lado, ¿cuál puede ser el estatuto de unos textos que no ocultan su carácter de *re-escritura* dentro de la poética de ruptura romántica? Por el otro, ¿cómo se ubican estos textos dentro de la estructura de poder que significa la llamada *literatura de fundación nacional* latinoamericana, y que es el contexto de su gestación?

A continuación haré una presentación introductoria a estas dos problemáticas: a los contenidos poéticos de la re-escritura y de la Nación. Será sólo introductoria dado que esta discusión es la que me ocupará en el estudio específico de las novelas de Gertrudis Gómez de Avellaneda y de Reinaldo Arenas, en los capítulos dos y tres.

3. RE-ESCRITURA Y PARODIA: LA NECESIDAD DE VOLVER SOBRE LA TRADICIÓN

> *La mémoire, dit-on, est "revolutionaire"—*
> *à condition sans doute qu'on la féconde,*
> *et qu'elle ne se contente pas de commé-*
> *morer.*
>
> Gérard Genette
> *Palimpsestes,* 1982

Las novelas históricas de Gertrudis Gómez de Avellaneda y Reinaldo Arenas que nos ocupan, no pueden ser otra cosa que re-escritura. Miradas en ese contexto concreto de producción que la estética romántica quiere ignorar, estas novelas son escritas desde los márgenes: son los márgenes de la cultura colonial metropolitana y patriarcal, en el caso de Avellaneda, y los de la política oficial y homofóbica de la Revolución cubana de los años sesenta y setenta, en el caso de Arenas. Ambos casos de re-escritura encarnan una lucha que es a la vez política y literaria, como producción textual de dos autores cuyas condiciones particulares les impiden ignorar todo el aparato de poder que se esconde tras las poéticas universalizantes. Tales condiciones los llevan además a hacer de éstas su tema, en un intento de deconstruirlas para encontrar un espacio de expresión que les es negado y con el cual se relacionan de manera problemática.

Así pues, las historias particulares de estos dos autores hacen que por principio sus poéticas en muchos aspectos no puedan ser románticas. Avellaneda antes que padecer "la ansiedad de la influencia" tiene que padecer "la ansiedad de la autoría," como la teoría feminista ha replanteado el problema en la escritura de mujeres (Gilbert y Gubar, en Warhol 289 ss); por otro lado, como mujer escritora de mediados del siglo XIX, no

13

puede dejar de referirse a la tradición literaria patriarcal que ha definido a "la mujer" y que la ha circunscrito a un espacio en el que Avellaneda se resiste a permanecer: su escritura tiene que pasar por la lectura-escritura crítica de una tradición literaria que por principio la excluye. El momento de Arenas, por otro lado, es el de la fundación de la nueva nación cubana a partir de 1959, y su escritura se plantea como respuesta a la manera en que la oficialidad cubana presenta la tradición literaria anterior, así como a la forma en que quiere seguir escribiéndola, repitiendo, a los ojos de este autor, la violencia de la homogenización y la represión de la disidencia, que en Arenas es a la vez política y sexual.

Desde este punto de vista, la *escritura* en las cuatro novelas que tratamos es fundamentalmente una *lectura* de los textos de otros, una manifestación evidente del *dialogismo* que Mijail Bajtin califica como esencial al género novelesco. Este autor, en uno de sus análisis sobre el discurso en la novela (y quejándose de las consecuencias limitantes que el romanticismo tuvo para el estudio de este género), señala que la estética romántica concibe a la palabra sólo como intencionalidad directa sin ninguna desviación hacia la convencionalidad, como discurso directo y expresivo del autor sin refracción verbal de ningún otro discurso ("Discourse Typology in Prose" 301). La concepción romántica que Bajtin describe es aquella que mira al texto como mensaje cerrado, y que entiende a la historia de la literatura como una serie de hitos ahistóricos intransitivos. Dentro de esta tradición es muy difícil incluir, y por supuesto comprender, los géneros paródicos, siendo como son una re-inscripción crítica del discurso de otro. Una reflexión sobre la re-escritura en tal sentido se plantea como esencial al presente estudio, por cuanto los textos que nos ocupan se refieren siempre a textos anteriores, textos en relación a los cuales deben ser estudiados y entendidos.

Es necesario, entonces, tratar de pensar estas novelas de Arenas y de Avellaneda dentro del contexto de la tradición romántica, la cual regula, en sus respectivos momentos históricos, tanto la creación como el discurso crítico. Estos dos autores se encuentran en varios aspectos fuera de la institución literaria dominante, siendo quizás el principal la manera en que se aproximan al hecho de la re-escritura. En las novelas de Arenas y de Avellaneda el mecanismo de re-escritura con el que enfrentan a la tradición no puede aproximarse según el discurso que rodea al término peyorativo romántico de "imitación," y según el cual todo elemento que señale la presencia de otro texto dentro del propio debe evitarse; por el contrario, los actos de lectura que sus textos llevan a cabo significan la posibilidad misma de escribir (y de ser leído, claro) y son el objetivo primario de su escritura. Estas novelas, tanto en su existencia misma como en sus características, son impensables dentro de la noción de Obra, completa en sí misma y autosuficiente.³

Como señalan Bajtin (*Rabelais and his World*) y Linda Hutcheon (*A Theory of Parody*), dentro de la estética romántica los géneros paródicos han sido descritos como menores y parásitos, ya que atentan contra la "originalidad" y la "individualidad" del Genio. Sin embargo, como muestra Hutcheon, hoy asistimos a una proliferación de la parodia en todas las artes, y este hecho hace parte del fenómeno posmoderno en que ha hecho crisis la noción de Sujeto como fuente de significación continua y coherente (*A Theory* 4 ss). Hutcheon entiende como parodia (y así usaré el término en el presente estudio) a los procesos de revisión, inversión y transcontextualización que se llevan a cabo en los textos que *repiten* a otros *marcando la diferencia* (*A Theory* 5). En un texto posterior, *Poetics of Postmodernism*, la autora añade algo más a esta definición: señala cómo para la escritura posmoderna la parodia constituye un espacio para confrontar el problema de la relación que guarda lo estético con lo político y lo social (22), presentándose como un modo de lo "ex-céntrico," como una estrategia específica del sujeto marginal para acceder al discurso (35). Si bien los procesos de re-escritura que llevan a cabo Avellaneda y Arenas son muy diferentes entre sí, observamos que las reflexiones de Hutcheon son relevantes para ambos ya que describen tan bien a los unos como a los otros. Sin embargo, la parodia como tal es una forma muy particular de re-escritura, y no es mi intención en este punto usar indiscriminadamente este término, pues hacerlo sólo empobrecería la discusión; como veremos luego, parodias en sentido estricto son sólo las de Arenas, y la re-escritura de Avellaneda debe estudiarse en su especificidad propia. No obstante estas diferencias, una postura no romántica, en el sentido en que venimos hablando del romanticismo, emparenta a estos dos autores y guía el sentido de la re-escritura en ambos; por otro lado, si bien el contexto histórico de Arenas es el llamado posmoderno, el de la proliferación de la parodia a causa de la crisis generalizada del Sujeto, a Avellaneda la podemos ver como un momento temprano de esa crisis, crisis que no es nueva aunque anteriormente sus manifestaciones fueran tal vez aisladas y puntuales. La conciencia contemporánea que Hutcheon describe como propicia al inmenso fenómeno actual de la parodia es una conciencia que también Avellaneda vivió, pero de manera atípica en su época: Hutcheon propone que "perhaps parody can flourish today because we live in *a world in which culture has replaced nature as the subject of art*" (*A Theory* 82, mi énfasis). Pero para

15

Avellaneda como escritora feminista en el siglo XIX era ya evidente el carácter cultural de la llamada "naturaleza," y de la "naturaleza femenina" en particular. Y por esto tanto ella como los escritores contemporáneos piensan menos en escribir con "originalidad" y más en re-escribir, según una imagen de la escritura que cambia "from original *inscription* to parallel *script*" (Said, *The World, the Text and the Critic* 135).

La re-escritura, pues, y dentro de ella la parodia, representa una forma particular de conciencia histórica, constituyéndose en un custodio del legado artístico y definiendo no sólo dónde está el arte, sino de dónde ha venido (Hutcheon, *A Theory* 75): trae a primer plano los contextos históricos, sociales e ideológicos en los que los textos han existido y existen, y enseñan que la "realidad" del pasado es discursiva (Hutcheon, *Poetics* 25). Este hecho es el que une a Avellaneda y a Arenas en un mismo proyecto y aún dentro de las necesarias y evidentes diferencias con que lo llevan a cabo, separados como están por un siglo.

La perspectiva teórica expuesta hasta aquí es la que orientará el presente estudio. El examen riguroso de cada texto en sus elementos formales y temáticos será simultáneo al estudio de su contexto tanto "literario" como "extra-literario": se trata de mirar el texto en la tradición literaria que lo circunda y en las condiciones sociales concretas de su producción, recepción y distribución. En todos los casos se trata de un estudio intertextual, que pone en relación los textos primarios con sus hipotextos y metatextos (Genette, *Palimpsestos* 10-19)[4]; incluida entre ellos la producción crítica que regula su circulación.

Pero aún nos falta hacer una presentación inicial del género de la novela histórica y de sus relaciones con la re-escritura.

4. NOVELA HISTÓRICA, FUNDACIÓN NACIONAL Y RE-ESCRITURA

Amado Alonso comienza su influyente estudio de 1942 sobre la novela histórica diciendo:

> Yo no sé qué suerte de incompatibilidad pugna por insinuarse entre *la novela histórica* y la creación literaria que quiera alcanzar *el supremo rango de lo que llamamos poesía* ... [C]uando queremos ahondar en la novela histórica moderna, la romántica y la postromántica,[5] algo parece resistirse, dentro de la novela misma, a dejarse traspasar de poesía, mezclado con ella y siempre revuelto, pero

16

siempre ajeno. Yo creo que consiste en una peculiar actitud del creador literario ante la materia histórica . . . [E]n la vida tradicional de la novela histórica se ha ido acentuando como rasgo fisonómico esta actitud peculiar de los autores: el que *releguen* en su intención a segundo término *lo que es propiamente creación poética* y que se *apliquen* a la elaboración y presentación artística de un material que es *intelectualmente sabido.* (9 y 10, mi énfasis)

El discurso de Amado Alonso es el de la estilística, predominante en la década de los años cuarenta y heredero directo del romanticismo. No es difícil percatarse de lo permeado que está este discurso del vocabulario romántico universalista y ahistorizante del que he venido hablando: su estudio nos coloca de nuevo ante ese fenómeno de "misterio" que rodea a lo poético y sobre el cual ya nos hemos detenido un poco. Siendo tan importante este estudio de Alonso dentro de la historia de la crítica latinoamericana, y encarnando de manera tan manifiesta al discurso romántico, nos detendremos en él para observar en detalle los contenidos de su crítica al género que estudiamos.

El texto de Alonso nos deja ver que el discurso romántico tiene serias reservas con respecto al género de la novela histórica. En ella ve Alonso "un fondo de aberración," consistente en el hecho de "[aplicar] a obras de invención poética . . . un criterio de intereses históricos" según el cual las circunstancias pasan a importar más que el héroe, y que proviene de una voluntad de regresar al pasado motivada por "descontento e inseguridad con lo actual" (41-46).

Alonso hace una diferenciación entre lo que él llama historia y lo que llama arqueología. La "historia" la entiende como "un quehacer de hombres individuales en el cual se manifiestan *las fuerzas creadoras del hombre* en lo que tienen de *permanente, . . . las fuerzas humanas universales*" (13, mi énfasis). La arqueología, por el contrario, se refiere al estudio de "un estado social y cultural con todos sus *particularismos de época y de país,*" interesada esencialmente en "lo *preterido y caducado, lo condicionado por el tiempo y el lugar, lo privativo, lo pintoresco*" (Alonso 12-13). Esta diferenciación la hace Alonso para señalar cómo la arqueología (con su esencia contingente) no puede ser materia poética, afirmando que por el contrario el logro de los grandes trágicos está relacionado con lo "histórico" (en el sentido en que él lo define), y ha consistido en "poner las vivencias individuales en el plano de lo universal" (17).

17

Aunque este autor en ningún momento aclara qué sea "lo poético," dando por sentado que este concepto lo comparte con el lector, de su ensayo se deduce que "lo poético" es lo que logra superar lo arqueológico, es decir las "vidas despersonalizadas," "hechas de formas y fórmulas comunales" (20), para concentrarse en lo realmente "histórico," en las "manifestaciones universales de lo humano." Alonso sostiene que "las limitaciones poéticas" de las que adolece la novela histórica no se deben a una incapacidad de los autores sino a los propósitos con los que elaboran su obra: se delata en ellos "una actitud arqueologista," en la cual lo que les atrae es "representar objetos y modos de vida caducados . . . justamente en lo que [tienen] de limitados y de perecidos," una actitud en la que "hay un predominio *intelectual y crítico*, poco propicio a la *creación poética*" (31-32, mi énfasis).

Según Alonso, las novelas históricas "las escriben los faltos de aliento creador pero a la vez faltos de pretensiones creadoras," literatos de "modesta ambición." Las obras artísticas de carácter genuino "quedan para los genios" (81): el verdadero poeta se aproxima al mundo *sub specie aeternitatis* (143), facultad que falta incluso a Walter Scott, quien "desató en Europa y en América la fiebre de la novela histórica" (54); Scott es, a los ojos de Alonso, un autor mediocre que "no sabe inventar figuras, revestirlas de celestial belleza ni comunicarles una vida sobrehumana" (75).

Pero no es su aspecto contingente lo único que Alonso critica en la novela histórica. Critica también la falta de homogeneidad en la obra, que hace al lector incapaz de decir qué es cierto y qué no (90 ss), característica con la cual se invalida también como historia: "La obra poética exige del lector *unidad* de asentimiento y *homogeneidad* de impresión," mientras la novela histórica sólo puede generar o engaño o duda (99 ss). En estos aspectos Alonso adopta la crítica de Alessandro Manzoni a este género y que lleva al reconocido italiano a atacar su propia obra y a abandonar el género, aceptando a su vez los reparos que Goethe le hiciera a sus novelas.

En general la crítica de Alonso a este tipo de novelas se basa en sus características de género intelectualista, híbrido y desdiferenciado (antimoderno), que se ocupa sólo de lo temporal y contingente y que no distingue entre "poesía" y "verdad," en detrimento de ambas.

Sir Walter Scott entiende sus novelas desde una perspectiva que en nada se toca con las preocupaciones de Amado Alonso. Y sin embargo, en la Dedicatoria de *Ivanhoe* (escrita en 1817) se ve precisado a refutar algunas de las concepciones de quienes declaran a la novela histórica como un intento fallido por principio. Según Scott, la *invención* no se riñe con la *historia*, ni la *investigación* de anticuario con la *poesía*: afirma que el carácter veraz de su novela no depende de una exactitud que por otro lado no pretende, y que su propósito artístico es el de ilustrar a su comunidad acerca de su pasado. La definición de la frontera entre la ficción y la historia no es algo que preocupe a este autor, ni su concepto de la creación está definido por la intransitividad.

Scott dirige su novela al público inglés (del cual espera que la devore con avidez) y la describe como "a work designed to illustrate the domestic antiquities of England, and particularly of our Saxon forefathers." Lo fundamental del texto de la dedicatoria se concentra en defender a la novela de las acusaciones provinientes de "the more grave antiquary [who] will perhaps class [it] with the idle novels and romances of the day" (15). Su defensa, tanto del género como de los métodos empleados, comienza con la afirmación expresa de su voluntad de provocar interés "for the traditions and manners of Old England, similar to that which has been obtained in behalf of those of our poorer and less celebrated neighbours [, the Scottish]," quienes no hacía más de sesenta o setenta años se encontraban "under a state of government nearly as simple and as patriarchal as those of our good allies the Mohawks and the Iroquois" (16). La minuciosa labor de anticuario que su tarea le exige no lo incapacita necesariamente "from succesfully compounding a tale of this sort," ni cree que su mezcla de ficción y verdad esté contaminando "the well of history" con invenciones modernas, ni imprimiendo ideas falsas sobre las nuevas generaciones (19): "the same motive that prevents me from writing the dialogue of the piece in Anglo-Saxon or in Norman-French, prevents my attempting to confine myself within the limits of the period in which my story is laid. It is necesary, for exciting interest of any kind, that the subject assumed should be, as it were, translated into the manners of the age we live in" (19). Así pues su libertad de elección como autor de ficción se basa en el hecho de que "our ancestors . . . were 'fed with the same food, hurt with the same weapons, subject to the same diseases, warmed and cooled by the same winter and summer' as ourselves" (21), y se legitima desde la necesidad de interesar al público inglés sobre un "pasado" que debe "conocer."

Como podemos observar, el texto de Scott trae a la discusión componentes de la novela histórica que la conceptualización romántica de Alonso deja por fuera: si Alonso se ocupa de salvaguardar los conceptos de Belleza y Verdad universales, en Scott encontramos que estos conceptos se entremezclan y son relativizados por la necesidad de construir una identidad particular, y que se sitúan dentro de una órbita que tiene que ver más bien con cuestiones políticas que con los fundamentos de la estética de la modernidad. No se habla de "lo humano," se habla de los ingleses, que no son escoceses, ni mohawk ni iroqueses; no se habla de exactitud factual, sino de lo que puede deducirse con base en la tradición común que une a una comunidad con "los ancestros," así como de la necesidad de suscitar vivo interés por parte de esa comunidad para que el texto sea leído y apropiado.

Así pues, el texto de Scott se mueve dentro de un discurso que relega la diferenciación historia/ficción a segundo plano y que ignora las categorías trascendentales. Amado Alonso da información importante que contribuye a entender la importancia de Scott en la literatura latinoamericana: además de ser quien "desató la fiebre de la novela histórica" (54), fue traducido por Hugo y Dumas al francés (57), y al castellano por los españoles liberales emigrados a Inglaterra a partir de 1825, cuyas primeras traducciones aparecieron simultáneamente en Londres y en México, alcanzando pronto gran popularidad (61-63). En Cuba en particular, Domingo Delmonte, figura de principal importancia dentro del movimiento literario colonial disidente del momento, propone a Scott como modelo de novelista.

Como se observa, el contexto histórico de Sir Walter Scott es el de los nacionalismos e imperialismos. Benedict Anderson, en su libro *Imagined Communities* (1991), afirma que "Nation-ness is a cultural artifact created towards the end of eighteenth century," y citando a Ernest Gellner señala que "nationalism is not the awakening of nations to self-consciousness: it *invents* nations where they do not exist," aclarando que "invention is not falsity nor fabrication [but] imagining and creation" (4-6). Anderson hace notar también que la novela y el periódico son del mismo momento, y los señala como los medios técnicos que se encargan de representar a la nación: a través de un idioma común y de su acceso a amplios sectores de la población van creándose las comunidades imaginadas que preparan el nacimiento de las naciones modernas, en un proceso que, comenzando desde el Renacimiento, desemboca en la definición autoconsciente de naciones y repúblicas que ocurre entre 1776 y 1838 y de la que los americanos son pioneros (46).

Nina Gerassi (1993), en el mismo sentido, estudia "how historical narratives articulated and legitimized a specific national identity through their use of history and fiction," y muestra cómo "the re-reading of the past becomes a way of defining one's nation as it *reveals* the individuality of a people and *brings to light* the great moments of national honor" (126, mis itálicas). De acuerdo a esta misma autora, en la novela histórica la historia "is a shaping force, acting not only upon the character but on the author and the readers" (138).

En America Latina el género tiene muchísima fuerza dentro de la llamada literatura de fundación nacional que siguió a las luchas de independencia, o que, en casos como el de Cuba, hizo de esta literatura parte de su lucha contra la metrópoli y prefiguración de la nación futura. La representación que estas novelas hicieron del pasado contribuyó a conformar en el público lector un proyecto de futuro, y a través de un estilo aparentemente descriptivo y objetivo conformaron la conciencia que los pueblos adquirieron de sí mismos como articulación de diferentes etnias dentro de un lenguaje y un paisaje común. En la comprensión de este fenómeno no puede olvidarse que estos escritores hacen parte de la élite cultural que detenta el poder político y económico, y que incluso muchos de ellos desempeñaron cargos políticos influyentes en la época. Es decir, la literatura, y en este caso la novela histórica, hace parte directa y esencial de los procesos políticos latinoamericanos en el siglo XIX, hecho que además la marcará con su signo hasta nuestros días.

Emir Rodríguez Monegal, en un estudio de 1979, sostiene que el debate sobre la novela histórica ha sido colocado por la crítica tradicional en un sitio estéril (170). Como parte de la renovación de la discusión, este crítico propone a *Ivanhoe* no como producto de un inglés aristócrata (como lo entiende Lukács[6]) sino de un escocés que a través de la marginalización de los sajones re-figura la marginalización que su propio pueblo sufrió luego a manos de los ingleses; dice Rodríguez Monegal que en *Ivanhoe* está "el conflicto de la violencia con que los normandos tratan de extirpar toda libertad a los sajones, obliterando así su cultura y el coraje desesperado con que estos luchan para conservarla," siendo Scott "demasiado escocés para olvidar que en las raíces de esa cultura nacional hay culturas que han desaparecido íntegramente" (171, 172). En este distanciamiento irónico percibe el crítico el valor central de esta novela para la narrativa histórica latinoamericana (173): según afirma, todo un sector de la novela histórica se perfila como instrumento para desvendar el origen de la nacionalidad (182).

La novela histórica, aún como producto de la modernidad ahistoricista dentro de la cual surge, es inseparable de la historicidad. Por más que sus autores románticos se empeñen eventualmente en mostrarlas como producto de la observación, y en ese sentido unida a los universales que conforman la Obra autosuficiente e intransitiva, tanto para ellos como para los escritores posteriores que tendrán que acercarse a esa tradición, la novela histórica está demasiado imbricada dentro de los mecanismos de poder como para que éstos puedan ser ignorados tanto en su factura como en su re-lectura. Y por esto mismo la poética romántica en sentido estricto no ha tenido sitio para la novela histórica: por sus relaciones inocultables con los fenómenos de verdad y de poder, por el obvio carácter cognitivo y performativo que las define. Y es por esto también que hoy experimentamos la gran fuerza de su reaparición[7]: la novela histórica ha sido una constante anti-romántica dentro del romanticismo, y su espacio ha prefigurado a la novela histórica posromántica en dos sentidos: por su historicidad y particularismo, y por ser la Definición Una sobre la cual los escritores contemporáneos tienen que volver una y otra vez: la Definición que se re-escribe.

Antes de pasar al estudio de las novelas quiero hacer una observación acerca de los capítulos que vienen a continuación: contraviniendo la cronología, he dedicado el capítulo dos al estudio de las novelas de Arenas y el número tres a las de Gómez de Avellaneda. Si bien esta disposición va en contra de la cronología de los autores, muestra sin embargo la cronología que siguieron la investigación y la escritura del presente estudio. Mi conocimiento de las novelas de Arenas y de su contexto de producción y de recepción fue previo a mi acercamiento a los textos de Gómez de Avellaneda: fue desde allí, desde la segunda mitad del siglo XX cubano y latinoamericano, que me acerqué al contexto decimonónico de Avellaneda y a sus novelas. Este hecho se hará evidente en la lectura de los capítulos subsiguientes, y sobre él volveré en la sección final.

Pasemos pues, sin más preámbulos, a las novelas.

NOTAS

1. Pero tal vez incluso este texto de Barthes es aún otro momento, más sofisticado, de ese escritor moderno llamado Autor: como señala Foucault ("What is . . .?" 104), todo lo que hace es sustituir a la persona por el ente Lenguaje que según Barthes debe reinar en "la verdadera escritura," la intransitiva, porque el escribiente es sólo un "aquí y ahora" de la escritura ("The Death"). Este hecho es sólo una muestra más de la fuerza y longevidad de los supuestos románticos y de la persistencia de su ahistoricismo.

2. Esto mismo es de cierta manera lo que ocurre con la relación entre modernidad y posmodernidad, en la cual la última no puede negar a la primera, y se constituye más bien en su reflexión, en un volver reflexivo no neurótico sobre sí misma (Lyotard 50).

3. Aunque el concepto de Obra es limitante en el estudio de cualquier texto, lo es especialmente en el tipo de textos que tratamos, siendo casos que se rebelan contra la noción misma, que los excluye.

4. A nivel formal, los estudios de la parodia más relevantes para el presente estudio son los de L. Hutcheon ya mencionados, *A Theory of Parody* y *Poetics of Postmodernism*, y *Palimpsestos: La literatura en segundo grado* de Gérard Genette. Los términos "hipotexto" y "metatexto" son tomados de este último, y en su momento entraré a definirlos, siendo ello fundamental para el análisis de las cuatro novelas en cuestión.

5. En el texto de Alonso el término "postromántico" se entiende en sentido cronológico, y no en el paradigmático en que vengo usándolo hasta aquí. Las manifestaciones posrománticas, en el sentido en que las entiendo, pueden ser simultáneas al predominio del paradigma romántico, y si hoy se percibe un predominio posromántico en literatura, y en las artes en general, no quiere esto decir que los conceptos románticos que he introducido y que seguiré elaborando hayan desaparecido. (Nota de C. Alzate)

6. Sobre el estudio de Lukács me detendré en el capítulo 3, a propósito de la novela histórica decimonónica.

7. Las dimensiones del fenómeno pueden observarse en el detallado catálogo de novelas históricas que hace Seymour Menton en la primera parte de su libro *Latin America's New Historical Novel*, páginas 15 y siguientes. La documentación que ofrece ese estudio es muy útil, pero su estrecha definición de la "nueva novela histórica" me lleva a hacer un uso limitado de él, como se verá.

23

CAPÍTULO 2

LA RE-ESCRITURA DE REINALDO ARENAS: TRANSGRESIÓN HOMOERÓTICA, PARODIA Y CARNAVAL

ESAS ESPLÉNDIDAS DIOSAS

Esas espléndidas diosas
que esparcen el amor o la cólera,
la amenaza de una discordia, la grandeza de una batalla.
Esas diosas que detienen el sol
por deferencia de un hombre
y administran la gloria, la eternidad y los sueños,
no existieran, a no dudarlo, de no ser por aquél que,
ciego y paciente,

se dedicó a cantarlas.
Esos milagros, esas mentiras, esas tribus errantes,
esa cruz,
esa leyenda, ese amor, esos mitos y esas verdades
que nos enaltecen justifican y proyectan

no existirían
si voces empecinadas no se hubiesen dado a la tarea
de cantar en la sombra.
Ahora
que a falta de sombra sobran focos
y nadie puede ya cantar,
¿quién después de que obtengamos el pulover por el cupón 45
o el cortaúñas por el 119
podrá demostrar que hemos existido?

(La Habana, diciembre de 1973)

Reinaldo Arenas
Voluntad de vivir manifestándose,
1989

*Distancia exagerada, todo el barroco no
es más que una hipérbole cuyo "desperdicio" veremos que no por azar es erótico.*
Severo Sarduy
"El barroco y el neobarroco," 1972

*Todo tendrá que ser reconstruido, inven-
cionado de nuevo . . .*
José Lezama Lima
La expresión americana, 1957

De las once novelas escritas por Reinaldo Arenas (1943-1990), dos
se definen en relación a un *hipotexto* (Genette, *Palimpsestos,* 14): dos
novelas se construyen específicamente como *re-escritura minuciosa* de
dos textos anteriores, textos inscritos en lo más reconocido de la tradición
literaria e histórica latinoamericana. Se trata de *El mundo alucinante.
Una novela de aventuras* (1969) y *La Loma del Ángel* (1987), re-escrituras de las llamadas *Memorias* (1817) del mexicano Fray Servando
Teresa de Mier y de *Cecilia Valdés o la Loma del Ángel* (1882) del cubano
Cirilo Villaverde.

Si bien es cierto, como señala Laurent Jenny, que todo texto literario es esencialmente intertextual,[1] tal hecho es doblemente cierto en
la escritura de Arenas, y fundamental en la lectura crítica de su obra:
toda la producción de este autor es un constante comentario del canon
literario, entendido éste como el conjunto de obras definidas institucio-
nalmente como parámetros de creación y patrones de juicio estético.
Dentro de su compleja intertextualidad, *El mundo alucinante* y *La Loma
del Ángel* se constituyen no sólo en su relación hipertexto-hipotexto con
los dos textos decimonónicos mencionados, sino también como comentarios críticos de otros textos canónicos y de géneros literarios privilegiados en el momento de su producción, en relaciones menos explícitas pero
no por ello menos evidentes. Por esta razón, nuestra lectura de las dos
novelas de Arenas se hará simultáneamente no sólo a la de los textos de
Mier y Villaverde, sino también a la de dos novelas contemporáneas
suyas: *El siglo de las luces* (1962) de Alejo Carpentier y *Biografía de un
cimarrón* (1966) de Miguel Barnet; como mostraré más adelante, estos
dos textos fueron canonizados por la institución literaria cubana, la cual
definió a partir de ellos las características de los géneros conocidos como

"novela épica" y "novela testimonial" respectivamente, géneros privilegiados en el momento de gestación de las novelas de Arenas (Béjar 17 ss) y en relación a los cuales éstas deben ser entendidas.

Los dos textos de Arenas son novelas históricas pertenecientes a la categoría de lo que Elzbieta Sklodowska, entre otros, denomina novela posmoderna.[2] Esta autora, en su estudio de 1991, examina la parodia como "factor de evolución literaria en la novela hispanoamericana," señalando que a partir de los años sesenta se lleva a cabo una particular transgresión de la fórmula realista dentro de la cual la "semilla subversiva" de la parodia va germinando hasta llegar a su apogeo en la novela posvanguardista (15). Un campo especial de acción de la parodia, según la misma autora, es el de la novela histórica posmoderna: un vastísimo *corpus* muestra que los proyectos de re-escritura de la historia recurren insistentemente al artificio compositivo de la parodia (30). La historia en tales novelas es reevaluada como texto, texto sobre el cual la potencialidad defamiliarizadora de la parodia quiere volver, como recurso de desautomatización y cuestionamiento de lo aceptado y de lo familiar (33).

Las dos novelas de Arenas que estudiamos pertenecen a ese vasto *corpus* del que habla Sklodowska. Dentro de este contexto literario, la producción de Reinaldo Arenas se define más específicamente en el marco de lo que podríamos llamar un período de nueva fundación nacional, de fundación de la nueva nación cubana revolucionaria. Se trata de un momento que en varios sentidos reproduce al del grupo decimonónico de Domingo Delmonte y los escritores reunidos en torno a él para "descubrir" lo cubano, "contar" su Historia y "encontrar" en ella el futuro señalado a su "pueblo." De nuevo, como veremos más adelante, se define al escritor cubano como instrumento esencial en la construcción de la Patria y se normativiza su producción tanto a nivel formal como temático. Arenas se "desvía" de la norma y es reducido al silencio, quedando al margen del proyecto oficial. Y sin embargo hace su propia textualización de la historia cubana y de su historia literaria, eligiendo el recurso paródico para encontrar espacio dentro del género oficial y transgredirlo desde allí.

Ya desde el capítulo anterior decidí adoptar el concepto de parodia de Linda Hutcheon, quien la describe como "repetición con distancia crítica" y señala en ella el componente político de lo ex-céntrico, al definirla como estrategia del sujeto marginal para acceder al discurso.[3] La parodia que hace Arenas de los textos de Mier y de Villaverde no se lleva a cabo sólo en tanto ellos mismos sino también en tanto asumidos por la institución literaria oficial, haciendo un comentario crítico de la manera en que ésta los inscribe en su proyecto, y así comentando simultáneamente la normatividad de la que se los hace parte (y que a la vez sanciona y excluye a los textos de Arenas). Se trata de parodias respetuosas de los dos textos decimonónicos, mezcla de homenaje e irreverencia, que buscan voz en el proceso de reinstalar el juego dentro de esos textos que canonizados, petrificados, han sido reducidos al monólogo como parte de la autolegitimación del orden oficial.

Pero hay un elemento más que debemos señalar dentro de la parodia, y es su componente de lectura. Además de que la parodia es en sí misma una lectura de otro texto en sentido más riguroso que en los textos no paródicos, su existencia es impensable sin todos los componentes del acto de enunciación: autor-texto-lector. Ya he mencionado los aspectos principales de la instancia de producción y de su texto, pero hasta ahora no he tocado el componente de la recepción. El texto literario en general no existe sino como lectura; de la misma manera, la naturaleza paródica de un texto no existe si en la lectura ésta no es identificada como tal. Pensando en ello, Hutcheon afirma que la parodia es un género sofisticado debido a las exigencias que hace a quienes la practican e interpretan, dado que las parodias son síntesis bi-textuales que demandan del lector la construcción de un segundo significado por medio de inferencias, así como le exigen complementar el primer plano con la identificación y el conocimiento del contexto del hipotexto (*A Theory of Parody* 31 ss). En este sentido el caso de Arenas es muy particular, ya que los personajes de sus novelas, "Servando" y "Cecilia Valdés," pertenecen al imaginario popular, son leyendas y mitos en quienes estas novelas buscan y garantizan acceso temático a un público mucho más amplio que el que Hutcheon alcanza a ver en las parodias que analiza. Sin dejar de ser novelas muy sofisticadas, el campo de acción y de reflexión de estos textos de Arenas sobrepasa de manera más obvia que otras parodias el marco de las discusiones académicas (sin excluirlas por supuesto, y más bien buscándolas) para insertarse también en el espacio del actuar diario de los pueblos.

Una descripción de Bajtin de la parodia nos acerca aún más al objeto de nuestro estudio: este autor afirma que en la parodia el género mismo, el estilo, el lenguaje, se ponen entre *irreverentes y lúdicas comillas* (*The Dialogic Imagination* 55). Son éstas, precisamente, las marcas más específicas de la textualidad de Reinaldo Arenas: comillas, irreverencia, espíritu lúdico. No en vano el epígrafe de *La Loma del Ángel* es un fragmento de Lezama: "Ángel de la jiribilla, ruega por nosotros. Y sonríe." Es el ángel de la jiribilla que Lezama invoca en su "preludio a las eras imaginarias," y que es "ligereza, llamas," "diablillo de la ubicuidad," sonrisa "que asusta a la muerte," "que le hace un cuento a la muerte" ("A partir de la poesía" 51). El mecanismo paródico de Arenas es la imitación lúdica, la mímica irreverente y liberadora. Pero los textos decimonónicos no son el blanco de sus sátiras paródicas: el blanco son más bien las obras canonizadas en cuanto tales, o más específicamente las normas de esa canonización y la institución que las promueve. *El mundo alucinante* es un homenaje a Fray Servando y una recontextualización de sus estrategias narrativas, y *La Loma del Ángel* es una reactivación de las irreverencias que Arenas percibe en el texto de Villaverde, y por tanto otro homenaje; su re-escritura propone para ambos textos lecturas alternativas que se salen de la oficialidad y la cuestionan. Más que blancos, son instrumentos que Arenas hace desviar en contra de la crítica que los embalsama, y que dirige, como se verá, contra "Miguel Barnet" y contra "Alejo Carpentier," es decir, contra estos autores y sus textos más influyentes *en tanto* promovidos por la misma oficialidad. Su intertexto será también, entonces, toda la producción crítica cubana de los años de gestación de estas novelas, que es la que marca los rumbos de la publicación y de la lectura.

Con todo lo dicho hasta aquí resulta obvio que coincidamos con Hutcheon cuando afirma que la complejidad del fenómeno de la parodia no se agota en el análisis formal, por cuanto sus estrategias pragmáticas son fundamentales (*A Theory of Parody* 34): "Parody takes on dimensions beyond the literary confines of the text, becoming a metaphor for broader contexts" (92). El estudio de estas novelas exige además de una comparación textual, un examen de su contexto de enunciación, fundamental en su producción y recepción: exige detenerse sobre lo que Hutcheon llama la "intencionalidad autorial inferida" y la "competencia semiótica del lector."[4]

En este capítulo haré primero una presentación del contexto de producción y recepción de las dos novelas, para luego pasar a la lectura minuciosa de unos textos dentro de otros.

1. CASAL Y ARENAS: UNA LECTURA OBLICUA Y RECURRENTE DE LOS PROCESOS DE FUNDACIÓN NACIONAL CUBANOS

> *"Verdad, no salgas de tu obscena caverna. Húndete más abajo, horrible Verdad. Tú exhibes a la luz brutal del sol cosas que más valiera ignorar; actos que más valiera no hacer. Descubres lo vergonzoso, aclaras lo oscuro. Ocúltate, ocúltate, ocúltate."*
>
> Virginia Woolf
> *Orlando*, 1928

Los hipotextos de *El mundo alucinante* y *La Loma del Ángel* nos remiten por supuesto al siglo XIX latinoamericano, a su momento de producción. No es gratuito que los textos re-escritos por estas dos novelas, las *Memorias* de Fray Servando y *Cecilia Valdés o la Loma del Ángel*, hagan parte del *corpus* textual producido como parte integral de los procesos de independencia y de formación de la conciencia criolla, ni que ocupen un lugar destacado dentro de este proyecto de fundación nacional.[5] Se trata de textos que son retomados una y otra vez por los discursos que quieren pensar la nación, así como ellos en su momento estuvieron comprometidos en el inicio de su proceso de formación. Al retomarlos también Arenas, sus novelas se inscriben en ese mismo proceso de formación de nación, y desde él piensan la historia y el futuro cubanos, si bien asumiendo una perspectiva que no pertenece a la corriente que la oficialidad promueve, y que por tanto la cuestiona.

El caso cubano es especial dentro de la historia latinoamericana en la medida en que durante nuestro siglo se ha planteado dentro de la isla un proceso que en mucho repite la problemática que los estados nacientes de América Latina se platearon a lo largo del siglo pasado. La recién obtenida independencia de España fue pensada por las élites socio-políticas latinoamericanas del siglo XIX como un nuevo comienzo, comienzo a partir del cual todo debía ser construido. La elaboración textual de las nuevas naciones quería "constatar" la existencia misma de éstas como entes específicos y ofrecerlas así ante el mundo, con una identidad propia que les "marcaba" un futuro; una identidad que había que saber "buscar" a todos los niveles de la vida nacional, en la geografía, las gentes y en todas sus (otras) producciones simbólicas, culturales; una identidad que podía "rastrearse" desde los momentos más tempranos de su historia, Historia que por supuesto había que escribir, y escribieron. *Cecilia Valdés* hace parte de este complejo proceso, y Arenas la re-escribe cien años después dentro de un contexto muy similar pero desde una posición diferente en varios e importantes aspectos.

La Revolución cubana también se piensa a sí misma como un nuevo comienzo, no menos radical que su homólogo decimonónico, y se propone un proyecto de fundación no menos complejo; todo esto en especial a partir de 1961, y de manera muy radical después de 1968, marcando con un carácter muy definido la esfera cultural de los años de gestación de las novelas de Arenas. Cuando se miran comparativamente ambos períodos de formación nacional cubanos (como invitan a hacerlo las novelas que estudiamos) varias coincidencias resultan reveladoras para el presente estudio. Como introducción a tal comparación quiero recurrir al artículo de Oscar Montero sobre "Julián del Casal and the Queers of Havana" (1995).

Los discursos nacionales tienden a ser autoritarios ya que buscan fundarse en lo uno y homogéneo; definen una norma, y lo diferente se caracteriza como "desviado" y extravagante. Oscar Montero llama la atención sobre la homofobia que, entre otras "fobias," caracteriza a los discursos de afirmación nacional. Esta homofobia alcanza tanto a individuos como a formas del discurso literario, y en las críticas que desde el poder dominante se hacen a la "desviación" de individuos y de textos, se percibe, de manera curiosa y elocuente, una retórica común.

La retórica nacionalista, "ostensibly grounded on 'natural' heterosexual love and marriage" (Sommer 6), sanciona a un mismo tiempo como desviados, tanto los estilos literarios no "edificantes" como las orientaciones sexuales homoeróticas, del "desperdicio." Examinando la producción crítica sobre la obra de Julián del Casal (1863-1893), Montero observa la omnipresencia de "lo innombrable," silenciado del todo o como presencia marginal. Los textos críticos que estudian la obra de Casal, tanto de su tiempo como contemporáneos nuestros, evitan en general hablar de la "desviación" sexual que parecen esconder sus imágenes y de lo que se ha convertido ya en "Casal's open secret" (96). Otros críticos deciden asumir una "defensa" del autor afirmando, por ejemplo, que es "uno de esos individuos con un mecanismo sexual perfecto, pero que frecuentemente se inhiben por la falsa conciencia que experimentan de su capacidad" (Carmen Poncet, 1944; cit. Montero 97). Otros mencionan el tema pero recomiendan cerrar el debate por ser un problema "oscuro" y complicado.

Muy dentro de la teoría crítica contemporánea, Montero busca el contenido de esos silencios en los archivos cubanos no literarios, y encuentra un tratado médico-sociológico de 1888, "La prostitución en La Habana," de Benjamín Céspedes, y un artículo que polemiza con éste, titulado "El amor y la prostitución," del año siguiente, escrito por Pedro Giralt.[6] El tratado de Céspedes describe la "pederastia" como un fenómeno altamente socializado que amenaza al resto de la población cubana, como una "enfermedad" de síntomas identificables y que "infecta" al resto del "cuerpo social"; el estudio de Céspedes pide del lector repulsión frente al "afeminado," preocupándole en especial ciertos ritos en que los homosexuales fingen nacimientos y bautizos profanando así lo más "natural y sagrado" de la sociedad cubana (en Montero 99 ss):

> aquí en La Habana, desgraciadamente, subsisten con más extensión de lo creíble y con mayor impunidad que en lugar alguno, tamañas *degradaciones* de la *naturaleza humana*; tipos de hombres que han *invertido* su sexo para traficar con gustos bestiales. . . que pululan libremente, asqueando a una *sociedad* que se pregunta indignada si abundando tanto pederasta, habrán aumentado también *los clientes de tan horrendos vicios.* Durante las noches de retreta circulan libremente *confundidos* con el público, *llamando la atención*, no de la policía sino de los concurrentes indignados, las *actitudes grotescamente afeminadas* de estos tipos que van señalando cínicamente las posaderas erguidas, arqueados y ceñidos los talles . . . Llevan *flequillos* en la frente, *carmín* en el rostro y *polvos de arroz* en el semblante, ignoble y fatigado de los más y agraciado en algunos. El pederasta responde a un *nombre de mujer* en la jerga del oficio. (cit. Montero 99, mi énfasis)

Desviación perniciosa de lo normal, vacía extravagancia, ambigüedad, transgresión de la propiedad de los nombres: todo esto describe al "pederasta" en este discurso, al innombrable. Si pasamos ahora a lo "desviado" en literatura, observamos cómo se utiliza un vocabulario similar a éste para hablar también de las "enfermedades" literarias. En los discursos críticos decimonónicos de la obra de Casal se perciben ecos del libro *Degeneration* de Max Nordeau (1892), para quien la "literatura decadente" favorece "[the] external *adornment*" y por tanto "no *significa de manera clara*" (cit. Montero 103, mi énfasis): es, de nuevo, extravagancia y ambigüedad. Montero ve en la homofobia de los discursos nacionales una radicalización de los reproches presentes ya en el patriarca cultural Andrés Bello y dirigidos contra la "*melindrosa y feminil* ternura" y los "*arrebatos eróticos*" que caracterizan la obra de ciertos escritores (1823). Manuel de la Cruz, un influyente crítico cubano contemporáneo de Casal, acusa en la obra de este autor un "interior *ambiguo*" que está en conflicto con la "*virilidad* nacional" deseable en los escritores cubanos y de la que Casal por supuesto carece (cit. Montero 94, mi énfasis). La manera en que Casal piensa al escritor, "un neurótico sublime, o un nihilista, o un blasfemo, o un desesperado," no cabe por supuesto dentro de la idea que el proyecto de fundación nacional se hace de sus escritores. Otro reputado crítico de Casal, y también contemporáneo suyo, Enrique José Varona, sostiene que la obra de este autor es *demasiado preciosista* para ser buena, y que es además *perjudicial* tanto para la república cubana de las letras como para la república política en fundación (Montero 103). La "desviación" literaria, por su sobre-elaboración ambigua e improductiva, semejante a la del homosexual, puede ser pues, enfermedad nacional, y su regulación es de interés político. En este punto es donde Casal y Arenas se encuentran.

Está suficientemente documentada la persecución a los homosexuales desatada en Cuba a partir de 1965. Sin embargo el silenciamiento de Arenas no se originó en su homosexualidad, aunque ésta sí contribuyó muy pronto a radicalizar su marginación. Tanto su sexualidad como su escritura son las del exceso y el "desperdicio," hipertélicas (de causalidad no controlada), familiares a José Lezama Lima y a Severo Sarduy pero no a los órdenes autoritarios.

Quisiera a partir de aquí hacer una presentación del tipo de discurso que el nacionalismo ofrece como norma y a partir del cual se definen las desviaciones. Desde allí veremos en qué consiste la desviación transgresiva de Arenas, y luego cómo la lleva a cabo en la disidencia de sus novelas.

El discurso nacional: Unidad, claridad y distinción

Los rasgos que Pedro M. Barreda y Eduardo Béjar señalan como característicos de la poesía de fundación nacional decimonónica son comunes a los de la política cultural cubana de los años sesenta y setenta de nuestro siglo: el arte que esa poesía decimonónica consideró moderno y estimó necesario "fue una poesía de valor filosófico trascendente que aspiraba a una operatividad funcionalmente nacionalista" (54) y que buscaba "definir y estipular los rasgos constitutivos de colectividades nacionales" (55). En ambos casos se trata de un "[d]iscurso de emergencia empeñado en fundar la nación y su literatura: escritura que imagina verbalmente una patria, y a la vez, pretende corroborar su existencia más allá de la palabra" (Barreda y Béjar 55).

Dentro del discurso fundacional cubano de nuestro siglo *Calibán. Apuntes sobre la cultura de nuestra América* (1971) es tal vez el ensayo más influyente, dentro y fuera de Cuba, que ha producido el discurso oficial de la Revolución. Escrito por Roberto Fernández Retamar, actual director de Casa de las Américas y vinculado a ésta desde su fundación en 1960, este ensayo fundamenta y elabora rigurosamente la posición de la oficialidad cubana con respecto a las letras.

Su autor, siguiendo la retórica que rige a los discursos fundacionales, entronca su discurso con el de José Martí y el de Simón Bolívar (12), patriotas por excelencia, planteándose como heredero y realizador de sus proyectos al lado de Fidel Castro (66 ss).[7] Para 1971 la Revolución ya tiene claro quiénes están con ella y quiénes en contra: quienes están con ella son genuinos escritores latinoamericanos, y quienes no lo están son los escritores típicamente burgueses-coloniales con una falsa conciencia de sí mismos (89 ss). De acuerdo a Fernández Retamar, entre estos últimos la figura sobresaliente es Jorge Luis Borges (95 ss), "uno de los escándalos americanos": su literatura libresca y escéptica, poblada de "desdichadas imágenes," de "laberintos sin solución" en una "triste biblioteca a oscuras," es "acto de escritura que más bien parece un acto de lectura . . . [Su] escritura sale directamente de su lectura, en un peculiar proceso de fagocitosis que indica con claridad que es un colonial y que representa a una clase que se extingue" (96). Escritores burgueses de este tipo son también Carlos Fuentes, Guillermo Cabrera Infante, Emir Rodríguez Monegal, Severo Sarduy con sus "*mariposeos* neobarthesianos" (114, mi énfasis). A juicio de Fernández Retamar, lo que estos autores llevan a cabo con sus *banales especulaciones lingüísticas* no es más que una "ahistorización de la literatura" (110), afirmación que hace desde el discurso seguro y autosuficiente del "ahora sí," tan necesario en los momentos de fundación instauradores de la "cultura genuina."

El texto de Fernández Retamar, como se observa en lo citado hasta aquí, se orienta a través de parejas dicotómicas cuyos términos se excluyen mutuamente y que podrían plantearse como lectura/escritura y lenguaje/historia. Habría, según se deduce de este discurso fundacional, un punto ideal en el cual la escritura no sería lectura, y en el que la historia se reflejaría en el lenguaje como en un espejo, punto que la Revolución estaría alcanzando, o propiciando al menos (115 ss). Varios fragmentos más de su ensayo nos confirman en esta lectura. Retamar sostiene, por ejemplo, que cuando Carlos Fuentes (en su estudio sobre la nueva novela latinoamericana) afirma "que nuestra narrativa actual es ante todo hazaña del *lenguaje*," el autor mexicano "minimiza graciosamente todo lo que en esa narrativa implica *concreción histórica precisa*" (108, mi énfasis). En otra parte subraya irónicamente una cita de Fuentes: "la *vieja* obligación de la denuncia se convierte en una elaboración *mucho más ardua*: la elaboración crítica de todo lo no dicho en nuestra gran historia de mentiras, silencios, retóricas y complicidades académicas. *Inventar un lenguaje es decir todo lo que la historia ha callado*" (citado y subrayado por F. Retamar, 111); lejos de la dimensión liberadora que Fuentes asigna a la reflexión sobre el lenguaje, para Fernández Retamar "concebida así, la literatura se sustrae a cualquier tarea peleadora" (111). Esta afirmación se orienta por una forma más de las dicotomías lectura/escritura y lenguaje/historia que planteábamos arriba, las cuales aparecen ahora en los términos de literatura/realidad y letras/hechos: "nuestra *cultura* . . . requiere como primera condición nuestra propia *existencia*," "la historia, antes que obra de *letras*, es obra de *hechos*" (119, mi énfasis).

El ensayo concluye con el conocido discurso de Fidel Castro de 1971, en el que se define de una vez por todas, después de diez años de discusiones con los intelectuales, qué se espera de ellos:

> *Nosotros*, un *pueblo* revolucionario, valoramos las creaciones culturales y artísticas en función de lo que aporten *al hombre*, en función de lo que aporten a la reivindicación d*el hombre*, a la liberación d*el hombre*, a la felicidad d*el hombre*. // Nuestra valoración es política. No puede haber valor estético contra la justicia, contra el bienestar, contra

la felicidad *del hombre*. ¡No puede haberlo! (133, mi énfasis)

Este discurso de Castro retoma lo pronunciado ya en 1961, pero que no se hace efectivo sino paulatinamente. En ese discurso Castro sostenía programáticamente:

> *Nuestra* preocupación fundamental serán siempre *las grandes mayorías del pueblo* . . . para *nosotros* será bueno lo que sea bueno para ellas, para *nosotros* será noble, será bello y será útil, todo lo que sea noble, sea bello y sea útil para ellas. // Dentro de la Revolución, todo; contra la Revolución, nada. Contra la Revolución nada porque *la Revolución* también *tiene* sus derechos, y el primer derecho de la Revolución es a existir. *Nadie*, por cuanto la Revolución *comprende* los intereses *del pueblo*, por cuanto *la Revolución significa* los intereses de *la nación entera, nadie* puede alegar un derecho contra ella. (134, mi énfasis)

Sin embargo el mismo Fernández Retamar afirma que a tal política cultural corresponden las decisiones sobre la alfabetización y la universalización de la Universidad, "que supone ya la conquista de las masas de los predios de la llamada alta cultura" (135), sin percatarse de que con ello señala justamente al hecho que el discurso fundacional quiere escamotear: que "la Revolución," ente abstracto que un "nosotros" se apropia sin identificarse y sin dar razón de ello, sabe qué es bello, noble y bueno para "un pueblo" que aún no lo sabe pero que lo sabrá tras la escolarización que ese "nosotros" le dará. "La Revolución" y "la nación" "saben," "tienen," "significan," "comprenden," se vuelven sujetos, y sujetos privilegiados dentro de los cuales los seres concretos individuales y particularísimos que la conforman desaparecen como el "nadie" que se le puede oponer. El fenómeno es análogo, de nuevo, a su homólogo del siglo XIX: la literatura fundacional decimonónica "[aspiraba] a transformar la entidad coercitiva, abstracta y jurídica del Estado en colectividad aparentemente natural y hondamente emotiva: la Patria" y cumplía así "una función docente, socializadora y nacionalista" (Barreda y Béjar 56).

Pero la implementación de la política cultural cubana de la década del sesenta no fue siempre tan autoritaria. Durante los primeros años los escritores recibieron un apoyo oficial sin precedentes en la historia de la isla y tuvieron autonomía en su producción, buena parte de la cual permaneció vinculada a la línea más experimental de la literatura del resto del continente. Los extranjeros que viajaban a Cuba se sorprendían al encontrar en los quioscos ejemplares del "nouveau roman" al lado de los textos socialistas más ortodoxos. Esto no quiere decir que la discusión no empezara a darse muy pronto, y en términos fuertes ya en 1961, como veíamos en el discurso de Castro de ese año.

La primera edición de *Paradiso* de José Lezama Lima se publicó en Cuba en 1966, novela en la que el tema del homoerotismo tiene un papel protagónico y cuya línea los críticos suelen describir con el término de "trascendentalismo hermético"; esta novela recibió mucha respuesta crítica, si bien su limitada edición de 4.000 ejemplares (lo usual era una edición de 10.000) la mantuvo dentro de los círculos especializados casi exclusivamente.[8] *Celestino antes del alba* (La Habana, 1967) y *El mundo alucinante* (México, 1969), las dos primeras novelas de Arenas, reciben primera mención en 1965 y mención de honor en 1966, respectivamente, en concursos convocados por la UNEAC (Unión de Escritores y Artistas de Cuba), pero ya entre los jurados surgen polémicas por lo que en ellas se empieza a percibir como contrarrevolucionario; *El mundo alucinante* no se ha publicado en Cuba hasta hoy, y *Celestino* se publicó después de mucha discusión sólo en 1967 y en una tirada de 2.000 ejemplares, siendo además la única novela de Arenas que se ha publicado en Cuba hasta el día de hoy. Este hecho y la virtual ausencia de crítica,[9] prácticamente silenciaron estas novelas dentro de la isla (hecho obvio en el caso de *El mundo alucinante*), silencio al que a partir de 1970 los editores reducen también las importantes intervenciones críticas de Arenas en las revistas cubanas. Para evaluar las dimensiones de esta situación cabe aquí mencionar el caso de *Cien años de soledad*, de la cual se publicaron, sólo en Cuba, 10.000 ejemplares en 1968 y 80.000 en 1969, rodeándola además de mucha atención crítica.[10] Hay que tener en cuenta además, que durante esos años lo que se publicara en Cuba y la crítica que allí se hiciera determinaba en gran parte el devenir literario latinoamericano, y que con esa voluntad había sido fundada precisamente la institución cultural Casa de las Américas.[11] De aquí que muchos críticos sostengan con razón que la Revolución cubana fue uno de los factores determinantes en el fenómeno del "boom" latinoamericano.

¿Cuáles son los criterios teóricos que orientan a estas políticas editoriales? Como afirma Emir Rodríguez Monegal (1975), es posible deducir de la crítica literaria de esos quince primeros años una "poética revolucionaria" bastante definida. Vayamos entonces al estudio de ese *corpus* crítico.

Ambrosio Fornet, en un artículo publicado por la revista *Casa de las Américas* en 1970 (y en el que se pregunta si la novela cubana no se habrá cuidado tal vez demasiado de no caer en el panfleto), equipara a la "vanguardia" con el "realismo estalinista" de "transición al socialismo" como formas básicamente equivalentes: según el crítico, ambos fenómenos, aunque por vías opuestas, "desembocan en la renuncia al malestar y a la crítica [que es] sustancia del género;" ambos, con sus "formas y contenidos puros," su "arenga y jitanjáfora," "ven siempre más allá o más acá de lo real, pero nunca *la* realidad" (183). La novela experimental del momento la entiende Fornet, pues, como encarnación de "formas puras" y "jitanjáforas," es decir, como otra forma del preciosismo vacío que otros acusaban en Casal y que significa por principio una evasión de la realidad y una renuncia política. Un respaldo adicional al "realismo" lo encontramos de nuevo en Fernández Retamar, cuando éste afirma que "cierta concepción estrecha del realismo socialista no ha causado estragos en nuestro arte . . . pero sí [los] ha causado el temor extemporáneo a esa concepción" (*Calibán*, nota, 136).

Aspectos similares de esta "poética revolucionaria," aunque más sofisticados, se encuentran en la conferencia de Alejo Carpentier pronunciada para inaugurar el Coloquio de Yale University de 1979 sobre "Historia y ficción en la narrativa hispanoamericana." Esta conferencia, "La novela latinoamericana en vísperas de un nuevo siglo," menciona como "estragos" de nuestra literatura a los libros *Azul* y *Prosas profanas* de Rubén Darío, libros guiados por Verlaine, "el hombre de la sonoridad por la sonoridad, con muy *poca enjundia de realidad*" (20 ss, mi énfasis). "El campo de acción" para el novelista latinoamericano contemporáneo, tema de la conferencia, es "el mecanismo de *la historia* de su época, y los acontecimientos que se derivan de ese mecanismo," pero evitando en su escritura la *peripecia* y la *truculencia* que caracterizan a nuestra experiencia actual; así pues, el estilo que Carpentier recomienda a los escritores latinoamericanos con vehemencia es el *"estilo notarial"* en que Poe es maestro: "hay que enfocar [los hechos] sin puntos y sin signos de exclamación, con frialdad" (42 ss, mi énfasis).

Otro texto ejemplar es el de "Leopoldo Ávila" sobre la novela de Cabrera Infante *Tres tristes tigres*; para el crítico, este texto es "algo que se llama novela por no pasar el trabajo para encontrarle un nombre más apropiado . . . es una larga colección de cuentos, pedazos de narraciones, etc., una especie de rompecabezas con el que Caín [pseudónimo de Cabrera Infante] quiere asombrar al mundo . . . Es La Habana de los borrachos, los homosexuales, los toxicómanos y las prostitutas: La

Habana de Caín, en una palabra . . . cauce del *individualismo* y la *extravagancia* en el arte" (Revista, *Verde olivo*, 1968; cit. Rodríguez Monegal, "La nueva novela" 655, mi énfasis). Varios críticos coinciden en afirmar que "Leopoldo Ávila" es un pseudónimo de José Antonio Portuondo; este crítico, en 1972 y siendo subdirector de la UNEAC,[12] publica un artículo titulado "Literatura y sociedad," en el cual hace una dura crítica al estilo "barroco" latinoamericano del momento con base en lo que él entiende por literatura genuinamente nacional; en este ensayo Portuondo se pronuncia contra los *"hiperbólicos exaltadores de lo disforme y barroco, de lo mágico o lo absurdo que suele ser entre nosotros cotidiana expresión de una persistente visión subdesarrollada de la realidad"* (393, mi énfasis), señalando a tales escritores como antítesis del genuino escritor latinoamericano, en quien debe manifestarse el *"afán por penetrar en las esencias de lo nuestro,* de *lo nacional* y, por intensificación, de *lo americano"* (394, mi enfasis). Desde la dicotomía letras/hechos que señalábamos arriba, afirma que "la hora no es únicamente de pasmo, de fascinación o de magia, sino también de acción, . . . no habrá novedad apreciable en *la letra,* si antes no la ha habido en *la vida* . . . no perdurará revolución alguna en *el decir* si antes no se revolucionó *el hacer"* (395, mi énfasis): "no se trata ya más de ensayar *poses* de rebeldes o francotiradores— que es otra manera de *entretenimiento* bohemio o de esnobismo intelectual—sino de la *marcha unida, disciplinada, militante"* (396, mi énfasis).

Ya el discurso fundacional decimonónico había rechazado al "romanticismo lunático, misántropo y excéntrico" (Barreda y Béjar 69). Antón Arrufat (miembro destacado de la UNEAC) afirma, haciendo una lectura fundacional de la historia de la literatura cubana, que el grupo de escritores de Domingo Delmonte *anunciaba* ya la creación de *la novela cubana* al exigirle *"observación* de la realidad, *propiedad* de los caracteres, *naturalidad* del diálogo" y "escoger asuntos cubanos e imitar la verdad" (751, mi énfasis); Arrufat además elogia la posición de los delmontinos, quienes al "rectificar" "el ideal romántico [que] fomentaba una concepción idealista e imaginaria de la vida, hacían frente al duro y realista deber de luchar por la identidad de la nación" (752). Aquellos cubanos del XIX rechazan al romanticismo por ser "deseo sin objeto, inquietud sin razón, fastidio sin motivo" (De Palma, cit. Arrufat 753); y el mismo Delmonte sostiene que el escritor "no es un ser aparte de su especie," y que "la sociedad tiene derechos que exigir de sus ingenios y el poeta deberes que cumplir como tal" (cit. Otero 728). Manuel de la Cruz, el mismo contemporáneo de Casal que acusaba a éste por su falta de "virilidad nacional," elogia *Cecilia Valdés* por "la *sobriedad* y atildamiento de la forma" y por "la *propiedad* y pureza de su estilo," colocando a su autor, Cirilo Villaverde, "al nivel de los príncipes de nuestra poesía civil" ("C.Villaverde" 87, mi énfasis). Martí también se ha referido a estos dos escritores: Villaverde es "patriota entero y escritor útil" (5: 241); a Casal "le tomó la poesía nula," pero lo disculpa el hecho de estar su "fino espíritu y cariño medroso y tierno" confinado a la Cuba colonial, tiranizada y humillada (5: 221-22).[13]

De la crítica fundacional citada hasta aquí, tanto decimonónica como del siglo XX, quisiera extraer su léxico. El campo semántico de la "literatura desviada" lo constituyen los conceptos de lo ambiguo, la pose, la hipérbole, lo disforme, la jitanjáfora, la truculencia; todo él nos remite de vuelta a esa especie de "enfermedad" literaria caracterizada por la vacía y perniciosa extravagancia que transgrede la propiedad en el discurso y en el comportamiento, y que el orden establecido percibe como individualista e improductiva desviación de lo normal. La "poesía civil" es por el contrario marcha unida y disciplinada, y su campo semántico lo delinean la sobriedad, la propiedad, lo viril, la observación, lo natural, la esencia de lo nacional. Una de esas literaturas capta las esencias de la realidad, la otra es una literatura libresca ocupada "sólo" de sí misma.

Roberto González Echevarría identifica acertadamente dentro de la crítica cubana que he ejemplificado hasta aquí, el programa de convertir la literatura "in a *direct expression* of a radical *new reality* and of a freshly discovered *collective consciousness*" (*The Voice* 11, mi énfasis). Tal juicio coincide con el de Ángel Rama cuando éste afirma que la directiva cultural revolucionaria establece "un giro progresivo que relega a sus márgenes la línea de lo maravilloso y coloca en su centro una narrativa documental, realista, dura y a veces programática" ("Medio siglo de narrativa" 201).[14] Dentro de este programa los escritores recurren principalmente al modo confesional, al reportaje periodístico y al reporte científico, a través de los cuales buscan evitar los peligros del "individualismo y la extravagancia" que Portuondo acusa en la "falsa" literatura.

Francisco Soto, examinando la política cultural cubana y la crítica literaria de los años que nos ocupan, concluye que "the cultural policies that were instituted in Cuba after the triumph of the Revolution . . . actively promoted the publication of documentary texts, [with] explicit emphasis laid on the documentary-testimonial function of the artistic media" (*Reinaldo Arenas: The Pentagonía* 13). El mismo autor señala que la historiografía se convierte en uno de los discursos dominantes, dado que "the break [,the Revolution,] called for an immediate revision of history that would legitimate the new society order in light of the first independence movements of the previous century," y se requería entonces la escritura de una historia que revisara el pasado desde la perspectiva de la Revolución (*The Pentagonía* 24-25). Esta producción historiográfica identifica como uno de sus modelos a *El siglo de las luces*, novela que aunque altamente sofisticada es de estilo más bien realista, y una de cuyas lecturas puede sugerir que la Cuba actual heredó el proyecto emancipatorio de la revolución francesa y de las luchas independentistas traicionadas. A partir de esta novela, entre otras (*Cien años de soledad*, por ejemplo), se define lo que se conoce como "novela épica"; Seymour Menton la describe como género muralista que utiliza "a variety of experimental devices to express a revolutionary interpretation of the geographic and historical totality of the individual nation, while at the same time creating psychologically complex characters whose experiences are patterned after universal myths" (*Prose Fiction* 42). Dentro de esta misma producción historiográfica surge también el género de la novela testimonial, que emplea a la vez el discurso historiográfico y el realismo literario. Este nuevo género muy pronto se privilegia, dado que sus características colman las expectativas que la crítica había planteado con respecto a la nueva literatura.

Un ensayo de Miguel Barnet programático e influyente a este respecto, es "La novela-testimonio: socio-literatura" (1969). En este texto el autor afirma que "[e]l superobjetivo del artista gestor de la novela testimonio no es *meramente el estético*, . . . es más *funcional, más práctico*. Debe servir como eslabón de una larga cadena en *la tradición de su país*. Debe contribuir a articular la *memoria colectiva, el nosotros, no el yo*," puesto que "América necesita *conocerse*, sustentarse" (142,150, mi énfasis). Su novela *Biografía de un cimarrón* (1966), con antecedentes en los relatos testimoniales de Daura Olema García *(Maestra voluntaria,* 1962) y Ernesto "Che" Guevara *(Pasajes de la guerra revolucionaria,* 1963), es la novela que inaugura el género testimonial. La primera edición es de 20.000 ejemplares (recuérdense los 4.000 de *Paradiso* en el mismo año); en 1969 se publica la segunda novela de Barnet, *Canción de Rachel*, con 25.000 ejemplares; y en 1970 se crea el premio Casa de las Américas en la categoría de "Testimonio,"[15] género cuya poética Barnet ayuda a deducir en varios ensayos a partir de *Biografía de un cimarrón* (como el de 1969 que citábamos arriba). La importancia del nuevo género es tan grande que en 1975 Casa de las Américas hace un cambio muy significativo en las categorías de sus premios; la nueva reglamentación define tres categorías: una categoría abarca a la vez los géneros de novela, cuento, poesía y teatro, otra se dedica sólo a la literatura infantil y la tercera está consagrada al testimonio (Soto, *The Pentagonía* 28). Si se tiene en cuenta el papel central de Casa de las Américas en el ámbito cultural cubano, se podrán apreciar las inmensas consecuencias de esta nueva política, que determina en gran medida qué se escribe, qué se publica, qué y cómo se lee.

Aunque más adelante haré una presentación de *Biografía de un cimarrón,* conviene en este punto señalar algunas de sus características. Barnet construye la novela a partir de entrevistas etnográficas hechas a Esteban Montejo, un hombre de 105 años que fue esclavo, cimarrón y que peleó en la guerra de independencia de 1895. Como señala Roberto González Echevarría, "Esteban Montejo," como personaje de la *Biografía,* "is history incarnate, or its living, breathing child. His voice in the present swells up from the darkest depths of time. He spans two epic beginnings: the War of Independence and the Revolution" (*The Voice* 118); esta elaboración del personaje, presentada a los lectores como reporte científico etnográfico e histórico, responde, según González Echevarría, a la voluntad de construir la memoria que da sentido al presente ocultando el componente significativo del lenguaje y evitando las ambigüedades (*The Voice* 120).

Barbara Foley, en su estudio sobre la novela documental, afirma que este género "locates itself near the border between factual discourse and fictive discourse, but does not propose an erradication of that border. Rather, it purports to present reality by means of agreed-upon conceptions of reality, while grafting onto its fictive pact some kind of additional claim to empirical validation" (25). Reinaldo Arenas, contrariando estos supuestos, se complace con poner en entredicho la impermeabilidad de los límites que separan a la literatura y a la realidad, buscando justamente cuestionar la validez de la "concepción consensual de realidad" que lo excluye.

Francisco Soto se refiere a ello al afirmar que con *Celestino antes del alba,* la primera novela de Arenas, "it was already clear that he had no intentions of writing a closed, linear text that presented a coherent, 'objective' representation of empirical reality" (38). Arenas se queja en una entrevista de 1990 de esa poética revolucionaria que he venido exponiendo: señala que el tipo de lectura que interesaba en Cuba en los años sesenta era "Lisandro Otero, Edmundo Desnoes . . . o sea novelas realistas espantosas," y afirma que las novelas de Barnet son "páginas desprendidas del marxismo-leninismo, . . . como si la vida tuviese [una] escala política paradisíaca, [donde] todo lo demás es negativo y al final todo es maravilloso con la Revolución" (en Soto, *Conversación con Reinaldo Arenas* 55).

El relato histórico de Arenas: Ambigüedad, hipérbole y desperdicio

> *¡Salvajes!, cuando no entienden algo dicen enseguida que es una cosa fea y sucia. ¡Bestias!*
>
> Reinaldo Arenas
> *Celestino antes del alba*, 1967

En las novelas de Arenas no encontramos un ejemplo de "evasión" ni de "ahistoricismo," todo lo contrario. Pero su concepción de la historia, del relato histórico y de las características narrativas que éste requiere para constituirse en tal, es radicalmente diferente de la que pide la crítica oficial de su momento.

Reinaldo Arenas desconfía del relato histórico positivista. Uno de los capítulos de *El mundo alucinante* está estructurado sobre una conversación ficticia entre Fray Servando Teresa de Mier y José María Heredia, personajes que históricamente coincidieron en Ciudad de México en la década de 1820; acerca de tal encuentro Arenas comenta en un ensayo:

El hecho de que ambos hombres convivan en un mismo sitio (el Palacio Presidencial), que la historia los haya hecho converger en un mismo lugar en circunstancias similares, y que a la vez no recoja este acontecimiento, no deja de ser una de sus conocidas y atroces ironías. Por eso, si nos sometiéramos, como historiadores, al dato estricto, ambas figuras, tan importantes en nuestro continente, ahora mismo tendrían que retirarse mudas, y perderse definitivamente, y sin mayores trámites, por los extremos opuestos del edificio o por los desconocidos recovecos del tiempo. . . . Por eso siempre he desconfiado de lo "histórico," de ese dato "minucioso y preciso." ("Fray Servando" 15-16)

La ficción, a diferencia de la historia convencional, sí logra presentar el encuentro, e incluso evaluar sus consecuencias. En una entrevista Arenas habla sobre este tratamiento de la historia y la ficción en sus novelas:

> Yo parto siempre de una circunstancia muy real, a veces muy específica, y le voy dando luego una dimensión de imaginación, de fantasía. Yo creo que la ficción, en este caso la narrativa, tiene precisamente esa función. Es decir, tomar algunos puntos que podríamos llamar completamente reales y llevar esos puntos al plano mítico de la imaginación. Creo, por otra parte, que la realidad es múltiple. Por eso, en esta novela [*El mundo alucinante*] he realizado eso de dar diversas versiones de una misma realidad. (en Morley y Santí 117)

La estructura del texto y la forma de la narración están pues, conceptual e indisolublemente unidas a su concepción del relato histórico, y por tanto de la historia y de la realidad misma. En tal sentido continúa su reflexión:

> Yo creo que el ser humano es real precisamente porque es, podemos decir, surrealista. Tiene la capacidad de imaginar, de soñar, de padecer y de crear. Cuando leemos esas novelas realistas en las cuales nos dicen "Juan se levantó, caminó hacia la puerta, prendió un cigarro y se dirigió a la oficina . . ." yo creo que ésas son las menos realistas. Porque lo que diferencia a un ser humano es esa capacidad de soñar, de imaginar; tiene una mente, un sueño, tiene alma . . . y esas cosas no se reflejan desde esa mirada puramente fotográfica que estamos describiendo . . . Cuando mi madre me decía "Me voy a tirar al pozo," el niño que oía aquello veía ya a la madre que caía al pozo, el agua del pozo que subía y la cubría, y toda una multitud de imágenes. Porque *todo eso forma parte de una realidad*. Es lo que se llama *la realidad verbal* de la imaginación: *todo aquello que se ve*. Entonces yo he querido siempre realizar una suerte de burla a ese realismo convencional y limitado . . . y adentrarme . . . en ese mundo de diversas realidades que van más allá del mero acontecimiento foto-

gráfico, o de lo que nuestros ojos ven como primera impresión. He querido partir de los momentos más reales precisamente para dar las otras realidades que están detrás de ellos. (en Morley y Santí 117, mi énfasis)

Su rechazo al "realismo convencional y limitado" se lleva a cabo a través de una forma narrativa que él considera más realista no sólo porque, como afirma arriba, "reproduzca" mejor la realidad de nuestra percepción, sino también porque, y a consecuencia de ello, es más elocuente; Arenas ofrece un ejemplo de otra de sus novelas:

en *Celestino* hablo de un personaje que se dedica a escribir poesía en los troncos de los árboles . . . Ningún sentido hubiese tenido que yo escribiera: "La familia no quiere que el muchacho escriba un poema." Sin embargo cuando pongo que escribe en los troncos de los árboles, la desesperación de la creación por manifestarse y la persecución y la violencia contra ella en esa visión de las hachas tumbando árboles, ese contexto se vuelve un texto más asequible. (en Morley y Santí 118)

Con este planteamiento acerca del relato histórico Arenas se sitúa en el punto de cuestionamiento que desde la historiografía contemporánea se está haciendo hoy al positivismo, y que presentamos en el capítulo introductorio a este estudio. Sus novelas eluden la univocidad y señalan el componente escritural del relato, desdeñando así dos rasgos fundamentales de la construcción de "objetividad" del texto documental y cuestionando la relevancia misma de éste, sin por ello dejar de ser un relato histórico en el más riguroso de los sentidos. Mirna Solotorevsky, en su artículo titulado "El relato literario como configurador de un referente histórico," señala que el efecto de mímesis depende del mayor o menor equilibrio que haya entre la ilusión mimética y la presencia de lo escritural (365). En los textos de Arenas se opera una transgresión de las convenciones historiográficas en ambos sentidos: presenta una multiplicidad de versiones de "lo mismo" que se contradicen y se complementan, a la vez que enfatiza las instancias emisora y receptora del texto como productoras concretas de significación; los textos de Arenas se estructuran alrededor de la negación de dos principios carísimos al conocimiento "científico": el de no contradicción y el que cree asegurar la desaparición del sujeto concreto en la producción de ese conocimiento. Solotorevsky afirma que la diferencia tradicional entre el discurso literario y el discurso histórico está en la relación que cada uno guarda con "lo verdadero" y el contrato de lectura sobre el que se establece. Las novelas de Arenas operan justamente sobre esta diferencia: cuestionan la jerarquización de ambos con base en su relación a la "verdad histórica"; es decir, se niegan tanto a aceptar la suprema validez histórica de los discursos tradicionales como a despojar a los discursos ficticios de tal validez.

Este hecho, mirado en el contexto de la novela testimonial cubana, lleva a Soto a afirmar, con razón, que los textos de Arenas socavan las pretensiones de valorar más lo documental que lo ficticio, y que en tal escritura "Arenas illustrates how fiction, free of propagandistic constraints, can indeed express much more than overt and unmistakable political messages," señalando que la ficción "is not merely a recording of life, but a vivid form of life itself" (Soto, *The Pentagonía* 7).

La textualidad con la que Arenas decide integrarse a la historiografía cubana se define a tal punto por la plurivocidad y subraya tan manifiestamente el artificio de la escritura, que se constituye en uno de los ejemplos más radicales de lo que Severo Sarduy llama nuestro barroco: "El espacio barroco es el de la superabundancia y el desperdicio. Contrariamente al lenguaje comunicativo económico y austero, reducido a su funcionalidad—servir de vehículo a la información—el lenguaje barroco se complace en el suplemento, en la demasía y la pérdida parcial de su objeto" ("El barroco y el neobarroco" 1972, 181): ambigüedad, difusión semántica, "proliferación incontrolada de significantes" y a la vez "diestra conducción del pensamiento," "apoteosis del artificio," "envolvimiento sucesivo de una escritura por otra," metaforizaciones diversas que señalan la falla entre lo nombrante y lo nombrado (167 ss).

Las novelas de Arenas, al hablar de la realidad, no pueden eludir hablar del habla que la elabora. La parodia, en tanto "habla del habla," es su instrumento fundamental, así como uno de los principales mecanismos del barroco: multiplicación de las confusiones y profanaciones, excentricidad y ambivalencia, "arte del destronamiento y la discusión," "barroco de la Revolución."[16] Todo esto, como veremos, son las parodias de Arenas.

2. De *EL MUNDO ALUCINANTE* Y OTROS TEXTOS

El mundo alucinante (1969) se construye como transacción intertextual con un hipotexto y dos metatextos muy definidos. La relación de *hipertextualidad* con las llamadas *Memorias* (1817) de Fray Servando Teresa de Mier consiste en una *reescritura rigurosa* de la totalidad de este texto decimonónico. La *metatextualidad*, por otra parte, consiste en un tipo de relación en el que un texto *alude* a otro, sin citarlo e incluso sin nombrarlo, para hacer un *comentario crítico* sobre él. Los metatextos de la novela de Arenas son *El siglo de las luces* (1962) de Alejo Carpentier y *Biografía de un cimarrón* (1966) de Miguel Barnet. A través de ellos, el texto entra además en relaciones *architextuales* implícitas, ya no con textos específicos sino con dos *géneros*: la novela épica y la novela testimonial. Las alusiones a sus metatextos y architextos aparecen en los *paratextos* de la novela, es decir, el título, el subtítulo, el prefacio, las notas a pie de página y el epílogo. La terminología sobre los diversos tipos de intertextualidad empleada aquí la tomo de Gérard Genette (*Palimpsestos* 9-16), y la necesidad de usarla para estudiar esta novela es testimonio del papel fundamental que desempeñan las transacciones textuales[17] dentro de ella, como señala Eduardo Béjar (179).

A diferencia del título de *La Loma del Ángel*, el de *El mundo alucinante* no señala directamente en dirección a su hipotexto sino hacia uno de sus metatextos: *El siglo de las luces*. Manteniendo la estructura sintáctica del título de Carpentier, el nuevo título hace una variación semántica significativa: del concepto temporal se pasa al espacial, y de las luces del conocimiento se pasa al delirio. La primera edición de la novela tiene un subtítulo que los editores eliminaron de las ediciones posteriores: "Una novela de aventuras"[18;] este subtítulo sitúa a la novela dentro de un género que, en el contexto cubano de los años sesenta, se presenta como antítesis de la novela épica y de la novela testimonial, categorías en las cuales entran el libro de Carpentier y el de Barnet respectivamente.

Esta relación metatextual con *El siglo de las luces* no la indica únicamente el título: Carpentier aparece como personaje en uno de los capítulos finales de la novela:

> [L]a voz de uno de los poetas que querían hacerle "La Gran Apología al Señor Presidente" llegó desde el jardín . . .
> Aquel hombre (ya viejo), armado de compases, cartabones,

reglas y un centenar de artefactos extrañísimos que Fray
Servando no pudo identificar, recitaba en forma de letanía
el nombre de todas las columnas del Palacio, los detalles
de las mismas, el número y la posición de las pilastras y
arquitrabes, la cantidad de frisos, la textura de las corni-
sas de relieve, la composición de la cal y el canto que
formaban las paredes, la variedad de árboles que poblaban
el jardín, su cantidad exacta de hojas, y con toda parsi-
monia anotaba todas las palabras pronunciadas en un
grueso cartapacio en cuya tapa se leía *El Saco de las Lozas*
con letras . . . grandes y brillantes . . . Fray Servando . . .
dejó al hombre en su labor . . . "He aquí al maestro de la
poesía de hamaca y abanico," dijo. (223-24)

Se trata del Carpentier que en 1964 definía como "el estilo *legítimo* del
novelista latinoamericano actual" al barroquismo del detalle, barroquismo que, según este autor, se corresponde con la necesidad de nuestro
continente de nombrar las cosas por primera vez, y en el cual el escritor
es un nuevo Adán ("Problemática de la actual novela latinoamericana"
26, mi énfasis). Se trata también del Carpentier de "lo real maravilloso
americano," de cuya concepción el personaje de Servando parece quejarse
más de una vez: "Hasta cuándo seremos considerados como seres paradi-
síacos y lujuriosos, criaturas de sol y de agua? . . . Hasta cuándo vamos
a ser considerados como seres mágicos guiados por la pasión y el ins-
tinto?" (119).

En una entrevista citada por Andrea Pagni, Arenas critica de nuevo
el estilo de Carpentier:

En las novelas de Carpentier llega un momento en que
todos los personajes están tan connotados por la historia—
no ya en lo que dicen (porque prácticamente no pueden
decir nada) sino en el mismo movimiento—que no se
pueden mover: cada vez que se mueven hay que connotar
el paso que dan, la época de la alfombra que pisan, el paño
con que se cubren el cuerpo, el mueble donde finalmente
se sientan; es decir, que hay que agotar el contexto tan
fielmente que llega un momento en que, por ejemplo, el
personaje de Sofía, de *El siglo de las luces*, casi no puede
moverse con toda la utilería con que Carpentier la provee.
(cit. Pagni 144)

48

Algunos críticos, como Seymour Menton (*Prose Fiction* 44 ss) y Emir Rodríguez Monegal ("La nueva novela" 651), afirman que aunque Carpentier fue activo dentro del gobierno revolucionario desde su inicio, su relación con la Revolución fue algo ambigua; y sugieren que ésta puede ser la razón por la cual Carpentier fue enviado a París (aunque Cabrera Infante fue enviado a Bruselas). Sin embargo Carpentier fue en Europa la voz oficial de la Revolución, y respaldó los pronunciamientos oficiales de La Habana (Rodríguez Monegal, "La nueva novela" 651). Otro hecho diciente es que Carpentier aparece en la lista de "Calibanes" de Fernández Retamar, lo cual lo señala como autor que sí sabe cómo enfrentar los deberes del momento (*Calibán* 46). Con respecto a *El siglo de las luces* la crítica ha mostrado que tanto una lectura "contrarrevolucionaria" como "revolucionaria" son posibles, y sobre este aspecto iremos luego. Pero para el estudio que me propongo lo más importante no es establecer con claridad qué sean exactamente Carpentier y sus novelas, cosa además de imposible, indeseable. Lo que sí es relevante es entender quién es el Carpentier de Arenas. Como señala Ottmar Ette, "el punto fundamental para la comprensión de Arenas desde una perspectiva histórico-social es el campo literario cubano. De esta forma, una parodia de un texto de Carpentier no tiene solamente una función dentro de la obra misma, sino también con respecto a la posición (institucionalización) de este autor en Cuba" (134). El Carpentier que Arenas tiene en mente encarna para éste una buena parte de la oficialidad cubana que define políticas, que es juez definitivo en los concursos literarios y que decide qué se publica y qué no; representa al estilo realista y del detalle, es el Carpentier que quiere agotar los que llama contextos raciales, económicos, ctónicos, políticos, burgueses, naturales, cronológicos, culturales, culinarios e ideológicos, contextos cuya elaboración rigurosa él plantea como exigencia a la novelística latinoamericana del momento ("Problemática de la actual novela latinoamericana," 1964).

Otra relación metatextual con la novela de Carpentier la establece el epílogo de *El mundo alucinante*, el cual parodia a su homólogo de *El siglo de las luces*. El de Carpentier se titula "Acerca de la historicidad de Víctor Hugues," y sobre él se elabora el epílogo de Arenas titulado "Últimas noticias de Fray Servando." Carpentier en este texto hace algunas precisiones sobre la investigación histórica que llevó a cabo para elaborar su novela y sobre qué se sabe con certeza acerca de la vida del personaje; de alguna manera este epílogo detiene el movimiento del texto de la novela, sienta un pivote que pone orden al vértigo de la historia ficcionalizada. El epílogo de Arenas hace todo lo contrario, pues mantiene la ficcionalización de la historia aún en los márgenes del texto: el narrador cuenta que la momia de Fray Servando fue sacada de su tumba por los liberales mexicanos durante la expropiación de las iglesias y conventos, y que después de pasar varios días a la intemperie, fue comprada por un italiano que la llevó a la Argentina y la vendió al director de un circo (251); Arenas apoya su información en una nota a pie de página citando una fuente apócrifa. Así, planteándose en relación crítica con el epílogo de Carpentier, subvierte su razón de ser, de nuevo cuestionando la impermeabilidad de la frontera entre la historia y la ficción, y jugando a la vez con los mecanismos que en los textos científicos certifican legitimidad, como son las notas a pie de página. Pero estos instrumentos discursivos tendremos oportunidad de discutirlos al estudiar el cuerpo de la novela.

Como indicación metatextual que apunta, ahora, hacia el texto de Barnet, mencioné ya al comienzo de este apartado su calidad de "novela de aventuras." Otra relación de este tipo con *Biografía de un cimarrón* la establece la carta a Servando que aparece como prefacio a la novela, carta que es al mismo tiempo la que plantea su relación hipertextual con *Memorias*.

El texto de Barnet, junto con *Me llamo Rigoberta Menchú* de Elisabeth Burgos, ha sido en general aclamado por la crítica como ejemplo paradigmático y genuino del testimonio mediato. Tal acogida responde principalmente a su carácter de género "comprometido," ya que la novela testimonial quiere ser "la voz de los que no tienen voz": busca "contar" la historia de los sujetos marginados que no han encontrado lugar en la historia oficial: "Tenemos que ser la conciencia de nuestra cultura, el alma y la voz de los hombres sin historia," dice Barnet (cit. Sklodowska "Testimonio mediatizado" 83).

Del gran grupo de marginados, *Biografía de un cimarrón* elige al de los negros, de larga y dolorosa historia de opresión en la isla, y que además desde la década de 1930 se han ido elaborando simbólicamente como depositarios de lo más genuino de la identidad cubana. "Esteban Montejo," el informante-protagonista, reúne en su figura a la vez al sujeto oprimido y a la identidad afrocaribe de la isla, con varias características más. Ha sido testigo alternativo de cien años de historia cubana y es el rebelde por excelencia: esclavo cimarrón y luego soldado del ejército independentista, hacia fines de siglo participa en lo que Barnet llama "el primer encuentro armado entre cubanos y norteamericanos" (nota 18, 191), lucha que, implícitamente y ya anciano, parece heredar

50

a la Revolución de 1959. Barnet se refiere a este aspecto en la Introducción a *Biografía*:

> [Hay en Esteban Montejo] un grado de *honestidad y espíritu revolucionario* admirables. La honestidad de su actuación en la vida se expresa en distintos momentos del relato, en la Guerra de Independencia sobre todo. El *espíritu revolucionario* se ilustra no sólo en el propio relato, sino en su actitud actual. Esteban Montejo, a los 105 años de edad, constituye un buen *ejemplo de conducta y calidad revolucionaria.* Su *tradición de revolucionario*, cimarrón primero, luego libertador, miembro del Partido Socialista Popular más tarde, se vivifica en nuestros días en su *identificación con la Revolución cubana.* / Este libro no hace más que narrar vivencias comunes a muchos hombres de su misma nacionalidad . . . Nuestra satisfacción mayor es la de reflejarlas a través de *un legítimo actor del proceso histórico cubano.* (10, mi énfasis)

Como bien señala Magdalena Maíz-Peña, "el género histórico-literario responde a un sistema de producción, creación, consumición y propagación del texto biográfico, eminentemente mercadotécnico, político y altamente ideológico dentro del momento histórico que lo acoge o enmarca" (144). En el caso que estudiamos, el "individuo revolucionario" es justamente el biografema (Maíz-Peña 143) a través del cual se estructura el texto de *Biografía de un cimarrón*: ésta es la unidad de sentido que guía la construcción del relato y de acuerdo a la cual Barnet "controla el discurso, ordena la vida, traza una figura e inscribe su interpretación, visión y percepción [del] protagonista."[19]

De tal circunstancia, inherente a la biografía, no parece percatarse el texto de Barnet, y si lo hace, trata de ocultarla. Su Introducción presenta la *Biografía* como el resultado "objetivo" de una investigación etnográfica rigurosa,[20] sin cuestionarse a sí mismo como coproductor del texto y sin entrar a precisar, entonces, el lugar desde el que habla (hecho que por otra parte le quitaría su "carácter científico" según lo entiende el positivismo). Como afirma Sklodowska, el texto de Barnet se elabora al margen de la "etnografía de nuevo corte." La nueva aproximación a la etnografía que propone la etnología contemporánea "tiende a recalcar las tribulaciones del etnógrafo y marcar las huellas de producción del discurso en vez de escamotearlas o relegarlas a los prólogos, notas y otros textos al margen del texto" y "hace aflorar los problemas consustanciales a la narrativización de la experiencia de la otredad" ("Testimonio mediatizado" 82). Barnet, por el contrario se concibe a sí mismo como el "nosotros" científico transparente a través del cual pasa sin mediación la historia de Montejo, trivializando paternalistamente, como veremos, las características concretas del entrevistado y perdiendo de vista la naturaleza valorativa de su procedimiento.

Barnet no sólo configura el testimonio, sino que además lo suscita: de él parte la iniciativa del contar. Estos son apartes de la Introducción al texto:

[L]o que más nos impresionó fue su declaración de haber sido esclavo fugitivo, cimarrón / Como nuestro interés primordial radicaba en aspectos generales de las religiones de origen africano que se conservan en Cuba, tratamos al principio de indagar sobre ciertas particularidades . . . Al principio nos habló de sus problemas personales: pensión, mujeres, salud. Procuramos resolver algunos de éstos. Le hicimos obsequios sencillos: tabacos, distintivos, fotografías, etcétera. *Nos contaba de una manera deshilvanada y sin orden cronológico*, momentos importantes de su vida. *El tema religioso no afloraba fácilmente* . . . fuimos ampliando la temática con las preguntas sobre la esclavitud, la vida en los barracones y la vida en el monte, de cimarrón. / [L]a riqueza [de su vida] nos hizo pensar en la posibilidad de confeccionar *un libro donde fueran apareciendo [los hechos] en el orden cronológico en que ocurrieron* en la vida del informante. Preferimos que el libro fuese *un relato en primera persona, de manera que no perdiese su espontaneidad / Esteban se mostró algo arisco*. Más tarde, *al identificarse con nosotros, se percató del interés del trabajo*, y con su colaboración personal pudimos lograr un ritmo de *conversación normal*, sin las anteriores *interrupciones banales*. / Muchas veces nuestras conversaciones fueron grabadas en cintas magnetofónicas. Esto nos permitió familiarizarnos con formas del lenguaje, giros, sintaxis, arcaísmos y modismos de su habla. / En todo el relato se podrá apreciar que *hemos tenido que parafrasear* mucho de lo que él nos contaba. De haber copiado fielmente los giros de su lenguaje, el libro se habría hecho *difícil de comprender y en exceso reiterativo*. (5-8, mi énfasis)

52

La violencia del sujeto científico sobre su "objeto" se destaca de manera obvia en el texto citado. Un "nosotros" orienta la conversación, labor a veces difícil porque Montejo insiste en interrumpirla con banalidades; finalmente el informante se percata de la importancia de la investigación, identificándose con el científico, es decir, cambiando sus intereses por los de éste, y a partir de allí la empresa avanza mucho mejor. Sin embargo sobre esta conversación ya mejor orientada es necesario hacer un fuerte trabajo de edición, ya que el relato de Montejo es innecesariamente reiterativo y difícil de comprender para su público, que evidentemente es una comunidad a la que el antiguo esclavo no pertenece y a la que en realidad éste no parece interesarle tanto como afirma. ¿En dónde queda el espacio para los excluídos? Aparentemente queda sólo en la mímica de la espontaneidad de un relato oral, a través del uso de la primera persona y del empleo de una sintaxis y un vocabulario similares a los de Montejo.

En este relato tenemos, como se observa, un ejemplo de lo que Clifford Geertz denomina "ventriloquia etnográfica." Es un discurso que reconoce la importancia del discurso del "otro" pero que a la vez asume que "[sus] formas de habla no entienden la importancia de su propio decir" (M. de Certeau, cit. Sklodowska, "Testimonio mediatizado" 83). Como señala Sklodowska en su estudio sobre esta *Biografía*, para Barnet "lo que está implícito en los discursos originales puede formularse solamente por medio de una exégesis escolar y una ordenación discursiva profesional" (83). Por otra parte, "la convicción objetivista de que la 'otredad' puede ser capturada, lleva al editor a suprimir las marcas dialogales del discurso original en su transcripción final," "ausentándose" del texto (84). El resultado de esta operación de "dar voz," inconsciente de sus procedimientos y de la violencia que ejerce a través de ellos, es un texto monologizado, "en el sentido ideológico más que gramatical," que niega el hecho de que es producto de resistencias y acomodaciones (Sklodowska 85).

Como señala Philippe Lejeune, el editor de "heterobiografías" (testimonios mediados) "no funciona sólo como eco de su modelo, sino también como representante del destinatario de su libro" (cit. Sklodowska 86). Este destinatario, en el caso que examinamos, es la oficialidad cubana de los años sesenta. A ella es a la que le interesa, como señalábamos arriba, escribir una historia del pasado según la cual la Revolución aparece como el cumplimiento de un destino y de la siempre traicionada promesa de emancipación. Ese público necesita de un glosario y de una

cronología rigurosa, y puede prescindir, por ejemplo, del tema de la
cuestión racial en Cuba revolucionaria, y al que tal vez se refieren los
problemas de pensión y salud que Barnet trata de resolver rápidamente
para entrar en el asunto real de su estudio (ver cita de la página anterior).[21]

Otra cosa es la que hace Arenas con el que podríamos llamar su
"informante." La carta a Servando que aparece como prefacio a la novela
se plantea en antítesis a la Introducción de *Biografía* en aspectos
fundamentales. El mismo hecho de ser un prólogo en forma de carta a su
protagonista devuelve de alguna manera el texto a su origen, y señala
que las comunidades a las cuales pertenecen Arenas y Servando no son
ajenas una a la otra, desrealizando así la relación sujeto-objeto con la
que Barnet se acerca a Montejo. También de este texto voy a citar extensamente:

> Querido Servando,
> desde que te descubrí, en un renglón de una pésima his-
> toria de la literatura mexicana como "el fraile que había
> recorrido a pie toda Europa realizando aventuras inverosí-
> miles," comencé a tratar de localizarte por todos los sitios
> . . . fui a embajadas, a casas de cultura, a museos, que
> desde luego *nada sabían de tu existencia.* No obstante, la
> acumulación de datos sobre tu vida ha sido bastante volu-
> minosa; pero lo que más útil me ha resultado para llegar
> a conocerte y amarte, . . . fue descubrir que *tú y yo somos
> la misma persona.* De aquí que toda referencia anterior a
> este *descubrimiento formidable e insoportable*, sea innece-
> saria y casi la he desechado por completo. Sólo *tus memo-
> rias*, escritas entre la soledad y el trajín de las ratas
> voraces, entre los estallidos de la Real Armada Inglesa y
> el tintinear de los mulos por los paisajes siempre into-
> lerables de España, entre la desolación y el arrebato, entre
> la *justificada furia y el injustificado optimismo*, entre *la
> rebeldía y el escepticismo*, entre *el acoso y la huida*, entre
> el *destierro y la hoguera*; sólo ellas aparecen en este libro,
> no como citas de un texto extraño, sino como parte funda-
> mental del mismo, donde resulta innecesario recalcar que
> son tuyas; porque no es verdad, porque son, como todo lo
> grandioso y grotesco, del tiempo / No aparecerás en este
> libro mío (y tuyo) . . . como el héroe intachable que sería

incapaz de equivocarse o de sentir alguna vez deseos de morirse. Estás, querido Servando, como lo que eres: *una de las figuras más importantes (y desgraciadamente casi desconocida)* de la historia literaria y política de América. Un hombre formidable. Y eso es suficiente para que algunos consideren que esta novela debe ser censurada. (11-12, mi énfasis)

El mundo alucinante es también una biografía. Como en la novela-testimonio, se trata de dar voz a una figura perseguida y fundamental en la historia americana que ha sido mantenida al margen; en palabras de Arenas, a la escritura de esta novela la orienta la convicción de que "la historia real, la que se padece, sólo pueden contarla las víctimas" (en Morley y Santí 118). En cuanto personaje perseguido, representa al grupo que se mueve "entre el destierro y la hoguera." Pero hay varias diferencias: Arenas, lejos de pretenderse ausente del relato, elabora su texto tanto a partir de las *Memorias* de Mier (que en el caso de Barnet serían las cintas magnetofónicas) como del hecho de reconocer-convertir a Servando en un espejo de sí mismo (identificación que ocurre también en Barnet pero cuyas consecuencias éste obvia). En tal sentido, el texto se presenta más bien como una *(auto)biografía*. A diferencia de *Biografía de un cimarrón*, Arenas no se aproxima a Servando como al "otro" que debe ser adaptado e incorporado al discurso dominante; Arenas hace parte de ese "otro" excluido y desde allí elabora el discurso. Como veremos más adelante, incluso el estilo "deshilvanado, incoherente y reiterativo" de Mier se ve representado, y Arenas hace uso de él justamente en cuanto le ofrece una forma discursiva con posibilidades inexistentes en el discurso monológico, lineal y económico. Se trata entonces de un mirarse a sí mismo y a su tiempo desde la distancia temporal y formal de otro discurso; desde la diferencia, no a través de la traducción que visita al "otro" exótico para reafirmarse.

Reinaldo Arenas (1943-1990) nació en una región campesina pobre y bastante aislada situada en el oriente de la isla de Cuba. No fue al colegio hasta los doce años, y fue su madre, "una mujer abandonada," quien le enseñó a leer y a escribir. En 1958, cuando la familia (madre, tías y primos reunidos alrededor de los abuelos) vivía en Holguín (pueblo también del oriente), Arenas decidió unirse al grupo rebelde de la Sierra Maestra. Después de la Revolución él fue uno de los primeros beneficiados del nuevo proyecto de escolarización, y estudió Contabilidad Agrícola en su pueblo, y luego en La Habana. No puede decirse, pues, que él sea uno de esos "escritores burgueses con sentido de culpa que necesitaban superar su falsa conciencia y renacer dentro del socialismo," como era el "caso" de muchos escritores de la generación anterior a él.[22] Y sin embargo muy pronto la Revolución lo dejó por fuera de su proyecto. Sus dos primeras novelas son desde el principio motivo de disputa entre quienes defienden la política cultural oficial y sus detractores, es decir, entre Carpentier y Portuondo, de un lado, y Virgilio Piñera y Lezama Lima del otro, escritores estos últimos que pronto serán también alejados del proyecto revolucionario.[23] La marginación de Arenas es progresiva; cuando presenta su tercera novela al concurso de la UNEAC, *El palacio de las blanquísimas mofetas*, le dicen extraoficialmente que ya tiene demasiados libros contrarios al sistema en la lista, sin conciencia política clara, como para que la nueva novela pueda ser considerada. Su trabajo en la Biblioteca Nacional y luego en la UNEAC le permite subsistir y le deja tiempo para seguir leyendo y escribiendo, aunque desde 1970 dejan de publicar sus ensayos críticos. Luego viene la época de la "parametrización," y a muchos homosexuales les piden dejar sus puestos de trabajo: "cada escritor, cada artista, cada dramaturgo homosexual, recibía un telegrama en el que se decía que no reunía los parámetros políticos y morales para desempeñar el cargo" (Arenas, *Antes que anochezca. Autobiografía* 164). Es la época en que se promulgan dos leyes que afectarán particularmente a muchos escritores: la "ley del diversionismo ideológico" y la "ley del normal desarrollo sexual de la juventud y la familia" (en Hasson 49). Arenas es arrestado por "escándalo público" y recluido por más de un año en la cárcel de El Morro entre 1974 y 1975. A partir de entonces, después de trabajar un tiempo en un campo de reeducación, sin empleo y constantemente vigilado, se dedica a tratar de salir de Cuba, mientras continúa escribiendo y sacando manuscritos para ser publicados en el exterior. En 1980 logra salir por el puerto de Mariel, alterando el nombre de su identificación y ayudado por el delito de "escándalo público" que aparecía registrado en ella, exagerando cuanto pudo sus maneras "ambiguas" y extravagantes. Luego Nueva York fue el dolor del exilio, la nueva censura, ahora en la forma del mercado editorial, y el SIDA, que lo llevó después de unos años al suicidio (en noviembre de 1990).[24]

Fray Servando Teresa de Mier Noriega y Guerra (1765-1827) también es un personaje "extravagante." Como afirma Marie-Cécile Bénassy, "Fray Servando est un homme inclassable qu'aucune école de pensé ne se revendique pour sa propagande" (Avant-propos vii). Aunque es un héroe de la Independencia mexicana, es un "héroe de segunda," si algo así puede existir. Cuando a un mexicano se le menciona su nombre no es capaz de decir muy bien quién fue, pero recuerda que parece un "personaje de novela." No es Padre de la Patria, su relación con ella es más mediata: lo llaman "abuelo del pueblo" y "padrino de la libertad" (Alfonso Reyes xxi). Los académicos mexicanos tradicionales quisieran ignorar todo lo que escribió excepto un discurso suyo conocido como la "Profecía" (1822), discurso sobre el destino político del nuevo pueblo mexicano y que consideran brillante.

Para comprender la naturaleza de la figura de Mier no hay nada mejor que recorrer los estudios críticos que se han hecho sobre su "vida y obra." Carlos González Peña afirma que Mier "era un hombre extraño" y que su vida se antoja "una encarnación de novela picaresca" (194). Alfonso Reyes asocia su nombre a "la gran locura" aunque afirma que "no es estrafalario gracias a su fe en la patria" (xxi); Reyes lo describe en sus últimos años "servido en Palacio por la tolerancia y el amor," en medio de "devaneos seniles en los que se sentía preso [de nuevo]" (xxi) y que lo llevaban a amenizar a Victoria, el presidente, "con sus locuras teológicas" (xxii). Antonio Castro Leal subraya en su obra un "apasionado interés por el segundo término de la ecuación 'el mundo y yo,'" un "yo" que "era tenaz, afirmativo, invencible" (viii-ix). Alfonso Junco lo describe como "un tipo singular: inquieto y vanidoso, politiqueante y combativo, atrayente y alborotador, boquiflojo y megalómano; de cultura vastísima y brillante, pero sin coherencia ni profundidad . . . un hombre contradictorio con un algo y aun algos de chiflado" (11), señalando además en su obra "aberraciones," "descarrío alucinado" y "padeceres y ansiedades de hiperestésico" (16). Por todo ello, Junco recomienda que se lo tome en broma y como semichiflado (17). Lucas Alamán subraya "la facilidad y gracia con que hablaba, en especial cuando se abandonaba a su imaginación y verbosidad; . . . hiperbólico nato, sentía una orgánica necesidad de inventar y de ser protagonista" (cit. Junco 22).

De tal caracterización ya podrán deducirse los rasgos de sus textos. El título original de *Memorias* es *Apología y relaciones*, y éste sugiere ya su naturaleza heteróclita; no se trata en realidad de las "Memorias" escritas por un sujeto moderno plenamente "responsable" y "autoconsciente" que se sienta a escribir un relato coherente con comienzo, desarrollo y fin. Sobre este texto Robert Mead afirma que "más bien parece novela picaresca," y que su prosa es agitada y a veces incoherente (24). Alfonso Junco las describe como "un relato vivaz, . . . insegurísimo como historia pero divertidísimo como novela" (13).

Con tales descripciones de su texto desembocamos de nuevo en uno de los problemas propuestos en el presente estudio y cuyos componentes teóricos esbozamos en el primer capítulo: el de la escritura de la historia, el de definir qué es válido como relato histórico y qué no. Y lo que ocurre es que el relato de Mier no sigue el discurso ilustrado que es común en los pensadores de la Independencia y que desde entonces define al recuento histórico con pretensiones de verdad. Mirado desde el discurso de la Ilustración, su relato "padece" de subjetivismo e incoherencia, rico en digresiones, reiterativo, "desordenado." Así lo señala González Peña cuando afirma que Mier era un "razonador escolástico en quien latía el espíritu de los enciclopedistas en su amor a la libertad" (197), pensamiento que Orlando Gómez-Gil retoma al afirmar que "por sus actividades es ilustrado, [y] por sus ideas, escolástico" (175). Las dos últimas citas señalan además un hecho que ya esbozamos y que pronto evaluaremos en la novela de Arenas: el hecho de que el espacio de la libertad y del conocimiento se identifica exclusivamente con el pensamiento ilustrado y enciclopedista.

Esta naturaleza transicional de Mier la describe bien José Lezama cuando afirma que este fraile se encuentra "a horcajadas en la frontera del butacón barroco y del destierro romántico" (*La expresión americana* 252). Tal posición, nada cómoda, es la que lo hace ilegible para los ilustrados. Otra de sus obras importantes es la *Historia de la revolución de la Nueva España* (1813), texto que González Peña describe como "obra escrita sin plan, desmañada y confusa" que "más parece alegato político" que relato histórico: "el espíritu de Mier, por sobrado inquieto, distaba de ceñirse a las disciplinas del historiador" (197). Como afirma M.C. Bénassy, "*Historia* est un ouvrage incontournable pour les historiens" (viii): una historia que hace manifiestos los intereses de quien la escribe y que va cambiando sobre la marcha según los acontecimientos, sin "lograr" obviamente la estructura genética, orgánica, del desarrollo histórico según se lo entiende desde el siglo pasado.

Con la revisión de la crítica hecha hasta aquí toma más cuerpo ese hecho "formidable e insoportable" de que Mier y Arenas son la misma persona. Verborrea, hiperestesia, cuidado del "yo" (que el sistema califica de individualismo escapista), locura, alucinación, aberración, hipérbole, urgencia de inventar, descarrío alucinado.

Alicia Borinsky, al comparar los títulos de *Memorias* y de *El mundo alucinante*, señala que en el paso del uno al otro hay un pasaje de lo singular a lo plural, y del nombre propio al sustantivo que más abarca, es decir a "el mundo"; aunque *Memorias* no es el título que Mier le da a su texto sí es el título con el que generalmente se lo conoce, y aún si partimos del título de *Apología y relaciones*, la observación de Borinsky mantiene su validez. En una entrevista sobre esta novela, Arenas comenta:

> Yo me vi reflejado en aquel personaje . . . Me di cuenta que ese personaje trascendía su propia condición de personaje como tal, para ser, hasta cierto punto, un arquetipo de la historia del género humano. Era el hombre en lucha contra un medio hostil bajo cualquier circunstancia . . . [L]o alucinante de todo esto es que yo estaba, desde Cuba, constatando el ciclo un poco fatídico de la historia y de la historia cubana . . . [E]n una época completamente inquisitorial . . . [Fray Servando] se había atrevido . . . a rebatir todo el sistema filosófico por el cual se supone que existía la dominación española en México . . . Cuando leo esto, estoy en Cuba en el año de 1964. Es decir, estoy en una situación histórica que desde el punto de vista político era igual a la de Fray Servando. Me veo enfrentado a un personaje que me fascina por la actualidad que tiene en aquel momento histórico en que yo estaba viviendo . . . Es más histórico este personaje que los que escribían la historia en aquel momento, porque en lugar de adaptarse a una situación determinada, trasciende aquellas circusntancias y adquiere una *dimensión perenne en virtud de su grandeza . . .* era el personaje tratando de combatir una ideología de un sistema inquisitorial partiendo de la ideología misma . . . Y esto lo había hecho Fray Servando con inteligencia y astucia desde los mismos conventos. (en Morley y Santí 115-16)

Esta visión arquetípica de la historia la adopta Arenas de la propuesta de varios textos de Borges, como reconoce en una de sus entrevistas: "Borges es, sin duda, uno de los escritores que más importancia ha tenido para mí . . . [D]esde el punto de vista teórico, son formidables sus ideas del tiempo fragmentado y del personaje que fluye en el tiempo y que sobrevive a esas circunstancias" (en Barquet 66).

Arenas describe en parte el proyecto de su novela cuando afirma que "Fray Servando se merecía que uno escribiera en la forma en que él había vivido. Su historia debía ser escrita en forma alucinada, delirante, llena de aventuras, de terrores y, especialmente, de mucho optimismo y

59

hasta de locura" (en Morley y Santí 115). El texto de Mier que muchos recomiendan ignorar o tomar a broma, es el discurso que Arenas asume, y constituye el texto al que rinde homenaje. Para Lezama, "[Mier,] en el paso del señor barroco al desterrado romántico, se veía obligado a desplazarse por el primer escenario del americano en rebeldía" (*La expresión americana* 249). Él es "el primer escapado," "el primero que se decide a ser el perseguido" (252). Su estrategia es la de "[r]eformar dentro del ordenamiento previo, no romper sino retomar el hilo," la estrategia de "convertir al enemigo en auxiliar" (249). Y ¿qué es la re-escritura si no esto?

Apología y relaciones. La autobiografía premoderna de un pseudo-prócer

El autor inferido de *Apología y relaciones* tiene de los Héroes de Independencia el amor a la libertad pero "le falta" ser Individuo moderno para serlo plenamente. Karl J. Weintraub, en su artículo "Autobiografía y conciencia histórica," estudia la historia del concepto de individuo en relación a la conformación del género autobiográfico, y afirma que "la visión total de la individualidad sólo surgió en su forma definitiva a finales del siglo XVIII," de la mano del sentido histórico prevaleciente hasta nuestros días (30). En Mier no están presentes aún, en su estado último, la individualidad ni el modo de entendimiento genético del yo que definen al sujeto autobiográfico moderno. Es por esto que la crítica tradicional no sabe muy bien qué hacer con este "héroe."

En 1917 Alfonso Reyes hace la edición de *Apología y relaciones*, y le da el título de "*Memorias*"[25] que conocemos, tal vez buscando darle más solidez; en el nuevo título se percibe una voluntad de situar el texto en la prestigiosa posición de ese género literario y hacerlo menos plural, incómodo, inasible. Sin embargo, ese autor de las *Memorias* que termina luchando por la independencia de México no es el individuo autoconsciente, coherente y responsable que la crítica humanista de la modernidad querría presentar y que permitiría constituir su autobiografía en "documento histórico" confiable. No es esta clase de sujeto, al menos, el autor inferido de ese texto que Reinaldo Arenas re-escribe en *El mundo alucinante*.

Apología y relaciones no es un texto perteneciente al discurso moderno romántico. Su relato se detiene de repente, sin razón aparente y sin haber alcanzado un punto definido y determinante que delimite la "obra" como figura terminada y cerrada y que la "justifique." Alfonso Reyes, el editor de *Memorias*, se ve obligado a aclarar: "Aquí concluyó el Dr. Mier sus Memorias" (428). En cuanto a comienzo, sí tiene uno definido: el sermón que el fraile pronunció en 1794 para la celebración del día de la Virgen de Guadalupe (persuadido por los estudios precolombinos de un licenciado llamado Borunda, hablante nativo del náhuatl). En su sermón Mier sostenía que los indígenas mexicanos conocían el cristianismo con gran anterioridad a la evangelización-conquista española. Sin embargo este comienzo, pudiéndose elaborar como origen e hilo conductor de trascendencia política para el relato—en tanto deslegitimador de la colonización española—, deja este aspecto como secundario y aparece más bien como comienzo contingente de una serie de desgracias para el personaje:

> Me retiré a mi celda después de haber oído a Borunda . . . calqué algunas pruebas . . . Es verdad que cuantas se me daban eran ligeras; pero ya *creía* yo conforme a lo antecedente que lo substancial quedaba en el fondo de la obra . . . Confieso, sin embargo, que mi entusiasmo había decaído con el tiempo, y que a haber habido dos días más para hacer otro sermón, *no hubiera predicado el mismo*. (5, 6, mi énfasis)

Siguiendo por esta misma línea, el "yo" autobiográfico no interpreta la persecución de la que es objeto desde el plano público y revolucionario que predomina en el discurso del momento (año de 1817) y que le permitiría describir su acción sin dificultad como ataque a la presencia española en México; por el contrario, la persecución se sitúa en la esfera de lo privado, como maniobra del obispo para perderlo "por envidia o por su odio contra todo americano especialmente sobresaliente" (*Memorias* 7). De esta manera el texto corre sin hacer mención específica del carácter precursor que el sermón podría tener, como cuestionamiento radical de la presencia española en México, con respecto a la lucha independentista. Con esto no queremos decir que en fray Servando no haya rebelión radical: la hay, pero la forma de su figuración narrativa no es la de la Ilustración.

Como nos recuerda Linda Hutcheon, en todo texto hay un subtexto ideológico que determina las condiciones de posibilidad mismas de su producción de sentido (*Poetics of Postmodernism* xii-xiii). Tal subtexto en términos de Hayden White consiste en el conjunto de las nociones generales de las formas que las situaciones humanas significativas deben

61

tomar, e incluye los procesos de dar sentido que identifican al texto como "miembro de un repertorio cultural y no de otro" ("The Historical Text as Literary Artifact" 86). Mier no parece compartir su subtexto ideológico con la audiencia humanista liberal. Sin embargo la crítica humanista quiere enmarcarlo en el discurso de Libertad y Racionalidad de la Ilustración, y desde allí, por tanto, describe su discurso como deficiente. Como hemos visto, varios críticos coinciden en señalar una estructura escolástica en sus textos, siempre con el tono de quienes otorgan valor absoluto a la modernidad.

Si examinamos el discurso de defensa que estructura la *Apología* para seguir indagando por este sujeto autobiográfico, vemos que tal discurso busca legitimarse en ejemplos de decisiones papales (pronunciamientos tendientes a dirimir conflictos sobre apariciones de vírgenes y contenidos de tradiciones) (*Memorias* 10-12), y que en los puntos en que se requiere una demostración, el recurso al que se apela es la Biblia:

> porque Jesucristo, enviando a predicar a sus apóstoles les mandó: "Yendo al mundo entero, predicad el Evangelio a toda creatura que está por debajo del cielo" . . . ¿Sería dable que en una orden tan fuerte, general y absoluta no se hubiese comprendido la mitad del globo? (16)

Como se ve, no encontramos la voluntad de destruir el principio de autoridad que señala Leopoldo Zea como fundamental en el pensamiento de la época (7). No está pues el espíritu de la Ilustración, al que la tradición humanista suele unir la única posibilidad de libertad, en estos fragmentos.

El "yo" de este texto autobiográfico no es tampoco la autoconciencia que pretende dar razón desde sí misma de su sitio en el mundo, y se define más bien desde la exterioridad característica de un momento premoderno. En otro fragmento del texto, el "yo" que escribe, pudiendo unir el "yo" protagonista a actos tempranos de insurrección, califica tales acusaciones de calumnias que no pudieron ir muy lejos, y su explicación con referencia a ellas se centra en el hecho de que lo declararon inocente, sin abundar más en ello y localizando así la figuración de su "yo" en un plano de exterioridad, en manos de un "otro" que se halla fuera de la conciencia (*Memorias* 176 ss).

No es este "yo" tampoco la construcción moderna del "yo" responsable que encamina su acción a un punto definido: las *Relaciones* de su viaje al destierro y de su vida en Europa consisten en prisiones y huidas que se repiten, separadas por "incoherentes" (Mead 24), si bien detalladas, descripciones de las costumbres de los diferentes pueblos europeos y de la forma de sus ritos cristianos, años que se ofrecen como correrías errantes, un vagar de un lado a otro en el que los propósitos, provisionales, se olvidan, manteniéndose constante sin embargo el dolor por la imposibilidad de regresar a México. Si algún modelo tiene esta autobiografía, es el de la picaresca, como afirma repetidamente la crítica tradicional, aunque de mayor contingencia que ésta por la falta de un final concluyente.

La coherencia del personaje es la de la huida y la rebeldía constante ante el poder que lo persigue, única decisión en el eterno retorno de lo mismo:

> El provincial volvió furioso a quitarme los libros, . . . papel y tintero, conminándome severo castigo si volvía a escribir otra cosa en mi defensa. ¿Se habrá visto despotismo semejante? . . . Estaba destinado a ir desterrado al convento de las Caldas, cerca de Santander, en España. ¡Y aún no se había sustanciado mi proceso, ni se me había oído! (85-86)

Si le piden una retractación, su rebeldía la rechaza: "Me mandó que precisamente pusiere que había errado y pedía humilde perdón. Obedecí; pero tuve la advertencia de poner que lo hacía por no poder sufrir más la prisión" (87). Es esta rebeldía la que desencadena la persecución y los padecimientos físicos y mentales, siempre relatados lúdicamente:

> Casi se me hizo morir en una prisión horrorosa, donde si salvé la vista, perdí un oído, salí cano y destruida toda apariencia de juventud (179). Se me puso preso en una celda, de donde se me sacaba para coro y refectorio, y me podían también sacar en procesión las ratas. Tantas eran y tan grandes, que me comieron el sombrero. (186)

Ante el dolor y la imposibilidad de ser oído, la huida: "Ví que no había otro remedio contra mi persecución que lo que Jesucristo aconsejó a sus discípulos . . . Corté el plomo, quité una reja, y salí a la madrugada" (187). O, como en otra parte:

> Mi primer pensamiento fue echarme a volar con el paraguas, cuyas puntas llegué a atar . . . Sin saber de mí, bajé más aprisa de lo que quisiera. Cuando por lo mismo pensé hallarme hecho tortilla en el suelo, me hallé a horcajadas

en la extremidad del cordel que estaba doblado. Acabé mi volatería todo averiado. (231)

El texto de *Apología y relaciones* es el testimonio de una lucha contra el abuso de poder. En el momento de quiebre que da entrada a la modernidad, su rebeldía elige no la ruptura inaugural, sino una expresión al interior del mismo discurso que quiere transgredir, situándose así dentro de la misma tradición que inscribe al Inca Garcilaso de la Vega y a Reinaldo Arenas, y fuera de la tradición de ruptura que pretende iniciar la Ilustración con su monopolio sobre el proyecto de Libertad y sobre la idea de Verdad.

El mundo alucinante frente al romanticismo de la modernidad. Estrategias narrativas para un homenaje transgresivo

> *esto le hizo llegar a la conclusión de que aun en las cosas más dolorosas hay una mezcla de ironía y bestialidad, que hace de toda tragedia una sucesión de calamidades grotescas capaces de desbordar de risa . . .*
>
> Reinaldo Arenas
> *El mundo alucinante*, 1969

> *La historia era increíble, en efecto, pero se impuso a todos, porque era sustancialmente cierta. Verdadero era el tono, . . . verdadero el pudor, verdadero el odio. Verdadero también era el ultraje que había padecido; sólo eran falsas las circunstancias, la hora y uno o dos nombres propios.*
>
> J.L. Borges
> "Emma Zunz," 1949

El mundo alucinante "adolece" de ser otra versión de la misma "prosa agitada e incoherente" que Mead veía en *Apología y relaciones*.

Voy a orientar mi presentación de la novela de Arenas siguiendo la forma de exposición del problema que usé en la presentación teórica del capítulo uno. Según ésta, voy a examinar los diversos componentes formales y temáticos de la novela pensando cómo ellos construyen los entes de sujeto, realidad, historia y relato histórico.

De acuerdo a lo que exponíamos allí, el sujeto romántico es el individuo homogéneo, autoconsciente y responsable que tiene acceso a lo más genuino de la realidad; cuando este individuo es autor literario, al escribir su obra ésta surge espontáneamente y sin mediación alguna, original y primera; si lo que escribe es Historia, el individuo está capacitado para hacer por fin el recuento verdadero, gracias a la objetividad de su investigación y a la acción desinteresada de su escritura.

El sujeto que llamamos posromántico se siente menos "sujeto de" y más "sujeto a," como lo plantea Foucault. En su relación con el mundo descubre en lo "genuino" un olvido o una negación. Conceptos como "la Realidad," "la experiencia objetiva," "la Historia," se llenan de intencionalidad y de poder; por tal razón, el sujeto posromántico se acerca a ellas como textos, sabiéndolas producto de elaboraciones concretas relacionadas más con contextos sociales, económicos, políticos, raciales y genéricos que con pretendidas características trascendentales del "ser humano en general."

Desde esta nueva autopercepción, la diferenciación radical entre el relato histórico y el literario pierde sentido, y se convierte más bien en uno de los temas de reflexión más presentes en la literatura contemporánea. Esto lleva a Linda Hutcheon a proponer la "metaficción historiográfica" como la forma de mayor presencia en la escritura literaria posmoderna. Como sostiene la autora en *A Poetics of Postmodernism* (1988), los textos literarios producidos por estos nuevos sujetos ponen en primer plano los contextos históricos, sociales e ideológicos en los que han existido y existen, enseñando que la "realidad" del pasado es discursiva, a la vez que reconocen su propia identidad como discursiva y contingente (25). En su nueva reflexión sobre la historia, estas novelas involucran la indagación sobre la producción textual de ésta, tematizando al mismo tiempo su propio acto de escritura. Tal reflexión lleva a Hutcheon a definir lo posmoderno, al cual manifestado en las artes yo prefiero llamar "posromántico," como una confrontación paródica y autorreflexiva con lo político y lo histórico:

> I want to argue that it is precisely parody—that seemingly
> introverted formalism—that paradoxically brings about a

65

direct confrontation with the problem of the relation of the aesthetic to a world of significance external to itself, to a discursive world of socially defined meaning systems (past and present)—in other words, to the political and the historical. (*Poetics* 22)

A estos diversos niveles actúa la parodia de Arenas. Contra la pretendida universalidad romántica de los críticos de la oficialidad cubana y contra sus afirmaciones transhistóricas de valor, *El mundo alucinante* (y también *La Loma del Ángel* como después veremos) articula la idea de que tras la pretendida racionalidad emancipadora no se oculta otra cosa que una sólida alianza con el poder.

Los epígrafes del texto sitúan esta novela en el plano más amplio de la tradición latinoamericana y occidental. El primero es un fragmento del martirologio, libro de antigüedad y prestigio similares a los de la Biblia y perteneciente a su mismo discurso: "Yo también he sido desgarrado por las espinas de ese desierto, y he dejado cada día algo de mis despojos. *Los Mártires, Libro X.*" El segundo epígrafe cita un texto azteca transcrito en una crónica de conquista: "La primera cosa que os adornará será la cualidad de águila, la cualidad de tigre, la Guerra Sagrada, flecha y escudo . . ." Como vemos, uno de los epígrafes tematiza la persecución ancestral; el otro, la fuerza de los colonizados, reivindicada por discursos independentistas como el de Mier. Con esto último esta novela pide acceso al discurso de la emancipación que el estado cubano quiere monopolizar.

El texto mismo de la novela tiene tres comienzos, tres capítulos "Uno." Cada uno de ellos emplea una voz narrativa diferente para narrar la infancia de Servando, la cual es presentada, así, en tres versiones. Estos capítulos tienen un mismo título con variaciones: "De cómo transcurre mi infancia en Monterrey junto con otras cosas que también transcurren," "De tu infancia en Monterrey junto con otras cosas que también ocurren," "De cómo pasó su infancia en Monterrey junto con otras cosas que también pasaron." Tales títulos parodian la forma narrativa de las crónicas coloniales, forma que tiene el relato mismo de Mier en su condición "híbrida" de texto colonial transgresivo.[26] Por otra parte, la variación principal entre ellos es la voz narrativa, que pasa de primera persona a segunda, y luego a tercera. Así comienza la primera:

Venimos del corojal. No venimos del corojal. Yo y las dos Josefas venimos del corojal. Vengo solo del corojal y ya casi se está haciendo de noche . . . Pero ahora yo vengo solo del corojal y ya es de día. Y todo el sol raja las piedras. Y entonces: ya bien rajaditas yo las cojo y se las tiro a la cabeza a mis Hermanas Iguales. A mis hermanas. A mis hermanas. A mis her. (13)

En el siguiente capítulo, la voz de segunda persona por un momento promete poner orden y detener el vértigo de la percepción del niño relatada por la primera persona, pero pronto incumple la promesa:

Ya vienes del corojal. El día entero te lo has pasado allí, debajo de las pocas hojas de las únicas matas que se dan por todo este lugar. Pensando . . . Ya vienes del corojal. Después de haber arrancado a todas las matas de raíz y haber oído cómo gritaban como lo haces tú cuando te sacan las niguas . . . Y tu madre te empuja. Ya te da dos trancazos. Y tú sin abrir la boca porque eres cencerro y aguantón. "Baja al cuarto," te han dicho y te han tirado una soga al cuello . . . Los alacranes están cantando y todo está *rojizo*. Los alacranes cantan: "Ahí viene el niño Jesúussss. Ahí viene el niño Jesúussss" . . . Llega tu madre y te corta las manos. Y te pregunta: "¿Quién arrancó la mata de corojos?" (17)

El tercer capítulo "Uno" es otra promesa de coherencia incumplida, en la voz de tercera persona:

De modo que . . . no vio a sus hermanas, pues aún no habían nacido. Ni presenció la necedad de las manos cortadas . . . Inventos. Inventos . . . Y la casa se llenó de voces. Y el arenal surgió reverdecido y poblado de árboles. Y el cielo fue un constante aletear de aves extrañas . . . Y se mantuvo en quietud por siete años más, sin moverse del arenal. Alimentándose del jugo de las uñas. (19)

El capítulo dos sigue la misma estructura de repetición y la misma secuencia de voces narrativas. Sólo los capítulos dos y siete repiten la estructura triple del primero; son otros dos comienzos, el de la salida de Servando de su pueblo natal y el de las consecuencias del sermón sobre la Virgen de Guadalupe, que es a un mismo tiempo el comienzo de la persecución inquisitorial y el pasaje con el que se inicia *Memorias*. El capítulo tres ya es uno solo y presenta tres voces en tres fragmentos

67

diferentes. Los demás capítulos se suceden de manera similar, sin patrón alguno que permita prever en qué momento una voz dará paso a la otra, ni por cuántos capítulos una sola voz tendrá el monopolio. Lo mismo ocurre con respecto al proceso de significación: nunca en el texto se encontrará la voz confiable que diga al lector cómo detener el vértigo de las versiones encontradas de lo mismo, cómo construir una historia coherente en sentido tradicional: a todo lo largo de la novela continúa "esta imposibilidad de elegir entre diversas alternativas opuestas no ordenadas jerárquicamente" (Borinsky 613).

Así pues, si la primera impresión del texto hace esperar al lector una sucesión de voces que a la manera de *La muerte de Artemio Cruz* se complementan y aclaran una a otra y que muy pronto el lector familiariza, el coro vocal, más bien atonal, de *El mundo alucinante*, opera en sentido contrario. La impresión de caos es aún más radical cuando notamos que, como señala Alicia Borinsky (610), las voces no se diferencian en cuanto tales: son una sucesión de pronombres que no nombran identidades homogéneas, que no permiten construir una "persona" hablante a partir de sus narraciones; son pronombres y conjugaciones intercambiables que nada dicen al lector en cuanto a qué esperar de cada una de sus intervenciones.

Hay aún otros aspectos qué señalar en los tres capítulos "Uno": ya desde el comienzo aparecen las característica esenciales de Servando en cuanto a rebelde insobornable y en cuanto a figura espejo del "Arenas" autobiografiado. Con referencia al último, sobresale el hecho de que la infancia de Servando transcurra en la pobreza producto de la opresión colonial contra la que Mier luchó (llamaré "Servando" al protagonista de *El mundo alucinante*, y "Mier" al autor de *Apología y relaciones*). La infancia de Mier transcurre más bien en la opulencia. José Servando Teresa de Mier Noriega y Guerra, Buentello e Iglesias, pertenecía a la aristocracia de Monterrey, y su padre y abuelo desempeñaron cargos de importancia en la administración colonial; la familia de su padre era asturiana, y la de su madre descendía de los primeros colonizadores; él decía descender tanto de la nobleza española como de la azteca (Saint-Lu y Bénassy; en Mier, *Historia* 15). La madre de Servando, por el contrario, aparece en el primer capítulo "Uno"

> desemillando algodón-para sacarle el hilo-para hacerlo
> tela-para venderla-para comprar un acocoté-para cuando
> llegara el tiempo de sacar el agua-miel-para sacarla-para
> hacerla pulque-para venderlo-para comprar cuatro marita-

tes-para regalarlos al cura-para que nos volviera a bende-cir el ganado-para que no se nos muriera como ya se nos murió. (14)

Tal escena se parece más al trabajo familiar campesino que relata Arenas en su autobiografía que a las posibles actividades de una familia acomodada del Nuevo Reino de León. Esta escena es pie además para plantear desde el principio mismo, desde el "origen," el componente opresivo colonial del cual el clero español es cómplice y que será uno de los motivos tanto de la novela de Arenas como de la crónica de Mier.

Pero éste no es el único aspecto esencial que aparece ya completo desde el inicio. Andrea Pagni llama la atención sobre la construcción del personaje de Servando. Reflexionando sobre la forma de la "novela de aventuras," subtítulo de la novela, Pagni la contrasta con la novela realista tradicional, y señala las diferencias que definen a la primera con respecto al desarrollo de la acción y de los personajes. Servando no es el personaje realista que evoluciona genéticamente de acuerdo a las diversas situaciones que enfrenta; es, por el contrario, un héroe de aventuras a quien el momento del primer acontecimiento encuentra ya definido y completo. Tampoco la acción de la novela sigue la estructura realista del comienzo-medio-fin: como en la novela de aventuras "su estructura es la de una encadenada reiteración de momentos culminantes" (Pagni 140), de prisiones y fugas que se suceden unas a otras y en las cuales sólo las circunstancias varían.[27] La infancia de Servando es ya la del sujeto rebelde que sufre persecución y prisión hasta encontrar una forma de huida, que en este primer momento se le presenta en la carrera eclesiástica:

Allí estaba yo . . . Descansando de la carrera y huida que le jugué al bebe-chicha del maestro. ¡Condenado él!, que cogió la vara de membrillo y me la hizo astillas en la espalda nada más que porque yo le hacía tres rabos a la "o" y él dice que no hay que hacerle ninguno. Me cae a golpes y después quiere que yo no le haga lo mismo cuando lo puedo coger por sorpresa. Estamos en paz, le dije y le soné la vara por todo el lomo al muy gachupín. (13)

Y casi enseguida ya estoy en casa, y allí, mi madre—con una vela encendida en la cabeza y una en cada dedo de las manos—me abre la puerta con la boca hecha una luminaria y me dice: "Entra demontre, y sube para el

69

cuarto, que ya vino el maestro con las quejas y de aquí no vas a salir en toda la semana." (15)

Y ya estás en el cuarto que da al suelo. Y ya no es de día, pero tampoco es de noche . . . Los alacranes están cantando . . . (17)

Y se mantuvo en quietud siete años más, sin moverse del arenal. Alimentándose del jugo de las uñas. Hasta que fue descubierto por una campana, que a golpe de toques lo trasladó hasta el origen de los sonidos. Y viendo allí la única posibilidad de escapar, se introdujo en su cuarto y esperó a que su madre hiciese la elección propicia. / Entró la madre. Pálida y con una piedra en la cabeza. Y él tomó la piedra con gran ceremonia y esa noche durmió sobre ella. Y al otro día aparejaron el mulo. Y se fue, en forma definitiva. (20)

En lo dicho hasta aquí se ve ya cómo se cuestionan los supuestos modernos a varios niveles. El sujeto se fragmenta, y con él la experiencia y el relato. Como afirmaba Arenas más arriba, el sujeto a la vez que percibe sueña y padece, y con ello la realidad, o lo que es lo mismo, la experiencia de realidad, pierde univocidad. El sujeto como origen desaparece en la pluralidad, y los diversos relatos pierden así cualquier posibilidad de ser jerarquizados; ninguno puede ser negado con base en otro dado que todos pueden negarse entre sí, quedando sólo la posibilidad de aceptarlos todos a la vez.

A nivel más específicamente literario, el texto subvierte el contrato de lectura convencional que el lector suele establecer con los narradores en primera y en tercera persona, pues en ellos se subvierten respectivamente la sinceridad de la voz en "yo" y la garantía de objetividad de la tercera persona. La voz en "tú" es de uso muy poco frecuente en la novela realista, y en la novela de Arenas no responde como es usual a una reflexión del yo consigo mismo, ni tampoco puede identificarse con la voz que el autor implícito dirige a Servando en la carta-prólogo. Los usos tradicionales de los pronombres se subvierten, impidiendo así una identificación de las perspectivas de esas voces: siempre la perspectiva de Servando, pero múltiple y cambiante. El tiempo de la narración tampoco sigue al tiempo convencional de la escena realista: el lector lo percibe siempre como un tiempo acelerado, además de reiterativo, no sólo por las múltiples versiones de lo mismo sino también por esa encadenación de repeticiones que es la novela. El tiempo verbal es el presente histórico y el pasado, convencionales dentro del realismo si no fuera por los anacronismos, que cuestionan la concepción moderna del tiempo lineal que permite el desarrollo orgánico de procesos históricos a partir de momentos que se ofrecen como origen.

El recurso a los anacronismos comienza ya a esbozarse en esa "tergiversación" autobiográfica de la infancia de Mier que efectúa el texto. Si el relato del pasado elabora en gran medida el presente, retrospectivamente puede leerse en el texto anterior una prefiguración del presente, y encontrar en él un espacio de reflexión sobre la situación histórica en la que se produce el nuevo texto. Porque así como Arenas se piensa a sí mismo a través de Mier, piensa también a través de esos primeros años del siglo XIX su propio tiempo. De la misma manera en que en estos capítulos la madre "desemilla algodón para," el desértico corojal se puebla de árboles y del aleteo de aves extrañas (19), en un paisaje que no es familiar a Servando pero sí a Arenas. Tal efecto se propagará a través de todo el texto en repetidos anacronismos que llevan al lector a desplazarse del contexto pasado al del presente buscando una segunda significación, como señalábamos más arriba citando a Hutcheon.

Las prisiones

El tema de *El mundo alucinante* es la revolución, y éste se elabora a partir del núcleo significativo de la persecución, la prisión y la huída. Servando parte preso para España a causa de su herético sermón, y la acción del relato cubre los sucesos que se desarrollan desde ese momento de revolución independentista en ciernes hasta el regreso de Servando a un México ya libre de los españoles que acoge al fraile y que en deferencia a su ancianidad lo admite en el Palacio Presidencial para que termine allí sus días. Entre uno y otro acontecimiento se desarrollan los sucesos de la novela.

La llegada de Servando adolescente a ciudad de México significa el encuentro con la Inquisición, la forma más organizada de persecución. Se entera de su cercanía a la ciudad por el humo que sale de allí, y al llegar ve que cada esquina es una hoguera con una larga fila de gente esperando ser ejecutada y que los indios alimentan con madera o con sus propios cuerpos. Servando se aterra al ver que aquel horrendo espectáculo sale exactamente del convento de los dominicos al que él va a ingresar, pero no tiene elección: acababa de salir de " 'La Casa de la Infancia' y no tenía aún deseos de regresar a ella" (25-26).

España significa prisión e ignorancia, hambre, frío, injusticia. Si escapa de una prisión es sólo para caer en otra, y luego en otra de nuevo. En una de sus huidas "cae" en Bayona, de cuyo cautiverio hablaré luego; después es París, cuyos salones aristocráticos están llenos de intelectuales que se lamentan o se alegran ante el proceso de restauración: es la revolución traicionada. Londres es otra prisión de soledad y destierro, de la cual logra salir gracias a que sus maravillosas dotes verbales le permiten reunir dinero suficiente para patrocinar la expedición de Mina contra la opresión colonial en México. La escala forzosa en Estados Unidos significa esclavitud y conocimiento de otra revolución derrotada, con episodios anacrónicos que lo llevan como esclavo a las plantaciones del Sur a bordo de un tren a vapor "alimentado" (en ambos sentidos de la palabra) por negros. El anhelado regreso a México, tras una lucha valerosa y después de casi veinte años de destierro, es la derrota y la nueva prisión. De nuevo en manos de los españoles y desterrado, su viaje se detiene en la prisión de La Cabaña, en La Habana. Cuba no es aún lucha revolucionaria (o ya no lo es; es difícil precisarlo a causa de los constantes anacronismos), y es el sol calcinante que lo ha perseguido desde su infancia en Monterrey (32) y que lo recibe otra vez casi veinte años después en México aún colonial (197); pero en La Habana ese sol achicharra a la gente común, mientras la burguesía puede salir de compras usando una sombrilla y las condesas se broncean a su calor. De allí logra escapar, y llegar a la Florida, una Florida que parece llevarlo al siglo XX y en la que sobrevive gracias a trabajos como "limpiar traseros, recoger trapos, cuidar viejos millonarios y hombres anormales, traducir libros y recoger basura" (208); al enterarse de que México al fin es libre, su salto de alegría lo devuelve a su país, con tan mala suerte que cae justo en el último fuerte controlado por los españoles; pronto esos mismos españoles lo liberan, conscientes de que el fraile es más peligroso para el mutuo enemigo Iturbide que para ellos mismos. Iturbide por supuesto lo encarcela de nuevo por atacar su dignidad de Emperador, y de allí finalmente lo sacan los liberales, para "recluirlo" tolerantes en el Palacio Presidencial, la Gran Pajarera dedicada a hacer la gran apología del Señor Presidente, de la cual ya "no hay escapatoria" (218).

Se trata, pues, de una cadena de revoluciones traicionadas, en la que sin embargo la lucha de Servando nunca claudica y a la cual sólo la vejez y la muerte detienen. Toda la narración de *El mundo alucinante* sigue básicamente los datos biográficos del fraile. El relato de Arenas parte de los hechos relatados en las *Memorias* de Mier. Algunos de ellos son condensados en uno sólo, y la narración parece compensar tal condensación con la hipérbole; otros son hiperbolizados con ánimo de hacer más elocuente al relato; aún otros son hiperbolizados lúdicamente, sin otra razón que el placer de la "verborrea" irreverente, aunque esa irreverencia resulta ser una de las principales razones del texto.

Gladys Zaldívar (1977) describe bien la técnica narrativa de *El mundo alucinante:* "La novela en su totalidad ha sido edificada sobre la base de un tratamiento idéntico: una información que procede de la obra original y es vertida a la literatura con fidelidad casi textual; sobre ella, un sinnúmero de añadidos imaginarios que hiperbolizan el mundo factual y lo trascienden" (47). Un ejemplo de esta reelaboración narrativa de *El mundo alucinante* sobre *Memorias* lo encontramos en el pasaje que narra la primera prisión de Servando en España. La narración funde en un solo episodio las prisiones del Convento de las Caldas y de Burgos. Las ratas que en Las Caldas podían sacarlo en procesión, y que "eran tantas y tan grandes que [le] comieron el sombrero" (*Memorias* 186), en la voz en tercera persona de *El mundo alucinante* lo reciben con alborozo y sueltan "una carcajada tan contagiosa" que el fraile se echa a reír, para luego, amenazantes, colocarse en filas de mayor a menor en una esquina de la celda (63-64). El narrador en "yo" toma el contenido del episodio de *Memorias,* pero esta vez imita rigurosamente el tono y la sintaxis de Mier:

> Yo había pasado muchas calamidades desde que me vi envuelto en las garras del Arzobispo, pero lo que allí vi y padecí no podía compararse con ninguno de mis padecimientos anteriores. Apenas puse el sombrero en el camastro, las ratas me lo devoraron. Me sentí aterrorizado al ver aquellas fieras que me miraban con ojos centelleantes y dispuestas a engullirme al menor descuido. (*El mundo* 65)

Sin embargo este mismo narrador pronto se hiperboliza también, al narrar cómo un fraile viejo que viene en su ayuda "De un solo salto se colocó en el centro de la celda," y ante el asombro de Servando devoró una rata "para demostrarles a todas estas bestias quién se come a quién" (66).

Pero no siempre son los narradores de Arenas los que tienen que enfatizar lo inverosímil de las situaciones de Mier: muchas veces sólo tienen que elaborar un poco más los relatos ya "fantasiosos" del fraile:

73

comencé a arbitrar los medios de escapar. Mi primer pensamiento fue echarme a volar con el paraguas, cuyas puntas llegué a atar, hasta el fondo de un patio formado por un cuadro de tres órdenes de celdas, donde se veía una puerta. Pero era mucha la altura; debían recibirme abajo unas piedras enormes, y podría tener mi vuelo el éxito de Simón el Mago. (*Memorias* 231)

Y luego continúa:

Recurrí al religioso que me había ofrecido sacar al principio . . . [y] me sugirió que podría descolgarme con el cordel . . . sin saber de mí bajé más aprisa de lo que quisiera . . . Trasmonté el corral y corrí hasta un cuarto de legua de Burgos . . . Este era mi primer ensayo de caminar a pie, y mis pies y piernas se hincharon de manera que después de dos noches de camino, tardé casi un día en andar una legua, hasta llegar a un pueblo distante tres leguas de Torquemada, donde me puse a llorar. Compadecióse de mí un arriero que iba para esta villa, me puso sobre un borrico y me llevó a alojar a la casa de un buen hombre, su bienhechor. (*Memorias* 231-32)

Sin tener que reelaborar excesivamente este fragmento de Mier, en *El mundo alucinante* un narrador en primera persona lo relata así:

Así que cogí el paraguas y me encaramé a la ventana . . . Yo ya iba por los aires y abajo veía las piedras que se restregaban unas con otras para sacarse filos . . . En ese mismo momento el paraguas se me viró al revés, [pero] una corriente de aire elevó de nuevo mi artefacto . . . Sin pensarlo más, di un tirón al paraguas y salí disparado rumbo a la tierra, cayendo encima de una manga de sauces. (75)

El relato del mismo episodio, ahora en tercera persona, toma prestada la versificación que a veces Mier, muy "inapropiadamente" introduce en sus *Memorias*, y cuenta cómo

Cayó el fraile con gran aspaviento
en el patio del convento. (1-2)
. . .
El sol te achicharra y la tierra chilla.
Las piernas se te vuelven como de masilla.
El fraile disminuye más y más su andar. (40-43)
. . .
Sin saber qué hacer.
Qué rumbo tomar,
la sed sin calmar.
No puede ni andar.
Se arrastra despacio hasta un arbolico.
Y muy desolado se pone a llorar.
A la media hora pasa en un borrico
un arriero viejo que lo oye gemir.
Lo monta en el burro,
lo ayuda a subir (76-85)
. . .

> (*El mundo* 75-77)

De esta manera se suceden los acontecimientos de la novela, entre
prisiones y fugas, y nuevas prisiones. Pero *El mundo alucinante* no recoge de su hipotexto sólo los temas centrales a la lucha política; incluso los
motivos aparentemente menos relevantes en *Memorias* con respecto a la
revolución son reactivados por el hipertexto, como el cariño de Mier por
los animales (a veces sus únicos compañeros en el cautiverio), o las
crónicas sobre las costumbres europeas (incluida la "antropofagia" de los
italianos relatada por Mier, por supuesto). Hay sin embargo un motivo
en especial que se vuelve favorito de *El mundo alucinante* a pesar de
ocupar un espacio textual relativamente pequeño en *Memorias*; las
razones de tal énfasis son obvias: se trata de una referencia de Mier al
esfuerzo que cuesta cumplir el voto de castidad (325), voto que él nunca
infringió, y otra referencia a lo agradable que resulta su figura tanto a
hombres como a mujeres (271). Sobre ninguno de ellos abunda el texto
de Mier, y sin embargo Arenas convierte esta relación del fraile con su
sexualidad en el otro motivo principal de la novela.

Al Mier de las *Memorias* lo acosan tanto la superstición y la miseria
que tienen esclavizada a su gente como la promiscuidad que sale de los
recintos sagrados. Los narradores de *El mundo alucinante* hacen de ello
una sola prisión en dos variantes. Muestra de ello es el hecho de que los

dos inmensos laberintos de la novela sean precisamente la casa de Raquel, una mujer que en Bayona lo mantiene encerrado esperando que él acceda a casarse, y el Palacio Presidencial del primer mandatario liberal mexicano tras el supuesto triunfo de la revolución. La casa en Bayona es "una sucesión de jaulas, unas incrustadas dentro de otras. Ha salido usted de la primera, pero ahora estamos en la segunda. De aquí a la última . . ." (132); el segundo laberinto es un inmenso Palacio, "por centenares se cuentan sus pasillos y pasadizos, sus cámaras y antecámaras, sus salas, salones y saletas, . . . sus galerías infinitas" (218), "miró por las grandes ventanas con las cortinas descorridas: vio otras ventanas que daban a otras ventanas y así sucesivamente" (221).

Servando en *El mundo alucinante* se relaciona con su sexualidad de manera problemática; las urgidas propuestas de hombres y mujeres, e incluso de un seductor de sexo "ambiguo," le resultan las experiencias más dolorosas de su vida, a pesar de que sus padecimientos físicos y mentales en las cárceles y durante las fugas hacen difícil imaginar algo peor. "Ninguna prisión [le] ha sido tan dura" como la prisión en que lo mantiene la rica y melosa judía que en Bayona quiere casarse con él (132); Madame de Staël lo importuna al pedirle que demuestre que su opinión sobre los americanos es cierta, demostración por supuesto imposible para Servando en su condición de sacerdote (149). En Londres conoce a "Orlando, rara mujer," el personaje de Virginia Woolf,[28] quien lo presenta en los salones de la nobleza, dando de qué hablar a las damas que se burlan del extraño gusto de Orlando por la "gente de tierra caliente" y que tal vez adquirió durante su estadía en Egipto (177).[29] "Orlando, rara mujer," le asegura que de su "primer origen" masculino no le queda ningún rasgo, y que por tanto nada debe temer (185); sin embargo el viaje submarino al cual lo obliga apuntándolo con "su Inmensa Clasificación Definitiva" fue una de sus huídas "más penosas" y la que realizó "con mayor sobresalto y temor" (189).

En España, en un episodio que recuerda a *El jardín de las delicias* de El Bosco, Servando visita *la tercera tierra del amor*, "algo semejante al país de Sodoma," en la cual "a primera vista todo estaba bien:"

> Aunque no participara de aquel procedimiento, estimo que el placer no conoce el pecado y que el sexo nada tiene que ver con la moral. No había allí más que hombres desnudos siempre acariciándose y poseyéndose unos a otros y otros a unos . . . Pero en todo aquello había algo que sobrecogía y que luego daba miedo . . . las parejas se iban disolviendo

y cambiando de miembros . . . hasta que llegaba la melancolía . . . [Y]o no creía que aquello tuviese nada que ver con la felicidad, que por otra parte considero inexistente, y hasta me parece ridículo hablar de ella. (102)

Todavía en España, hablando de que una de las "grandes plagas que azota a Madrid es la sodomía," se conduele de "esas criaturas infelices" que son castigadas con la hoguera, a la cual "nunca llegan los nobles de la corte . . . a pesar de que todo el mundo sabe el sistema de vida que llevan" (91). Las referencias al cuerpo sexual son usadas a veces como instrumento de burla y ataque por parte de los narradores; cuando Fray Servando llega montado en una escoba a dar su sermón guadalupano (tras el viaje iniciático por las tradiciones toltecas, chichimecas, yucatecas, zapotecas y zacatecas), el Arzobispo al verlo "por poco da un grito": "pero en seguida pensó que aquello no era más que tentaciones del demonio para obligarlo a demostrar su debilidad por las escobas . . ." (43).

De la jaula de oro en que lo mantiene Raquel, la judía de Bayona, lo libera Simón Rodríguez, el tutor de Bolívar, también esclavizado por ella y entonces su cocinero tras haber dejado de ser objeto de su deseo. Una mujer desnuda que trata de seducirlo se convierte durante una pesadilla en León, el funcionario que en España se encarga de perseguirlo sin tregua. Tales puntos de unión temática sugieren que no existe una ruptura entre la prisión política y la prisión sexual, que parecen ser dos formas del mismo tema recurrente. Si un fraile amigo en su prisión de Las Caldas viene a ofrecerle el paraguas mediante el cual finalmente se fuga, Servando piensa inicialmente que lo que esconde es "una erección que de tan grande era como si trajese una tercera pierna:" "¡Jesús!, dije yo, imaginándome que el muy pícaro pensaba hacerme una violación, pues de un fraile español siempre hay que esperar lo peor. Pero sentí un gran alivio cuando me dijo que lo que cargaba allí era un paraguas" (74).

Sin embargo el "peligro de la homosexualidad" acecha a Servando desde su llegada a la ciudad de México; ya de niño se quejaba de una infancia "tan terrible, como todas, entre el avance de los vellos y el Terror de los Deseos Misteriosos" (19); pero es a los dieciséis años, ya en México, cuando esos terrores toman cuerpo: cuando por fin se decide a entrar al convento a pesar de que de allí sale toda la corte inquisitorial de hogueras, lo que encuentra no es un tribunal ni estudiosos de los Padres de la Iglesia:

Me encontraba en el monasterio de Santo Domingo, uno de los lugares más terribles del mundo. Allí los votos son impracticables. La tentación es mucha y el mal ejemplo acaba por arrastrar al mejor. Me escapé casi no sé ni cómo de caer en él. El coro de novicios me arrastró hacia un salón lateral donde se iba a celebrar una reunión. A los pocos minutos salí desnudo, y echando un pie, me deslicé por la escalera trasera de la capilla y me refugié en los brazos del padre Terencio . . . [Él] me ayudó a sentar en una silla durísima, me pasó la mano por el pelo, me secó las lágrimas y se sentó en mis piernas. Yo, viendo esto, eché a correr de nuevo, y no sabiendo qué hacer, volví a salir a la calle. (27)

La voz en segunda persona del mismo capítulo, presentando el mismo encuentro, tematiza una lucha interior en Servando que el relato en primera persona evita mencionar con todos sus brincos y carreras:

Y no dejaste que [el padre Terencio] se acurrucara entre tus piernas. Y te retiraste solo, como te has de ver toda la vida: siempre en busca de los que huyes. Pues bien sé yo que tú deseas lo que rechazas. Pues bien sé yo que cuando viste a todos los novicios acercándose desnudos a saludarte, algo dentro de ti hizo "pass" y se deshizo en miles de lucecitas y el primer impulso fue correr hacia ellos y, desnudo, dejarte confundir . . . Por eso echaste a correr: pues bien sabes que la maldad no está en el momento en que se quiso disfrutar sino en la esclavitud que luego se cierne sobre ese momento, en su dependencia perpetua. La infatigable búsqueda, la constante insaciedad de lo encontrado . . . Y saliste huyéndote más que huyendo. Y te decías "estoy salvado," "estoy salvado." Y estabas salvado por primera vez, que es estar salvado para siempre. (30)

Hemos señalado en esta novela una (auto)biografía. También en *Antes que anochezca. Autobiografía* (escrita en 1990) los núcleos significativos que articulan la figuración narrativa de Arenas son la política oficial, en especial en relación a lo literario, y su homosexualidad. Buena parte del texto se refiere a la persecución que sufren en Cuba los homosexuales. Pero este aspecto ya lo elaboramos más arriba, y más a

78

propósito me parece aquí señalar los otros aspectos de su autofiguración como homosexual. Hablando de su época de estudiante en Holguín, a los diecisiete años, afirma que "entonces yo padecía todos los prejuicios típicos de una sociedad machista, exaltados por la Revolución;" Arenas contemplaba "avergonzado y aterrorizado" las "depuraciones morales" que se llevaban a cabo en la escuela, y "volvía a escuchar la voz" de su compañero que en la escuela secundaria le decía "Pájaro, eso es lo que tú eres" (*Antes que anochezca* 71-72). "Yo también me erotizaba, pero seguía empecinado en mi absurdo machismo al que me era muy difícil renunciar por problemas de prejuicios . . . Yo entonces era muy 'macho'; trataba de serlo" (75). Cuando su relación con su primer amante, en La Habana, terminó, para él "fue un duro golpe:" "yo en aquel momento tenía un concepto diferente de las relaciones sexuales,"

> quería a una persona, quería que esa persona me quisiera y no pensaba que uno tenía que buscar, incesantemente, en otros cuerpos lo que ya había encontrado en uno solo; quería un amor fijo, quería lo que tal vez mi madre siempre quiso, un hombre, un amigo, alguien a quien uno perteneciese y que le perteneciera. Pero no fue así, ni creo que pueda ser posible, por lo menos en el mundo homosexual. (90)

En otra parte afirma que "el mundo homosexual actual es algo siniestro y desolado; porque nunca se encuentra lo deseado" (133). Más tarde, cuando un amigo le confiesa abiertamente que es homosexual y lo invita a participar en sus aventuras con varios jóvenes, él se niega rotundamente: "no quería hacer vida pública homosexual, pues aún pensaba que tal vez yo podía 'regenerarme'; ésa era la palabra que utilizaba para argumentarme que yo era una persona con un defecto y que tenía que suprimir ese defecto. Pero la naturaleza y mi autenticidad estaban por encima de mis propios prejuicios" (93). Durante los primeros años en La Habana Arenas resuelve finalmente ese conflicto con su sexualidad: "tres fueron las cosas maravillosas que yo disfruté en la década del sesenta: mi máquina de escribir, . . . los adolescentes irrepetibles de aquella época en que todo el mundo quería liberarse, . . . y por último, el pleno descubrimiento del mar" (135). Como se ve, su relación con su propio erotismo no es pues nada fácil, al igual que la de Servando.

La tematización de la sexualidad trenzada con el tema de la revolución política, parece sugerir que Servando, el gran rebelde, incorpora sin embargo el discurso dominante acerca del comportamiento sexual "apropiado," y huyendo de sí mismo termina padeciendo los terribles acosos sexuales en la más absoluta soledad y el desconocimiento de la felicidad. Los episodios eróticos de la novela son un espacio de reflexión sobre diversas formas de sexualidad. Sin embargo la crítica que estudia esta novela no se ha detenido sobre este aspecto. Resulta curioso que siendo tan fuerte esta presencia, los críticos de *El mundo alucinante* se centren casi exclusivamente en el tema político, mencionando apenas los episodios de la judía Raquel y de "Orlando, rara mujer," e ignorando por completo los otros. Emil Volek (1985) es quien más se detiene en este aspecto, pero como motivo de crítica negativa a la novela: se detiene en el erotismo sólo para señalarlo como fuente de inconsistencia y frivolidad en la novela, como elemento que le hace perder toda posible fuerza como alegato político. Según afirma este crítico, "la dimensión social se diluye en lo absurdo" desde el momento en que "las cárceles reales [son] puestas al mismo nivel que las imaginarias, [las amorosas]" (145). A juicio de Volek, lo político, es decir lo público y lo serio, sufre al entrar en contacto con lo privado, más aún tratándose del erotismo, y explorado con tanta crudeza en el texto.

Arenas elabora minuciosa y repetidamente el tema erótico, en especial el del "innombrable" homoerotismo. Su transgresión hiperbólica por supuesto hace uso del carnaval, del cual enfatiza la figuración del cuerpo y el recurso de la risa. Pero el cuerpo que ingiere y elimina, y que entra en contacto sexual con otros, no es un cuerpo del que el relato histórico tradicional se ocupe; el espíritu lúdico tampoco es una de sus características. Si antes del siglo XVII la risa era una de las formas esenciales de la verdad, de ese siglo en adelante el mundo moderno en elaboración establece que nada importante puede ser cómico y que la verdad esencial no puede decirse en el lenguaje de la risa porque ésta es diversión trivial (Bakhtin *Rabelais* 67); ya había sido rechazada desde el cristianismo temprano, y sólo regresó por breve tiempo a finales de la Edad Media (*Rabelais* 67), momento en que la risa "became a form of a new free and critical historical consciousness" (*Rabelais* 97). Después del siglo XVII Rabelais se hace incomprensible, pura obscenidad escatológica y sexual, que hace a Voltaire afirmar que *Gargantúa y Pantagruel* son "two volumes of nonsense" que las musas reducirían a un octavo antes de colocarlo en la biblioteca de Dios (*Rabelais* 116).

La crítica que juzga que lo erótico en *El mundo alucinante* va en contravía de lo político (como hace Volek, y como probablemente hicieron los jurados de la UNEAC que rechazaron la novela) trivializa uno de los momentos fundamentales del texto. Arenas no puede pensar lo político independientemente de lo erótico, independientemente de cómo lo político descalifica su doble "desviación" literaria y sexual. Lo que parece molestar a la crítica, tanto a la que evita el tema como a la que lo rechaza, es la "impropiedad" con la que la novela elabora sus cuerpos, cuerpos de protuberancias y orificios que el canon clásico desconoce, y que están destinados con frecuencia a la risa, tan "impropia" también: es el lenguaje burdo e indecoroso, que ataca a la compostura y el recato. El lenguaje ambiguo, extravagante, impertinente y pernicioso del "desviado."

Podríamos usar el término de "realismo grotesco" para describir la escritura de Arenas. Éste es el término que elige Mijail Bajtin para referirse a las imágenes corporales de Rabelais, sus imágenes grandiosas, exageradas, inconmensurables (*Rabelais* 18). Dentro de la propiedad del canon clásico el cuerpo "is a strictly completed, finished product . . . [A]ll signs of its unfinished character, of its growth and proliferation [are] eliminated; its protuberances and offshoots [are] removed, its convexities smoothed out, its apertures, closed . . . furthermore, it is isolated, alone, fenced from all other bodies" (29). Los ilustrados sólo pueden ver en Rabelais "sucia depravación" e "impertinencia" (145). Es lo que se dice de Arenas y lo que no se dice de Casal, de nuevo dos formas de lo mismo, con sus metaforizaciones que circunscriben lo indeseable.

La literatura

Al huir de los cuerpos desnudos de los novicios, Servando se salva para siempre. Así, ya antes de ser perseguido por la Inquisición, se encierra en la soledad de su celda, huyéndole a la promiscuidad del monasterio (35). Su primer refugio son los libros. Comienza leyendo, luego escribe. Y desde entonces otra de las formas de su rebeldía, rebeldía vital en su existencia, será la escritura, la suya y la de otros. Una escritura que primero es refugio, otra forma de prisión, y que luego es posibilidad de libertad.

La censura literaria es una de las muestras del despotismo español que Mier ofrece en sus *Memorias*; el decomiso de sus libros, papel y tintero es el primer castigo que le imponen después de su discurso sobre la Virgen de Guadalupe: "[el Arzobispo mandó] quitarme los libros que tuviese de la librería del convento, para que no estudiase en mi defensa, papel y tintero, . . . conminándome con severo castigo si volvía a escribir otra cosa en mi defensa" (*Memorias* 85). Pero esta especial relación con los libros comienza en *El mundo alucinante* mucho antes del problema del sermón.

Servando, ya de niño, encerrado con los alacranes aprendió "que sólo le quedaba la imaginación" (*El mundo* 19). Más adelante, durante su primer día en la ciudad de México, observa cómo algunos de los condenados a la hoguera "llevaban libros prohibidos, que el Arzobispo, en ese momento de trance, permitía hojear" (*El mundo* 25). Luego, enfrentado al horror del monasterio "se escondió tras los libros y, escudado entre pergaminos y hojas, revolvió estantes, rebuscó en lo que pudo haberse escrito . . . Telarañas enormes tuvo que ir taladrando con las manos . . . [L]a vigilancia era insoportable y los libros de interés eran muy pocos. El mismo Quijote había sido retenido en un bergantín sin decidirse la aduana a desembarcarlo por 'traer cosas de la vida muy mundana y falaz.' Y allí se consumían, . . . hasta que al fin los marineros decidieron contrabandearlos. De esa forma cayó uno en sus manos" (*El mundo* 32).

Ya preso, en su celda conventual, después del sermón, afirma que "[l]o más terrible es que el Provincial no me ha dejado ni un libro, y ¡qué puedo hacer yo preso y sin un libro!" (*El mundo* 46). En Veracruz, en tránsito hacia el destierro, clama "por un pedazo de papel y una pluma para ponerse a escribir ya que no podía matar la sed" (49). "Algunas veces tengo miedo de que vayas a disolverte en gritos o en estallidos de horror. Pero no, tú tienes tu plan y sólo piensas en él . . . Y escribes provisto de una pluma de ave y de un palo para ahuyentar las ratas . . . Escribe. Escribe. Escribe . . ." (63). Y París es un diario que al final tiene entradas muy cortas, "Me he quedado todo el día en la parroquia," "El Barón de Humboldt ha partido para América," "Madame de Staël ha recibido la orden de abandonar inmediatamente Francia," "El invierno en París," "Me estuve paseando por toda la ciudad," "Sigue el invierno . . . Si sigo así voy a perder el juicio," "Ya perdí el juicio" (150-52). En su última prisión en España afirma que lo que más le entristecía "era no tener un buen libro, para leerlo mil veces, o una pluma y unas hojas de papel, para llenarlas hasta los bordes" (161).

Hasta aquí, se trata de una escritura solitaria. Pero después Servando aprende a contar cuentos. Lady Hamilton le ofrece una onza de oro por cada palabra que le diga acerca de la batalla de Trafalgar, en la que murió su amante, el Almirante Nelson; a Servando se le ocurre que ésta es una buena manera de patrocinar la expedición a México: "Y al otro día me fui para casa de La Hamilton y terminé improvisándole un gran discurso acerca de la muerte del Almirante" (188):

> . . . El Almirante se paseaba de un lado para otro. El
> Almirante. El Almirnate. El Almirante . . . Entonces, del
> cuerpo del Almirante salió un grito . . . Era un grito
> extraño, como el de un León herido por mil rayos. Y he
> dicho mil rayos . . . (179)

Ese poder verbal es tan fuerte que, camino hacia México y preso después
de la batalla que dio a su regreso, "los oficiales gachupines, que ya
conocían mi labia, me cosieron la boca con hilos de henequén, y yo no
podía más que resoplar y mover las manos desgarradas" (202).

El tema de la producción verbal asume sin embargo otra forma
después del triunfo de los criollos en México, durante la presidencia de
Guadalupe Victoria (nombre político del primer presidente, Félix
Fernández). La escena allí es de fundación nacional, descrita de manera
particular. El Palacio Presidencial es una Gran Pajarera, "centenares de
vates llenan sus cámaras," y "de todo el mundo arriban peregrinos cantores" (219). A veces el canto cambia sus "resonancias usuales:" "entonces
se hace un silencio, luego se oye un chillido y uno de los cantores, o quizá
varios, perece a manos de la horda enfurecida: se atrevió a rimar la
palabra Victoria con 'irrisoria,' o con 'ilusoria,' o con 'breve trayectoria' "
(220); todo ello ocurre por supuesto a espaldas del Señor Presidente,
quien odia la violencia pero sabe muy bien quiénes velan su sueño con
su canto y quiénes no.

Desde allí Servando sólo puede contemplar con beneplácito al padre
"José de Lezamis," cuya "hermosa prédica nadie escucha" (227). Allí se
encuentra con Heredia, el desterrado y perseguido cubano que ha llorado
como él por su tierra oprimida (236), y que escucha con respeto al fraile
cuando afirma que

> De nada sirve lo que hemos hecho si no danzamos al son
> de la última cornetilla. De nada sirve. Y si pretendes recti-
> ficar los errores, no eres más que un traidor, y si pretendes
> modificar las bestialidades, no eres más que un cínico
> revisionista, y si luchas por la verdadera libertad estás a
> punto de dar con la misma muerte . . . ¿Esto es el fin?
> ¿Esta hipocresía constante, este constante repetir que
> estamos en el paraíso y que todo es perfecto? Y, ¿realmente
> estamos en el paraíso? (233-34)

También en el Palacio está el autor de *El Saco de las Lozas* que mencionábamos más arriba, quien sigue "anotando y murmurando, en otro mundo," que permanece "como en un estado de gracia:" " 'Diez mil espinas de una pulgada,' decía. 'Ocho doseles corintios,' repetía ahora. 'Mil quinientas aldabas de bronce,' bramaba" (224).

La crítica por supuesto ha señalado, con razón, tales anacronismos como puentes que evidencian el hecho de que la novela de Arenas quiere relatar no sólo el proceso de independencia mexicano, sino también el proceso de la Revolución cubana de nuestro siglo, e incluso en general las luchas emancipatorias de nuestro continente en el marco de la historia de Occidente a partir de 1776 y 1789. El texto invita al lector a construir ese segundo significado por medio de inferencias del cual habla Linda Hutcheon al plantearse la construcción de la novela paródica como síntesis bitextual. El texto de Arenas narra, como sus metatextos (*El siglo de las luces* y *Biografía de un cimarrón*), la historia de Cuba lejana y reciente; pero a diferencia de esos textos canonizados de Capentier y de Barnet, atestigua la existencia inocultable de la disidencia y su valor dentro de los procesos políticos, así como la heterogeneidad de los desarrollos históricos. Dentro de su diferencia y desde la imposibilidad del disentir dentro del proyecto fundacional que cree poder vivir sólo en lo homogéneo, *El mundo alucinante* ofrece una historia que no es la de la progresiva emancipación, sino la de la repetida negación de lo diferente, ante la cual sólo es posible la rebeldía. Esta historia la ofrece la novela desde el interior de una forma narrativa que se niega a separar literatura y realidad, y a anteceder "la novedad en el hacer" a "la novedad en el decir."[30]

Reactivación de la memoria: De regreso al siglo XX

Emir Rodríguez Monegal (1980) afirma que *El mundo alucinante* puede llamarse novela histórica sólo en el sentido más superficial debido a que, según sostiene, Arenas usa el texto de *Mier* solamente como pretexto:

> In a sense, that novel is misleading . . . Arenas' book seems to participate in that hybridism that characterizes a substantial part of Alejo Carpentier's work: *El reino de este mundo* (1949), *El siglo de las luces* (1962) . . . [*El*

mundo alucinante] was generally read as an historical novel. Yet, only in the most superficial sense could it be thus read. It is true that it follows the basic biographical facts of Fray Servando's novelesque career. But both in the selection of the episodes and in the way they are presented, Arenas shows that Servando's texts are for him really, and literally, *pre*-texts. That is, texts over which he writes and rewrites, erases and obliterates, adds and distorts, to the total parodical destruction of the original. The most blatant anachronism marks his destructive intention—in one passage, Fray Servando walks on Fray Servando street, and Servando's masked or reticent sexuality is turned into a pretext for an allegory of homosexuality in a garden . . . Moreover, in the very fabric of narrative, Arenas shows his hand: the first chapter comes in three versions, . . . there are three chapters numbered Two, . . . the narrative shifts from the first person (as in Servando's original) to the second and third . . . As Alicia Borinsky has proved, . . . [*El mundo alucinante* is] a "decentered discourse" in which there is no truth (not even fictional truth), and history is impossible. (127-28)

Por muchas razones no puedo estar de acuerdo con este reconocido crítico, razones que espero que para este momento de mi presentación sean claras. Por un lado, el hecho de que Rodríguez Monegal elija como parámetro de evaluación a las novelas de Carpentier, que en gran medida siguen el esquema de las novelas históricas realistas tradicionales, no es motivo para descartar a *El mundo alucinante* como novela histórica. Como hemos afirmado, las novelas de Carpentier, y en especial *El siglo de las luces* y el género que se piensa a través suyo, son en Arenas motivo de "repetición con diferencia," "imitación con distancia crítica." Es más productivo pensar *El mundo alucinante* en cuanto variaciones de la novela histórica realista, que simplemente separarla de ésta por motivos de convención genérica en sentido estrecho. Por otro lado, habría que preguntar por qué sólo ese tipo de novelas realistas reúnen los requisitos para poderse proponer como relatos históricos, como sugiere Rodríguez Monegal.

De este artículo puede deducirse cuáles son las características genéricas que el crítico exige a la novela histórica: debe conservarse la homogeneidad y diferencia del tiempo cronológico, deben respetarse los datos históricos, y el propósito del texto (guiado por tal rigor histórico) debe en conclusión dar *la* versión de los hechos que considera verdadera. Llevados a un extremo, los supuestos teóricos que orientan esta definición del género implican el concepto de que si hay muchas voces no hay verdad y la historia es imposible. Pero éstos son justamente los supuestos que *El mundo alucinante* cuestiona por autoritarios. Como he propuesto, a través de su novela Arenas busca una voz dentro del orden oficial que lo excluye a la vez como escritor y como individuo, orden de lo Uno y de lo Verdadero: separar su novela del género de "novela épica" y de su inscripción dentro de ésta como posibilidad de acceder a la escritura y al relato de la historia, sería negar todo el contexto de producción de la novela, y por tanto desechar componentes suyos fundamentales.

Una de las intenciones de esta novela a través de sus diferentes-versiones-de-lo-mismo es llamar la atención sobre la posibilidad de la disidencia; esa pluralidad no anula la verdad, como piensa Rodríguez Monegal, sino que afirma la existencia de múltiples verdades; tampoco hace imposible la historia, sino que llama la atención sobre los procesos de su escritura, sobre esos procesos que el positivismo (con quien este crítico parece coincidir) ha querido ocultar. Rodríguez Monegal considera que la reescritura radical que lleva a cabo Arenas es una total destrucción del original, del texto que de otra manera constituiría la base histórica del relato; en esa destrucción lamenta que la labor escritural de Arenas sea tan evidente "in the very fabric of narrative." El texto de este crítico parece llevarnos de nuevo al concepto moderno de "objetividad" basado en el respeto por "lo real" y en la "desaparición" del sujeto concreto en la producción de conocimiento. *El mundo alucinante* contradice tales principios. El texto de Mier no es la realidad no mediada de la que hay que partir: la historia tanto como la literatura, parte de textos, textos que en su misma textualidad pueden ser reelaborados. Tal reelaboración es para Arenas un imperativo. Habría que recordar de nuevo a Barthes con su citada frase respecto a que "le fait n'a jamais qu'une existance lingüistique;" "la mano" del historiador está allí desde el principio mismo, tomando las decisiones que elaboran el relato en cuanto tal: qué hechos se incluyen y qué hechos no, qué es causa y qué es consecuencia, cuál es el principio y cuál el fin, y todo ello "in good conscience."

Por tanto, contradiciendo a Rodríguez Monegal, yo sostengo que no se trata de una destrucción de su pre-texto, sino de una reactivación, y por supuesto una reactivación interesada, que, recurriendo a las convenciones de los géneros oficiales, busca ser publicada y leída pero sin tener que renunciar a su propuesta disidente. A través de su compleja mediación textual, a través de estas transacciones textuales, Arenas da, en el concierto atonal de la pluralidad, *su* versión de la historia latinoamericana y de la historia cubana, a la vez que toma una posición con respecto al hecho de escribir en Cuba y presenta su situación dentro de ella como escritor y como individuo. Lejos de calificar la novela como "destrucción" de su hipotexto, Gladys Zaldívar ve en su escritura una "transgresión hiperbólica" a través de la cual Arenas "recoge el mundo, lo interpreta, lo juzga y lo devuelve, ofreciendo *su versión* de las *Memorias,* versión que convierte a [*El mundo alucinante*] en *un enfoque crítico de la historia*" (47-48, mi énfasis). *El mundo alucinante* debe ser entendido, pues, como novela histórica y en relación muy estrecha con la novela de Alejo Carpentier.

El siglo de las luces ha recibido inmensa atención crítica. Roberto González Echevarría, en *The Pilgrim at Home,* y Julio Ortega, en su artículo de 1972, entre muchos otros, han estudiado este texto en detalle. Por tal razón no voy a detenerme en una presentación de esta novela. Me interesa, sí, señalar los aspectos más relevantes que resultan de la lectura comparada de las dos novelas de Carpentier y Arenas. Andrea Pagni hace justamente esto en su ensayo "Palabra y subversión en *El mundo alucinante*" (1992). Para esta autora, la novela de Arenas no sólo reescribe las *Memorias,* sino que es también "una polémica con la literatura cubana contemporánea y sobre todo con *El siglo de las luces,*" de la cual (o a la cual) es una "réplica paródica" (139).

Pagni estudia el carácter de la palabra en cada uno de estos textos, y concluye que la de Carpentier es una palabra autoritaria mientras que la de Arenas se define por no serlo: la primera exige aceptación incondicional, la segunda está desprovista de aceptación social; una es refractaria a la apropiación libre, y la otra permite y promueve la articulación de un pensar propio (140). Estas afirmaciones son básicamente acertadas. *El siglo de las luces* no es tan monolítico como Pagni sugiere, y el estudio de González Echevarría lo muestra muy bien (aunque no coincido tampoco con él cuando afirma que su forma aparentemente tradicional oculta un experimento "radical" con la historia y con la narración [*The Pilgrim* 226 ss]). La novela de Carpentier adquiere su dimensión autoritaria sólo en tanto se constituye en uno de los paradigmas de la política cultural cubana y cuando se la compara al texto, plural en extremo, de Arenas. Matizando con estas precisiones los juicios de Pagni, sus conclusiones son acertadas.

La variación semántica del título de Arenas sobre el contenido de "las luces" del conocimiento lleva a su texto al extremo opuesto de la "aluz-cinación."[31] En la re-escritura del título Pagni señala que "frente al racionalismo iluminista, [el texto de Arenas propone] la alucinación paralógica que borra las fronteras entre lo real y lo irreal, lo verdadero y lo falso, trazadas por el discurso de la razón;" es "la alucinación que cuestiona la lógica, el primado de la razón y sus coordenadas" (140).

Si pasamos ahora a sus implicaciones en tanto relato histórico, encontramos que, en una entrevista de 1977, Carpentier sugiere que *El siglo de las luces* presenta a Cuba como precursora de la emancipación americana y como terreno fértil donde la revolución puede crecer (cit. Pagni 143). Salvador Bueno y José Antonio Portuondo no lo ven tan claro, pero no hay duda de que esta novela ocupa un lugar privilegiado dentro de la novela posterior a 1959. La novela de Carpentier es, como *El mundo alucinante*, una novela sobre la revolución, sin final concluyente, pero realista en más de un aspecto, como el desenvolvimiento de los acontecimientos y la elaboración de los personajes. Servando es contemporáneo de Sofía y Esteban (los protagonistas de *El siglo de las luces*), y los tres luchan en España contra la invasión francesa de 1808. Ambas novelas hacen un relato de la revolución francesa, y en ambas los anacronismos muestran que el relato quiere trascender el tiempo cronológico que lo enmarca, es decir, el de las luchas de independencia latinoamericanas, para reflexionar también sobre el momento de su producción. Pero hay diferencias radicales en la re-escritura paródica que Arenas lleva a cabo, y que marcan la distancia crítica de su imitación.

Pagni, optando por la lectura optimista de *El siglo de las luces* (que para mí no es tan clara), contrasta con ésta a la novela de Arenas, para la cual la historia no es el lugar de la emancipación sino el de los continuos fracasos de la revolución (Pagni 143). Otra diferencia más con respecto a la historia estaría en el hecho de que el texto de Carpentier la plantearía como progreso colectivo, mientras que en el texto de Arenas se trata de la historia individual: es la lucha de Servando desde la disidencia, no la de individuos que, como Sofía y Esteban, representan a grandes grupos humanos (Pagni 143). Si en Carpentier hay una victoria de la revolución a pesar de los hombres, en el relato de Arenas se trata de un fracaso aun contando con los hombres (143). Las reflexiones de Pagni parten de aceptar una lectura optimista de la novela, y son válidas en tanto ésta es una de sus posibles lecturas. Son además relevantes con respecto al presente estudio, ya que el narrador de *El mundo alucinante*, como ya mencionamos, presenta la novela de Carpentier como parte de la "Gran Apología" a la Revolución.

Con dos aspectos sí estoy en total acuerdo con Pagni, y me parecen reveladores: *El siglo de las luces* se elabora alrededor de Victor Hugues, un personaje histórico desconocido de la revolución francesa, en su incursión por las Antillas, y parte de una investigación rigurosa que quiere suplir ese desconocimiento. *El mundo alucinante*, en contraste, retoma a un personaje conocido, y conociendo sus datos históricos, en gran medida los desprecia (Pagni 143). En el primer caso se trata, entonces, de reconstruir lo desconocido, mientras el segundo es una deconstrucción de la tradición (Pagni 143): una es una obra de conocimiento, la otra es un texto de re-conocimiento.

Una diferencia más, que también señala Pagni (144), se refiere a la manera en que se construye la verdad histórica. *El siglo de la luces* ofrece *una* versión de los hechos, aunque incompleta y que el lector debe reunir a partir de los conocimientos de los dos protagonistas; el texto de Arenas da múltiples y contradictorias versiones, y todas son las de la víctima. Las grandes víctimas en *El siglo de las luces* son los negros esclavos, liberados y vueltos a esclavizar por la misma revolución, pero ellos no tienen voz en la novela, aunque son "objeto" del discurso emancipatorio de todos. Servando es la víctima como hemos visto, e incluso en un momento dado, durante su traslado a España, se ve en la cubierta de un barco negrero y se siente identificado con esos negros recién sacados del África (55):

> Así que me hallé en una flota de esclavistas, y como un esclavo más . . . Me quité la ropa y me puse en el mismo centro de ellos, tratando de coger la mayor cantidad de sol para ponerme lo más prieto posible . . . [M]e había puesto tan oscuro por el sol, que ni por un momento pensaron los de la tripulación que yo fuera uno de ellos . . . Me incliné ante [los miembros de la tripulación] y, con gran humildad, prometí eterna fidelidad y obediencia. Y como conocía sus costumbres tan bien (por ser las mías), me ofrecí de criado . . . Y hasta trataron de enseñarme español, que yo, sin grandes dificultades, desde luego, fui aprendiendo. (*El mundo alucinante* 56-57)

Ese barco negrero podría perfectamente ser el barco capturado por los corsarios de Victor Hugues, al cual escoltan para vender su cargamento humano en una isla holandesa porque de algo tiene que vivir la revolución (capítulo XXV). Incluso el pasaje de la violación de las negras de ese barco, ante la cual Esteban se aterra pero de la cual también, y muy exóticamente, disfruta, es reescrito con horror en *El mundo alucinante* (58).

En esta novela de Arenas la víctima es sujeto y no objeto, como sí parece serlo en *El siglo de las luces*, y como definitivamente lo es en *Biografía de un cimarrón*. Este aspecto lo examinamos ya antes, a propósito de la Introducción de Barnet. Y recordemos que también ese texto de Barnet es una historia de la Revolución. En estos tres textos cubanos se escribe la misma historia. Pero la versión disidente es historia de las revoluciones, y ve a las otras dos como relatos de diversas etapas de La Revolución.

El de Barnet es el relato de la Verdad, el de Carpentier se parece mucho a ella. El de Arenas es la "verborrea que desprecia la realidad" y "se ocupa sólo de sí," como podría afirmar Portuondo si particularizamos su crítica al barroco. A Emil Volek (1985) le incomoda la novela por su constante "reiteración de lo que uno ya sabe por lo menos desde la mitad del libro" y a causa de la cual "sufre tanto el juego como el intento serio" (145). La novela por supuesto no es el relato económico científico. Su texto le contesta con la imagen y el discurso de Borunda. Borunda, en las *Memorias*, es el licenciado, hablante nativo del náhuatl, que introduce a Mier en la teoría subversiva que afirma que a la Virgen de Guadalupe la conocían los aztecas desde los primeros tiempos de la Iglesia cristiana. En *El mundo alucinante* Borunda es voz atronadora, y masa inmensa que se confunde con el mundo; en su caverna muestra a Servando "una tela inmensa llena de monstruos" y vacía "un saco inmenso lleno de piedras de todos los tamaños" (39): "yo miraba el desfile de las figuras: hombres con piel de serpiente, mujeres tocando la luna como si fuera un tambor," "si más claro no podía ser," "de todos modos . . . la idea estaba metida en mi cabeza" (40). Arenas comenta en una entrevista que Borunda es "el mundo de la *desmesura*," "erudición sin contención, . . . que en medio de su inmensa verborrea dice cosas profundas," "amalgama de códigos yucatecos, toltecas, chichimecas y cosas interminables" (en Morley y Santí 117). La historia que Arenas quiere contar es la suya propia, que no se parece a la historia oficial cubana; así, cuenta la historia de Cuba porque ésta enmarca la suya, la de la disidencia, que no puede ser contada según los lineamientos monológicos positivistas porque son ellos los que lo excluyen, a él y a su escritura.

Pero no por no seguir la forma historiográfica tradicional su novela deja de ser un relato histórico; y es que no puede seguir esa forma porque ella excluye precisamente lo que a él le interesa señalar, la estructura de poder que da forma al relato histórico y sus componentes ficticios ("en el buen sentido de la palabra"), componentes que ocultados autorizan el relato, pero hechos evidentes significan subjetivismo, individualismo, y por tanto diversionismo.

A los planteamientos que quieren limitar los alcances literarios e ideológicos de esta novela, responde la afirmación de Robert Burden cuando sostiene que "parody . . . defines a particular kind of historical consciousness, . . . it is a serious mode" (cit. Hutcheon, *A Theory* 101). Al recontextualizar el texto de Mier para relatar la historia y para encontrar espacio de escritura, el texto llama la atención sobre la contingencia de las fronteras disciplinarias y genéricas, y relata la historia no como quien con orden y mesura la está escribiendo por primera vez y para siempre, sino re-escribiendo textos que ya la han relatado, como son *El siglo de las luces* y *Biografía de un cimarrón*, señalando el artificio pero no por ello negando la verdad.

La concepción de Arenas de su propia obra es más espacial que cronológica lineal, más orientada por repeticiones que por progresiones: "No creo que mis novelas puedan leerse como una historia de acontecimientos concatenados, sino como un oleaje que se expande, vuelve, se ensancha, regresa, más enardecido, más tenue" (Arenas, "Fray Servando" 18). Sarduy lo confirma al describirla como un "vasto relato recurrente y musical," del que detecta "las variaciones, los retornos, la desmesura simbólica, el derroche" ("Escrito" 331). La artificialización barroca de *El mundo alucinante* es, a uno de sus niveles (el que más molesta a la crítica logocéntrica), juego incontrolado, erotismo puramente lúdico, parodia de la función de reproducción, transgresión de lo útil, desperdicio en función del placer (Sarduy, "El barroco" 182). Se trata del "barroco que en . . . su lenguaje pinturero, a veces estridente, abigarrado y caótico, metaforiza la impugnación de la entidad logocéntrica que hasta entonces lo y nos estructuraba desde su lejanía y autoridad; barroco que recusa toda instauración, que metaforiza al orden discutido, al dios juzgado, a la ley transgredida. Barroco de la Revolución" (Sarduy 184).

De esta manera, Sarduy, con su ensayo sobre el barroco latinoamericano, devuelve el carácter serio y combativo a la novela paródica barroca, carácter del cual, como hemos visto, se la quiere despojar. Parte esencial de su seriedad es la risa carnavalesca, que con el desborde de sus dimensiones, la recurrencia ritual y las imágenes corporales, como señala Bajtin, "does not deny seriousness but purifies and completes it, [it] purifies from dogmatism, from the intolerant and the petrified; it liberates from fear and intimidation, naiveté and illusion, from the single meaning, the single level" (Bakhtin, *Rabelais* 122-23).

Éste es el tema de *El mundo alucinante*, el dogmatismo y la intolerancia, la ingenuidad del significado único y del apego a la Realidad. Por esto el texto de Arenas es el de lo plural: múltiples versiones, multiplicación lúdica de significantes, reiteración, re-creación. En medio de lo Uno, lo Unívoco, y lo Real y Verdadero. Y de lo Genuino.

Veamos qué aspecto tiene esta propuesta en *La Loma del Ángel*. La incursión en esta novela me dará la oportunidad de clarificar varios aspectos y de reelaborarlos desde la experiencia de la literatura del exilio.

3. *LA LOMA DEL ÁNGEL.* LECTURA CRÍTICA DEL REALISMO FUNDACIONAL, DESDE EL EXILIO

> *De noche los negros. Son negros, son reclutas, son bestias que giran violentas y torpes; fatigadas y torpes; hambrientas y torpes; esclavizadas y torpes. . .*
> *He aquí que ha llegado el momento en que dos épocas confluyen.*
> *He aquí, otra vez, la vil estación de los ritos y de los sacrificios en honor a los muertos ilustres.*
>
> Reinaldo Arenas
> *El central*, 1970

Al igual que *El mundo alucinante* (1969), *La Loma del Ángel* (1987) es una parodia: estas dos novelas de Reinaldo Arenas son re-escritura rigurosa de textos anteriores, repetición que marca su diferencia. Sin embargo la manera en que *La Loma del Ángel* se relaciona con el texto que parodia tiene especificidades importantes, que hacen necesario su estudio particular y que marcan su diferencia con respecto a *El mundo alucinante*.[32]

En toda parodia hay un homenaje, atestiguado ya desde el hecho mismo de escoger el texto parodiado, de releer/reescribir minuciosamente un texto determinado, y no otro, para ofrecerlo de nuevo a los lectores. Desde esta perspectiva, *El mundo alucinante* es lo que podríamos llamar una "parodia respetuosa" de las *Memorias* de Fray Servando: en ella, como vimos en el apartado anterior, el autor Arenas se identifica tanto con el texto mismo como con Mier, en tanto víctimas de los que él considera discursos monológicos autoritarios. Como hemos visto, la novela de Arenas quiere dar testimonio de tal violencia y examinarla como situación arquetípica a través de la historia de las revoluciones americanas y de sus modelos europeos.

La relación paródica de *La Loma del Ángel* (1987) con *Cecilia Valdés o La Loma del Ángel* (1882), del escritor cubano Cirilo Villaverde, es diferente en más de un aspecto. En su autobiografía *Antes que anochezca*, Arenas define su novela como "una parodia sarcástica y amorosa" de ese clásico cubano (12). Tal manera de describir su relación con el texto decimonónico y con su autor declara una ambivalencia marcada por el doble signo de la identificación y del rechazo, ambivalencia que en efecto, como veremos, describe al texto de la novela.

En uno de sus aspectos, el que Arenas cuestiona, la novela de Cirilo Villaverde representa al realismo literario fundacional, dueño de la verdad y encarnación de ella. Se trata del realismo literario patrocinado tanto por el grupo político decimonónico que con el tiempo sería "reconocido" como fundador/precursor de "lo cubano," como por el nuevo grupo fundacional de la Revolución cubana de nuestro siglo; es el realismo cuyo estilo y temario Arenas evita y al que en buena parte debe su exclusión de la institución literaria cubana. Pero no es sólo su estilo: la novela misma y su autor pertenecen a lo más selecto del canon literario cubano. *Cecilia Valdés* es "la novela cubana" por excelencia, y su autor "patriota entero y escritor útil," como lo definió para siempre José Martí.

Al elegir este texto, pues, Arenas no elige ya al ser históricamente marginado a través del cual puede configurar su propia voz, como sí ocurría en el caso de "Servando." Todo lo contrario, al reescribir *Cecilia Valdés* se introduce, subversivamente, en un lugar de poder privilegiado que es a la vez político y literario. Como veremos, su parodia sarcástica reexamina y reelabora, desde el aspecto descrito, tanto el canon literario fundacional como el estilo realista que éste privilegia.

Pero, como antes mencioné, *La Loma del Ángel* no es sólo parodia sarcástica: su relación paródica es también "amorosa." A otro nivel fundamental, esta novela se identifica (de manera subversiva de nuevo), con el clásico cubano. Tanto Arenas como Villaverde escriben sus novelas en el exilio, en Nueva York y casi a un siglo de distancia.[33] Con ese autor perseguido por el gobierno autoritario cubano es con quien se identifica Arenas: con el autor que se suma a la tradición de los escritores cubanos en el exilio, inaugurada por José María Heredia y dentro de la cual se cuenta también la eminente figura de José Martí. Re-escribir *Cecilia Valdés* es, desde esta perspectiva, volver a fundar a Cuba desde la lucha por su liberación, colocándose al lado de nombres tan prestigiosos como los citados.

Así pues, la novela *Cecilia Valdés* es en *La Loma del Ángel* a la vez blanco y arma, instrumento canonizado que el texto de Arenas reactiva y desvía contra el discurso que quiere monopolizarlo junto con las ideas de cubanidad y de emancipación. Su parodia es en este sentido una reactivación del carácter subversivo del texto decimonónico a través de un cuestionamiento temático y de una modificación de sus recursos narrativos: una recontextualización.

Escrita entre 1983 y 1985 en Nueva York, *La Loma del Ángel* no es ya, a diferencia de *El mundo alucinante*, la novela de un escritor que en Cuba necesite encontrar la manera de enmarcar sus textos dentro la poética que impera al interior de la Isla (me refiero a la poética que se identifica con la novela testimonial y la novela épica, descrita arriba a propósito de *El mundo alucinante*). Fuera de la Isla desde 1980, Arenas es un escritor en el exilio, y es dentro de esa tradición que él, ahora, inscribe su voz. Éste es el nuevo contexto de su producción: nombrar la Isla fuera de ella, y siempre mirando hacia ella.

Cecilia Valdés y el realismo fundacional

Cecilia Valdés es reconocida unánimemente como la novela de fundación cubana, y con tal propósito fue escrita, en el contexto de la novela histórica romántica y como parte del proceso de formación de la conciencia criolla. Cuando se habla de ella se la presenta esencialmente como un texto costumbrista y antiesclavista. Sin embargo, sólo mirándola en su contexto económico y político se observa la especificidad de esta doble definición. A este examen dedicaré el presente apartado.

Villaverde se formó como escritor en La Habana, dentro de la tertulia privada de Domingo Delmonte (activa entre 1835 y 1844), y allí concibió por primera vez el proyecto de su novela. Para entonces ya todas las colonias españolas en América con excepción de Cuba y Puerto Rico se habían independizado de España, y la metrópoli se concentraba en mantener su dominio sobre esas últimas colonias antillanas, en especial sobre Cuba como lugar estratégico y de gran riqueza, en el cual no sólo la Corona sino los mismos españoles radicados en la isla tenían muy fuertes intereses.

La novela de Villaverde es expresión de ese momento político de extrema represión colonial en la isla, y del programa que como respuesta propuso el grupo político-literario reunido alrededor de Domingo Delmonte. Antonio Benítez Rojo, en tres artículos suyos sobre el tema, presenta en detalle el contexto y el programa de este influyente grupo. Estos escritores y ensayistas trabajaron dentro de un marco amplio que incluía no sólo a estudiosos de la literatura sino también de la geografía, las ciencias naturales, la economía, las ciencias sociales y la educación, con nombres tan importantes dentro de la lucha de liberación cubana como los de Félix Varela, José Antonio Saco y José de la Luz y Caballero. El mismo Villaverde tiene dentro de su producción tres textos escolares: dos de cuentos y uno titulado *Compendio geográfico de la Isla de Cuba* (1845).

La posición antiesclavista de este grupo de intelectuales criollos tiene un origen político y económico claro: consideran que la problemática social del negro es una cuestión de primer orden en el debate por la modernización política de Cuba. Su programa, progresista para la época, buscaba "limpiar a Cuba de la raza africana" mediante la abolición de la trata de esclavos y la desaparición paulatina de la esclavitud (Delmonte, cit. Iván Schulman, Prólogo xiii). La institución de la esclavitud para el grupo de escritores significaba un factor esencial de deterioro moral y político, así como una amenaza constante de que en Cuba se repitiera el inmenso y sangriento levantamiento de esclavos ocurrido en Saint Domingue (hoy Haití) a finales del siglo XVIII; este temor no era infundado, ya que, de acuerdo a Benítez Rojo, en 1827 había en Cuba 287.000 esclavos, cifra que representaba el 41% de la población cubana y que para 1830 había aumentado a más de 500.000 ("¿Cómo narrar la nación?" 103). La lucha antiesclavista era pues parte esencial de ese proyecto criollo de modernización de la isla de Cuba que planeaba reformas tanto a nivel de la producción agrícola, la industria y las comunicaciones, como a nivel político, por cuanto su principal objetivo era la reforma del represivo e ineficiente sistema colonial; como señala Iván Schulman, el proyecto del grupo consistía en transformar la colonia de plantaciones en una nación (Prólogo xxiii).

El antiesclavismo del cual parte este proyecto, "no excluye [pues] la presencia del prejuicio racial ni de la segregación," sino que "se refiere únicamente al reconocimiento de que el negro era también y a contrapelo un componente sociocultural de la nacionalidad" (Benítez Rojo, "Cirilo Villaverde, fundador" 773). Los líderes del grupo y la mayor parte de sus miembros son criollos pertenecientes a la sacarocracia cubana que floreció en la isla a partir de los sucesos de Haití y que convirtió a Cuba en la principal productora de azúcar de América, con un ferrocarril antes incluso que España, y con trapiches a vapor montados con capital propio. La novela de Villaverde, como parte de este proyecto, quiere ser un "retrato" del deterioro moral y político de la isla y una "descripción" del carácter de su población y de su geografía, definiendo a un tiempo un conjunto de problemas y un proyecto hacia el futuro. Su antiesclavismo es aristocrático y su costumbrismo es fundacional. Siguiendo el principio decimonónico de la eficacia educacional de la literatura, esta novela hace uso de un argumento amoroso convencional en los folletines del momento para "describir" minuciosamente el paisaje cubano, sus productos culturales, las costumbres populares y de la aristocracia, desarrollando a la vez su postulado del daño que hace a una sociedad la institución de la esclavitud, tanto a nivel moral, como político y económico.

A continuación haré una presentación del texto de *Cecilia Valdés*, para luego pasar a un estudio de su recepción crítica desde el momento de su aparición hasta el presente.

La novela

Cecilia Valdés es una "mulata casi blanca," hija ilegítima de un hacendado español y de una mulata ilegítima también; Cecilia se enamora, sin saberlo, de su hermano, Leonardo Gamboa, un criollo aristócrata seductor e irresponsable; de su relación clandestina nace una niña, que es vergüenza del padre y que contribuye al deterioro final de la relación. La novela termina con la muerte de Leonardo, el criollo, a manos de un mulato que ama a Cecilia sin ser correspondido: el mulato clava un cuchillo en el corazón de su rival en el momento en que éste, ya en el atrio de la iglesia, se disponía a casarse con una blanca de la aristocracia. El contexto histórico de esta historia de amor funesto es el gobierno represivo del Capitán General Francisco Dionisio Vives, y los hechos que relata van del año 1812 a 1831; la exposición histórica incluye aspectos como la corrupción del gobierno colonial, la actividad intelectual y la censura.

El padre de Leonardo (y de Cecilia), Don Cándido Gamboa, es un rico inmigrante español cuyo capital proviene de las dos actividades más lucrativas en el momento: administra eficientemente la plantación y el ingenio azucarero heredados por su esposa, y es dueño de un barco "negrero" que realiza expediciones a África (y que burla el cerco inglés que vela porque tales transacciones, de acuerdo al tratado entre Inglaterra y España, no se realicen). Su esposa, Doña Rosa, es una mujer celosa e insensible al dolor de los esclavos, y que sólo vive para satisfacer los caprichos del irresponsable Leonardo, contrariando a su marido y descuidando a sus tres hijas y la buena administración de su casa.

Cecilia, por su parte, se cree huérfana, y su única familia es su abuela Josefa; ésta es una mulata hija de "negra de nación" (es decir, nacida en África), y, por ser de "raza híbrida e inferior" (108), proclive entonces a la superstición y a la inmoralidad e incapaz de evitar en su nieta el mismo destino que su hija repitió: el de "querida" de hombre blanco que rechaza a los hombres honestos de su mismo color. La madre de Cecilia vive recluida, sin saber de su hija, en un manicomio de la ciudad.

El grupo de personajes secundarios incluye administradores públicos españoles, miembros criollos y españoles de la sacarocracia cubana, artesanos y pequeños comerciantes mulatos, esclavos domésticos de La Habana y esclavos de plantaciones e ingenios, todos ellos con su habla particular, y sus valores y costumbres "correspondientes." La acción permite que los personajes interactúen en espacios que muestran la corrupción e indolencia de la administración española, los problemas presentes en las relaciones familiares y sociales entre los blancos, las relaciones prohibidas de los blancos con las mujeres "de color," así como el despotismo y la violencia física que rige las relaciones de los blancos con los esclavos, y las relaciones mismas entre los mulatos y las de éstos con negros y esclavos.

Los espacios "describen" La Habana con su arquitectura y la cotidianidad de sus diferentes barrios, y el paisaje del campo, su topografía, animales y plantas, las plantaciones e ingenios. Las ferias populares y las fiestas tradicionales dan oportunidad al narrador para presentar la culinaria, la música, la danza cubanas, siempre con lujo de detalles que componen en buena parte los dos tomos de la novela.

El panorama de *Cecilia Valdés* es muy "oscuro," como se habrá notado ya. Sólo hay un personaje de la novela con quien el narrador simpatiza, y en extremo: se trata de Isabel Ilincheta, la aristócrata que iba a casarse con Leonardo cuando éste fue asesinado en un acto de venganza y de celos. Isabel vive en el campo, pero su espacio no es el del ingenio violento y despótico. Ella es hija considerada y ama bondadosa con sus esclavos; vive con su padre viudo, su hermana y su tía, y a su cargo están la administración de la casa y del cafetal "La Luz" que la circunda.[34] Isabel es una eficiente administradora que "logra," según el narrador, mantenerse muy femenina en el espacio de la casa, y aunque de aspecto físico "algo viril," de acuerdo con él mismo no puede decirse que sea una mujer fea. Aunque ama a Leonardo, duda en casarse con él después de pasar una temporada en el ingenio de la familia del novio y familiarizarse así con su duro carácter y costumbres; finalmente accede al matrimonio, en parte por ser la voluntad de su padre y en parte con la esperanza de poder aliviar en el futuro el dolor de los esclavos del ingenio. Al final de la novela, tras la muerte de su prometido y sabiendo "que no encontraría la dicha ni la quietud del alma en la sociedad dentro de la cual le tocó nacer, [Isabel] se retiró al convento de las monjas Teresas o carmelitas, y allí profesó al cabo de un año de noviciado" (638).

Según lo construye el narrador, el personaje de Isabel encarna a la mujer sobre la cual podría edificarse la sociedad cubana, y, a la vez que es modelo para relaciones familiares, económicas y políticas, simboliza en su desdicha el deplorable estado de la isla que el autor inferido quiere mostrar. La novela misma, dentro de su propósito didáctico, está dedicada "a las cubanas, reflejo del lado más bello de la patria."

Esto con respecto al tema. En cuanto a sus estrategias narrativas, el texto de Villaverde sigue las convenciones de la novela realista de tesis: un narrador omnisciente en tercera persona quiere asegurarse de que sus convicciones políticas sean adoptadas por sus lectores de manera insensible asumiendo una postura aparentemente distanciada y "objetiva" ante "la realidad." *Cecilia Valdés* quiere ser una "fiel pintura" de la vida ordinaria cubana, tanto de La Habana como del campo, y para esconder su presencia el narrador se "limita" a hacer descripciones físicas, aparentemente inocentes, de los personajes, la urbe y la geografía, y a "transcribir" diálogos con los diferentes sociolectos cubanos. Su voz aparece de manera directa sólo en las digresiones históricas, que no representan ningún obstáculo para la pretensión de objetividad en el siglo XIX, y que por el contrario contribuyen a ella.

Manuel de la Cruz, en un ensayo crítico sobre *Cecilia Valdés* de 1885 y contemporáneo de la novela, llama la atención sobre "la sobriedad y atildamiento de [su] forma, la propiedad y pureza del diálogo, la unidad de interés de la acción." Según este autor, Villaverde, con su "fotografía de exquisita precisión" y su "tremenda enseñanza moral," se coloca "entre los más distinguidos representantes de nuestro renacimiento intelectual," autor de un "retrato único que en vano se buscaría en las anémicas obras de nuestros historiadores" (77, 80). Según afirma en otro artículo suyo de 1890, Delmonte "se empeñó en orientar [a Villaverde] por los derroteros del realismo, neutralizando en su temperamento el ardor de la fiebre romántica" ("Cirilo Villaverde" 81). Su creación "es nueva, local y propia: la novela genuinamente cubana," "la novela nacional cubana con alma y carne cubanas" (84, 87).

Como exponíamos más arriba a propósito de la literatura decimonónica de fundación nacional, el romanticismo hispanoamericano (al cual *Cecilia Valdés* pertenece) es un "discurso de emergencia empeñado en fundar la nación y su literatura," una "escritura que imagina verbalmente una patria, y a la vez, pretende corroborar su existencia más allá de la palabra," como afirman Pedro Barreda y Eduardo Béjar en su estudio sobre el romanticismo hispanoamericano (55). Según estos autores, el escritor romántico fue aquí a la vez poeta y político profesional, y "articuló el discurso hegemónico de la clase dirigente que definió y organizó la estructura nacional, identificando así la idea de patria con sus propios intereses de clase" (56). A través de Madame de Staël llegan a América Latina los fundamentos teóricos del romanticismo alemán en fusión con los supuestos del liberalismo republicano francés de ascendencia iluminista, y este fenómeno, apropiado a su vez por los grupos dirigentes desde sus proyectos de nación particulares, es el que da razón del complejo carácter del llamado romanticismo hispanoamericano[35] (Barreda y Béjar 64). El "yo" de este romanticismo no es el que en Alemania o en Inglaterra nace del conflicto de lo público con lo privado: el del romántico hispanoamericano es un "yo" social cuyo lirismo se exalta ante los problemas sociales, su conciencia es de resonancia colectiva y mesiánica, su romanticismo es el liberalismo social expresado en literatura, y parte del empeño de fundar comunidades libres e ilustradas (Barreda y Béjar 66 y 67).

Como señalan Barreda y Béjar en su estudio, la literatura de fundación nacional rechaza al romanticismo "excéntrico y misántropo" y promueve la celebración de la naturaleza propia, la historia patria, las costumbres vernáculas y la expresión lingüística autóctona como uno de los medios más idóneos para la construcción de una identidad nacional y como mecanismo de descolonización fundamental dentro del proceso de independencia de España (67 ss). Este romanticismo apareció en América Latina a mediados de los años treinta, y entre 1850 y 1870 se constituyó en espejo donde la burguesía metaforizó sus sistemas de valores (Barreda y Béjar 103). En el mismo sentido, y refiriéndose específicamente a Cuba, Benítez Rojo afirma que el discurso fundador de Delmonte resulta de "una manipulación autoral de la realidad de Cuba a partir de [su particular] sentimiento patriótico nacional" ("Cirilo Villaverde" 769).

Delmonte exhorta a los escritores a emular a Scott y a Cooper, y Villaverde en su prólogo cita como modelos a Manzoni y a Scott. Los cubanos se apropian a estos autores europeos para contraponerse a los "arrebatos" del otro romanticismo, todo ello desde la afirmación programática de Delmonte de que el escritor "no es un ser apartado de su especie" y que "la sociedad tiene derechos que exigir de sus ingenios y el poeta deberes que cumplir como tal" (cit. Lisandro Otero, "Delmonte" 728). En el seno de la tertulia de Delmonte se escriben leyendas, narraciones históricas, crónicas de viajes, artículos de costumbres, obras de teatro, poemas, ensayos críticos, cuentos y novelas; la misma *Autobiografía* del esclavo Juan Francisco Manzano, con cuya divulgación en los Estados Unidos se esperaba conseguir apoyo para la reforma política en Cuba, fue encargada a Manzano por el grupo[36]; uno de sus miembros es también quien encuentra el manuscrito de *Espejo de paciencia* (1608), el "fetiche fundacional cubano" de cuya plena autenticidad existen hoy algunas dudas.[37] Como puede observarse, el grupo de Delmonte se propuso "fundar con toda deliberación una literatura nacional que se expresara a través de todos los géneros posibles" (Benítez Rojo, "C. Villaverde" 770). Benítez Rojo afirma que Villaverde fue el narrador más prolífico e importante del grupo, y el que de manera más consciente se propuso representar en su obra la complejidad rural y urbana de lo cubano ("¿Como narrar la nación?" 115). La nueva radicalización de la represión a partir de la llamada "Conspiración de la Escalera" en 1844 disolvió al grupo, y la novela y el cuento desaparecieron como géneros del ámbito cubano por varias décadas.

Recepción y canonización

Como texto de fundación, la novela de Villaverde ha estado desde su publicación unida a la idea de Patria y de Libertad. El autor, desde su exilio en Nueva York, fue una figura muy importante de la lucha independentista cubana. El mismo José Martí lo recuerda ante todo como "patriota," en el artículo que escribe a su muerte en 1894: "De su vida larga y tenaz de *patriota entero y escritor útil* ha entrado en la muerte . . . el anciano que dio a Cuba su sangre, nunca arrepentida, y una novela inolvidable" (5: 241, mi énfasis).

También el prólogo de Villaverde a *Cecilia Valdés* describe la escritura de ésta como actividad paralela a la historia de la lucha cubana y a su propia biografía, comprometida con ésta: ". . . *la patria*, empapada en la sangre de sus mejores hijos, . . . demandaba . . . la *fiel pintura* de su existencia bajo el triple punto de vista físico, moral y social" (5, mi énfasis). Manuel de la Cruz, en un artículo contemporáneo a la novela, afirma que "*Cecilia Valdés* [es] la condenación más implacable del sistema colonizador de España, y, por lo mismo, el libro más revolucionario que haya engendrado el intelecto cubano," enfatizando además que Cirilo Villaverde "ha consagrado su vida entera a realizar la filosofía contenida en su novela: a luchar por la regeneración de su patria" (1890, 89).

Desde su publicación la crítica se ha concentrado en el carácter emancipatorio de *Cecilia Valdés* y en su "vigorosa descripción de las costumbres de la sociedad cubana" según los supuestos tradicionales que he presentado hasta aquí. Max Henríquez Ureña, resaltando siempre su valor como alegato antiesclavista, afirma que aunque su argumento no tiene mayor interés, "ningún historiador ha podido igualar a Villaverde para dar a conocer aquella época" (1: 228).

El estudio preliminar de la edición cubana de 1953, de Esteban Rodríguez Herrera, llama al autor "padre de nuestra novela" y "gran creador de las tradiciones cubanas," y a *Cecilia Valdés* "la novela cubana por excelencia;" su estudio da cuenta también de las numerosas ediciones que se han hecho de ella y resalta el hecho de que ha sido adaptada al teatro, musicalizada para zarzuela, y su texto reproducido en forma de folletines en periódicos y revistas. Desde entonces se han hecho también versiones para la televisión y el cine. Todo esto por supuesto ha contribuido a llevar al gran pueblo cubano la novela y a convertir a sus personajes en leyenda, presentes todavía hoy en dichos populares como el de "todavía hay algunas Cecilias por ahí" (Morejón 9). Se trata de una "novela nacional," concepto que como señala Doris Sommer difícilmente necesita una explicación en América Latina ya que es "the book frecuently required in the nation's secondary schools as a source of local history and literary pride . . . Sometimes anthologized in schools readers and dramatized in plays, films, television serials, national novels are often as plainly identifiable as national anthems" (*Foundational Fictions* 4).

La actitud ante *Cecilia Valdés* descrita hasta aquí es característica también de la crítica producida en Cuba en las décadas de 1970 y 1980, crítica en la cual se destaca la frecuencia con que se discute a esta novela. Un ejemplo es el artículo de Nancy Morejón, dedicado al tema de la presencia del negro en *Cecilia Valdés*, y en cuya introducción afirma que "sería ocioso recoger aquí los pormenores de su validez literaria, al ser, como es, un clásico de nuestra literatura" (1979).

Desde su aparición, *Cecilia Valdés* ha tenido once ediciones en Cuba, cuatro de ellas después de la Revolución. También después de 1959 se han hecho ediciones de los cuentos de Villaverde, y en 1982 la editorial Letras Cubanas publicó una compilación de ensayos críticos sobre el autor, todo esto sin contar la atención crítica indirecta que se le ha dedicado en los numerosos estudios sobre el grupo de Delmonte.

Antón Arrufat, miembro de la Unión Nacional de Escritores y Artistas de Cuba (UNEAC), ha articulado con claridad la posición de esta novela dentro del canon cubano revolucionario. En su artículo "El nacimiento de la novela en Cuba," Arrufat hace una lectura fundacional del grupo de Delmonte, identificando en la poética de éste lo que se "mostraría" con el tiempo como lo más propio de "la novela cubana." La novela cubana, afirma Arrufat, "*debe* tender a la observación de *la realidad*, a la *propiedad* de los caracteres, y a la *naturalidad* del diálogo," desde una actitud de *desprendimiento del yo* propio y de modestia (751, mi énfasis). De acuerdo al autor, los escritores del grupo de Delmonte, "siendo románticos, introducen una rectificación dentro del romanticismo:" "mientras el ideal romántico fomentaba una concepción *idealista e imaginaria* de la vida, los cubanos hacían frente al *duro y realista deber de luchar* por la entidad de la nación" (752, mi énfasis). En el discurso de Arrufat, como se observa, encontramos de nuevo otra articulación de la poética de la Revolución cubana, con su exigencia de realismo y su voluntad de control temático, y que ya presentamos en detalle en otra parte.[38]

Dentro del contexto expuesto hasta acá, la lectura paródica que Reinaldo Arenas hace de *Cecilia Valdés* parece ir contra la corriente y negarse a la ruta marcada por su autor y por sus críticos tradicionales. Una de las pocas excepciones la constituye el artículo "Mito y realidad en Cecilia Valdés" de Nancy Morejón, escrito en Cuba en 1979; la autora, aunque con mucho tacto y respetuosa del clásico, señala los riesgos que significa el adoptar sin reparos a "Cecilia Valdés" como el mito dorado de la identidad cubana; para ella (y con razón), tanto el prejuicio racial que permea a la novela como la imagen que presenta de la mujer como ser impuro y débil, "nos obliga a reflexionar y volver sobre muchos temas que todavía hoy lastran nuestra vida cotidiana" (27).[39]

Tal vez sólo un crítico, de finales del siglo XIX, es tan firme como Arenas al señalar el racismo presente en la obra e incluso sus problemas técnicos. Se trata del escritor cubano mulato Martín Morúa Delgado; éste, en las primeras líneas de su ensayo de 1891, describe a *Cecilia Valdés* no como un producto acabado, sino como "explotable material para nuevos industriales" (116), enfatizando además a lo largo de todo su estudio el carácter racista de la novela y que él considera inaudito a esas alturas del siglo. Arenas podría estar siguiendo su consejo al reescribirla. Ya en ese artículo Morúa Delgado cuestiona las afirmaciones que describen a *Cecilia Valdés* como "preciso retrato de Cuba" y el valor absoluto de su "enseñanza moral." Este crítico mulato, excéntrico al discurso que estructura la novela, hace ya en 1891 las preguntas fundamentales: "¿Qué moralidad intenta establecer el señor Villaverde . . .? . . . *¿Para quién escribe? ¿Qué* pretende establecer el autor?" (121, mi énfasis).

Elzbieta Sklodowska, a propósito de *El mundo alucinante,* trae una cita de Frederic Jameson que nos ayuda a retomar esas preguntas y a plantear el problema que está a la base de *La Loma del Ángel* como lectura crítica paródica de *Cecilia Valdés:*

> by definition the cultural monuments and masterworks that have survived tend necessarily to perpetuate only a single voice in [the] class dialogue, the voice of a hegemonic class. They cannot properly be assigned their relation in a dialogical system without the restoration or artificial reconstruction of the voice to which they were initially opposed, a voice for the most part stifled and reduced to silence, marginalized, its own utterances scattered to the winds, or reappropriated in their turn by the hegemonic culture. (cit. Sklodowska, *"El mundo alucinante"* 160)

Como señala Jameson, el monólogo tiende a ser la característica definitoria de los textos canónicos: el monólogo de los grupos dirigentes que, sea en el siglo XIX o en el XX, imponen su voz como la más genuina y por ende poseedora de la verdad, grupos que practican la exclusión desde su posición de poder y amparados en una supuesta neutral universalidad.

¿Cómo puede entrarse en esos textos sagrados, monolíticos? ¿Cómo hacer un comentario crítico de un clásico? ¿Cómo sustraerse a la estructura crítica que desde el comienzo de los tiempos lo rodea y sustenta, a la estructura que define de una vez y para siempre los términos en los que el texto será abordado? ¿Cómo devolverle también el juego textual que le pertenece pero se le enajena en el proceso de canonización? La estrategia de Arenas es la parodia.

La Loma del Ángel, una novela del exilio

La estrategia de Arenas es la parodia. Y Gérard Genette nos la presenta en el aspecto que ahora nos interesa:

> El placer del hipertexto está en el juego . . . ninguna forma de intertextualidad se produce sin una parte de juego, consustancial al reempleo de estructuras existentes: en el fondo, el bricolage es siempre un juego en tanto *trata y utiliza un objeto de una manera imprevista, no programada, y por tanto "indebida"*—el verdadero juego implica siempre una parte de perversión. Por lo tanto, tratar de utilizar un hipotexto con fines ajenos a su programa inicial es una manera de jugar con él y de jugársela. (*Palimpsestos* 496, mi énfasis)

Esta actitud "impropia" descrita por Genette es característica de Arenas, la irreverencia fundamental en la parodia: es el juego con lo sagrado que de lejano lo trae a las manos, y lo convierte en el objeto familiar que se toma, se deja, se toca, se recompone, se vuelve a dejar. La estrategia de *La Loma del Ángel* es el juego que introduce en el texto canónico lo imprevisto, lo que se sale de su programa, lo "indebido," y que de alguna manera "pervierte" el "sentido original" del texto, ese sentido que en el tiempo también "sagrado" de "los orígenes," tiempo inmemorial, se le asignó de una vez para siempre.

El prólogo de *La Loma del Ángel* ("Sobre la obra") afirma que la novela de Villaverde no le interesa en tanto costumbrista o antiesclavista: lo que le interesa en ella son los incestos entre padres e hijos que sugiere, y en los que cree ver un testimonio de la radical soledad humana, que en su incapacidad de lograr comunicación, busca un amante ideal que sólo puede ser espejo (9). Tal tema es relativamente marginal en el texto de Villaverde y va además contra el pudor de su audiencia, que es una de sus constantes preocupaciones. De manera más general, Arenas dice ver en *Cecilia Valdés* una suma de irreverencias, irreverencias que su nueva lectura/escritura reactivará:

> Esta novela ha sido considerada como un cuadro de costumbres de su época y además como un alegato antiesclavista, pero en realidad *es mucho más que eso.* La novela no

es solamente un espejo moral de una sociedad envilecida (y enriquecida) por la esclavitud, así como el reflejo de las vicisitudes de los esclavos cubanos en el pasado siglo, sino que también es lo que podría llamarse *"una suma de irreverencias"* en contra de todos los convencionalismos y preceptos de aquella época (y, en general de la actual) . . . (9, mi énfasis)

Como vemos, desde su prólogo *La Loma del Ángel* desautoriza al discurso crítico tradicional sobre *Cecilia Valdés*, al afirmar que tal crítica ha dejado de lado su aspecto fundamental. La crítica, al concentrarse sobre su costumbrismo (definido por los llamados realismo y verismo de la novela) y el antiesclavismo (que cree darle de por sí sus rasgos "emancipatorios"), olvida aspectos fundamentales: *Cecilia Valdés*, sostiene el prólogo, "es mucho más que eso." *La Loma del Ángel* se acerca a esa novela como a una "suma de irreverencias," y es este aspecto el que guía su comentario crítico paródico. Tal irreverencia la adoptará la parodia misma, y, por supuesto, *Cecilia Valdés* será uno de sus blancos. Desde esta perspectiva, la novela de Villaverde habría perdido su irreverencia, y *La Loma del Ángel* se encargará de devolvérsela, de reactivar componentes suyos anquilosados.

Sin embargo, no por afirmar que lo fundamental en ella es la irreverencia dejará Arenas de hacer su comentario sobre las características del costumbrismo y del antiesclavismo de *Cecilia Valdés*. Conociendo ya *El mundo alucinante*, puede preverse que Arenas no dejará pasar la oportunidad de "comentar" sobre ese modelo de realismo y emancipación que es la novela de Villaverde.

Mi acercamiento a la novela de Arenas se centrará en el estudio de estos diversos elementos. Iré primero al examen de los aspectos en que *La Loma del Ángel* se aleja de su hipotexto, para luego observar en qué sentido se le acerca, y, aún más, se le une.

Leyendo / escribiendo en contra de Cecilia

Aunque el prólogo de Arenas sostiene que *Cecilia Valdés* es "una de las grandes novelas del siglo XIX," este hecho no impide que la irreverencia de *La Loma del Ángel* alcance tanto a la obra como a su autor. Pensando la relación de esta parodia con su hipotexto, el prólogo califica a *La Loma del Ángel* de "traición": "no presento al lector la novela que escribió Cirilo Villaverde (lo cual obviamente sería innecesario), sino aquélla que yo hubiese escrito en su lugar" (10).

Pero Villaverde no encuentra lugar sólo en el prólogo de Arenas: la novela misma le entrega un papel de personaje dentro de su texto, en el cual aparece como ejecutante de acciones no previstas en la versión "original" y como autor de la novela parodiada (al cual sus propios personajes se refieren, y usualmente en tono de queja), siempre con el humor que caracteriza a la totalidad del texto. En el capítulo XXVII, por ejemplo, "Villaverde" ha regresado a Cuba de incógnito: preocupado en Nueva York porque su novela no se vendía, su esposa lo consoló diciéndole que en la isla nadie sabía leer; así que él decidió volver a Cuba clandestinamente, y allí está, tratando de enseñarles a leer a los niños de las montañas. Ellos, aunque asisten a sus clases, se niegan a aprender: "sabían que su propósito secreto era que leyeran su obra . . . y ante tal calamidad preferían seguir siendo unos iletrados" (105).

Cuando se miran las dos novelas juntas, lo primero que salta a la vista como diferencia es la extensión de los textos. Varias ediciones de *Cecilia Valdés* se han hecho en dos tomos; la edición que manejamos, de Editorial Cátedra, es de seiscientas páginas en tipo pequeño. En contraste, *La Loma del Ángel* es una novela breve, de alrededor de ciento treinta páginas.

El título de la novela de Arenas repite literalmente el subtítulo de *Cecilia Valdés o La Loma del Ángel*. En la novela de Villaverde este subtítulo se refiere a una zona de La Habana en la cual está la Iglesia del Santo Ángel Custodio y que cuenta con locales comerciales; allí interactúan las diferentes clases sociales de la ciudad, siendo este espacio además el escenario de la Feria del Ángel con la cual comienza la acción principal de la novela. Como fiesta tradicional popular, da oportunidad al narrador para hacer una primera presentación de la sociedad habanera, con sus gustos culinarios, bailes de "gente de color" y de la aristocracia, sus costumbres y vicios. Como afirma el narrador, la feria es un "golpe de gente de ambos sexos, de todos colores y condiciones" (*Cecilia* 151). En la feria Leonardo pierde dinero en el juego, y allí comienza su relación con Cecilia, en un baile de "gente de color" que los jóvenes blancos honran con su presencia pero al cual asisten con vergüenza. Como se observa, la Loma del Ángel es el espacio en que lo blanco se contamina por factores ajenos a su naturaleza, al entrar en contacto con lo Otro.

En la novela de Arenas este espacio tiene también una función simbólica. Sin embargo, si bien este lugar reúne a la población de La

Habana manteniendo el propósito inicial de denuncia del hipotexto, este símbolo en *La Loma del Ángel* se hiperboliza y está protagonizado por los blancos. Ahora éstos no son accidente sino esencia: no se trata ya de blancos que están fuera de lugar, sino de blancos que desde sus propios espacios ponen en movimiento toda la violencia habanera. Tal inversión se realiza en el capítulo encargado de la presentación de La Loma, pues es un relato que destruye a su paso las instituciones más sagradas del momento, como son la virtud de la madre aristócrata y la de la Iglesia católica. La virtud de la mujer blanca burguesa en tanto madre o futura madre es sagrada en la novela de Villaverde, y jamás puesta en duda por el narrador; la legitimidad de los herederos y la "pureza de sangre" pueden contar incondicionalmente con ella. La Iglesia, siendo un componente esencial del régimen colonial, aunque no recibe ninguna apología por parte del narrador no es tampoco motivo de elaboración crítica.[40] Si estas dos instituciones salen incólumes de la novela decimonónica, algo muy diferente ocurre con su parodia.

El narrador de "La Loma del Ángel" sostiene que "en realidad la ahora famosa Loma" antes no existía, "siendo más bien una hondonada": desde que se convirtió en el principal cementerio de la ciudad, miles de cadáveres han ido llenando las bóvedas, y la iglesia y sus alrededores han ido creciendo:

> tantos fueron los muertos . . . que se enterraron en el cementerio que está bajo la misma iglesia que rápidamente . . . se fue convirtiendo en una gigantesca elevación . . . Así, al llenarse de cadáveres una bóveda religiosa, la misma se convertía en enorme tumba y sobre aquel conglomerado de huesos seguía irguiéndose la iglesia que ahora se remontaba hasta las mismas nubes. (23-24)

La Loma del Ángel es, pues, un "elevadísimo cementerio" que atestigua la violencia de la represión colonial. Sin embargo ese espacio simbólico en la novela no es solamente lugar de muerte, sino que es también el lugar que ve nacer y engendrarse a una inmensa parte de la población habanera esclava y esclavizante: no sólo van a dar a luz en secreto a sus hijos mulatos las aristócratas cubanas aún solteras o adúlteras, sino que el mismo Ángel que custodia la iglesia, y que es en realidad el Obispo disfrazado, "angelicalmente [ha] poseído a casi todas las mujeres de la ciudad" y "a muchísimos hombres ilustres que tampoco querían quedarse sin ese consuelo" (25). Estas sagradas uniones han engendrado no sólo a buena parte de la aristocracia cubana sino también a una gran corte de sirvientes esclavos y libres, en general jardineros, caleseros y enterradores: la sociedad esclavista en pleno, pues, sale de allí. Confesándose con su sucesor, en su lecho de muerte, el Obispo declara:

> En cuanto a la sobrepoblación de esta ciudad, no exageraría, querido hermano, si te dijese que en gran parte, y a pesar de su escepticismo y antirreligiosidad, tiene por padre a un ángel. Ya ves, mi labor apostólica ha sido encomiable, no sólo he propagado la fe, sino que he poblado a toda la ciudad de angelitos—y aquí el obispo Espada no pudo dejar de sonreír. (*La Loma* 25)

Este Obispo-Ángel de *La Loma* podría ser una reelaboración paródica de "el diablo" con el cual la abuela intentaba atemorizar a la Cecilia de once años en la novela de Villaverde: el personaje seductor que rondaba la iglesia para llevarse a las niñas callejeras.

Las dos novelas cuentan con un prólogo y con una sección final de Conclusiones, la cual en *La Loma del Ángel* va seguida de dos capítulos más. *Cecilia Valdés* está dividida en cuatro partes, la menor de ellas con siete capítulos, y la más extensa con diecisiete. *La Loma* juega también a esta subdivisión, con treinta y cuatro capítulos en total, muy breves (entre dos y seis páginas) pero numerosos en relación a la brevedad de la novela, y con títulos paródicos que evidencian la estructura de la novela de tesis de la cual parte: cada personaje y cada acción tienen su momento específico y no otro, cronológico a la vez que causal y clasificatorio. La novela de Arenas está dividida en cinco partes con los títulos de "La familia," "Los negros y los blancos," "Los blancos y los negros," "En el campo" y "El regreso." Los capítulos de "La familia," por ejemplo, se titulan "La madre," "El padre," "Cecilia," "La abuela," "Doña Rosa," "La Loma del Ángel" y "Reunión familiar," capítulos que genealógicamente definen de una vez para siempre a los personajes, como en las novelas de tesis, según funciones muy específicas que les asigna la estructura social. Esta profusión de capítulos contribuye a enfatizar el tiempo acelerado de *La Loma del Ángel*: los hechos de la novela de Villaverde transcurren esencialmente entre 1828 y 1831 (el primer capítulo transcurre en 1812, año de nacimiento de Cecilia, y los capítulos dos y tres en 1823, cuando tenía once años); *La Loma del Ángel*, con excepción de los años de nacimiento y de infancia (en los cuatro primeros capítulos), hace transcurrir todo en el lapso no de tres años sino de uno, concentrando la acción especialmente en las fiestas de fin de año.

La "parodia sarcástica" de *Cecilia Valdés* se desarrolla tanto a nivel formal como temático. El texto de Arenas lleva a cabo una reflexión lúdica sobre las convenciones del realismo tradicional que define al costumbrismo de su hipotexto, y simultáneamente tematiza los componentes concretos de su antiesclavismo, cuyo análisis la crítica suele evitar. El resultado es *La Loma del Ángel*, una novela que presenta al lector una propuesta nueva tanto a nivel narrativo como temático: una redefinición de lo cubano desde el estilo hiperbólico característico de Arenas.

A nivel formal, esta novela juega con las convenciones del realismo, logrando sus efectos no mediante la negación de éstas sino mediante mecanismos de recontextualización e hipérbole. Como mencionábamos ya a propósito de *El mundo alucinante*, Arenas sostiene, en una entrevista de 1982, que el llamado realismo es el menos realista de todos: "yo he querido realizar siempre una suerte de burla a ese realismo convencional y limitado . . . y adentrarme en ese mundo de diversas realidades que van más allá de lo que nuestros ojos ven como primera impresión" (en Morley y Santí 117).

Dentro de esta misma reflexión lúdica sobre el llamado realismo, *La Loma del Ángel* parece afirmar que las larguísimas y minuciosas descripciones de Villaverde se quedan "cortas" en sus propósitos. Con gran humor, en el texto de *La Loma* los personajes mismos visitan al autor para que resuelva, todavía, algunas imprecisiones de su extenso relato (capítulo XXVII), y discuten ciertos pasajes de *Cecilia* (señalando con precisión el capítulo en que se encuentran) al exigirle a "Villaverde" que aclare "ese malentendido (o esa mala redacción)" (103).[41] En general todo el texto de Arenas lee minuciosamente el texto de *Cecilia*: el lector familiarizado con ambos no puede sino imaginarlo con un ejemplar a su lado, reproduciendo al pie de la letra algunas veces, otras reelaborando, pero siempre "pervirtiendo el sentido original." La narración de Arenas hace constantes guiños lúdicos al lector familiarizado con el texto de Villaverde. Las constantes aclaraciones del narrador de *Cecilia*, del tipo de "una guardabrisa o fanal" (63), "un llorar en silencio o hilo a hilo" (71), "una colcha de mil y un retazos o taracea" (79), son también frecuentes en *La Loma*, en la forma de "el templo o nave religiosa," "la caña o bastón de nácar," o incluso en "los cantos o gritos de los esclavos," que muestra que en toda aclaración hay una nueva significación. El narrador de Arenas comenta también sobre la profusión de descripciones de Villaverde, y las convierte en catálogos que recuerdan la impaciencia de "Servando" con el autor de "*El Saco de las Lozas*": "el templo o nave religiosa [está] sobrecargado de columnas, agujas, cresterías, gárgolas, albacaras, volutas y archivolutas absolutamente innecesarias" (23). También aparecen las construcciones sintácticas de "pésimo efecto así a la vista como al oído" que exasperaban a Morúa Delgado (134), como el pasaje en que Don Cándido, "al (alarmado) alzar los brazos," recibe un golpe inocente de un esclavo (*Loma* 71).[42] Pero el problema del estilo está también unido al del respeto por el pudor de la audiencia. En *La Loma* Cecilia puede terminar el grito de "¡puta!" a Isabel que el narrador de Villaverde deja en el murmullo de "¡pu...!" Y la Isabel de Arenas reproduce el discurso del médico del ingenio de *Cecilia* para describir de manera científica, sin pudor ni piedad, el cuerpo descompuesto de los esclavos suicidas (*La Loma* 99, *Cecilia* 485).

Las características de la narración hasta aquí mencionadas muestran que el texto de Arenas llama la atención sobre la factura del relato de Villaverde, señalándolo así como artificio y no espejo, como mecanismo que lejos de copiar "la realidad," como dice hacerlo, es productor de significación. En lugar de la extensión y del detalle "preciso," mediante los cuales Villaverde quiere hacer la pintura total y verdadera de Cuba, el narrador de *La Loma* ofrece lo que Arenas llama una "imagen poética," que, según sus palabras, "irradia más realidad que centenares de minuciosas descripciones" (cit. Béjar 33). En otra de sus críticas al llamado realismo, el autor afirma que en éste *la razón del cronista predomina* sobre el talento creador y *lastima la imaginación*, tan necesaria para decir las cosas *tal como son*" (cit. Béjar 35, mi énfasis).

La narración de *La Loma* sigue en orden cronológico los principales acontecimientos de *Cecilia,* y el argumento es básicamente el mismo. El narrador de *La Loma del Ángel*, como en *Cecilia*, es omnisciente, con la excepción de dos capítulos en primera persona narrados por Don Cándido y por Leonardo, personajes que asumen ahora directamente ese "yo" desde el cual se elabora subrepticiamente la novela de Villaverde. A diferencia de *Cecilia Valdés*, la simpatía del narrador omnisciente de *La Loma* no está con los blancos, ni siquiera con los mulatos, sino con los negros esclavos.

La estrategia narrativa de la novela de Arenas es la de yuxtaponer tres tipos de fragmentos: algunos reproducen directamente segmentos del texto de Villaverde; otros imitan minuciosamente su estilo; y otros, sin solución de continuidad y de repente, lanzan al lector al mundo de la desmesura y del derroche, como elocuentemente lo describe Severo Sarduy ("Escrito" 331). Tal desmesura usa los recursos de la hipérbole y de la condensación: la novela de Arenas o bien reúne varios episodios en uno solo dotándolos de nuevo sentido, o literaliza e hiperboliza metáforas del texto "original."

Un ejemplo de la manera en que Arenas elabora su novela, entre los muchísimos que podrían citarse, es el relato de la inauguración del trapiche de vapor, en el ingenio de los Gamboa. Arenas funde en su narración dos episodios del texto de Villaverde: funde el relato de la bendición de la máquina con los del suicidio de algunos de los esclavos nacidos en África. El cura que bendice la máquina en *Cecilia Valdés* señala a Don Cándido la extraña coincidencia de que se hayan fugado varios esclavos de todos los ingenios desde que se instalaron las máquinas de vapor (446); y el mayoral informa a su amo acerca del fenómeno de "la Guinea": "*Apuráamente* [los negros] se tienen *tragao* que cuando se *ajorcan* aquí van derechitos a su tierra" (454). El narrador desbordado de *La Loma del Ángel* se detiene en estas dos afirmaciones y desde allí se echa a volar: nos muestra a los esclavos en fila precipitada, aprovechando que la máquina se ha descompuesto y puede despedirlos por los aires con sus equipajes de cocos, jutías y tambores:

> En menos de un minuto cientos de ellos se treparon descalzos al gigantesco y candente lomo metálico y al grito de ¡A la Guinea! se introducían por el tubo de escape, cruzando de inmediato, a veces por docenas, el horizonte . . . Vestidos con lo mejor que tenían, . . . y una vez en el aire, sin duda enardecidos por la euforia y el goce de pensar que al fin volaban a su país, ejecutaban cantos y bailes típicos con tal colorido y movimiento que constituyó un espectáculo celestial, tanto en el sentido figurado como real de la expresión. (95-96)[43]

Se trata aquí de una desmesura respetuosa de las creencias y del dolor de los esclavos, con los cuales la novela simpatiza, a diferencia de *Cecilia Valdés*, en la cual éstos no pasan de ser objeto de violencia o, a veces, de piedad, mirados siempre desde fuera como factor desestabilizador de la civilización blanca.

Si Villaverde quería con su "fiel retrato" nombrar cada flor como quien se goza en descubrir la flora y fauna cubanas, en *La Loma* las descripciones toman la forma de un catálogo: no es ya "la humanidad" en goce "desinteresado" de lo natural, sino una clase social específica que hace inventario de la naturaleza como posesión. Las "objetivas descripciones realistas" son en *La Loma* inventarios de dueños que quieren cerciorarse de que en su plantación nada se perdió durante su ausencia. La

111

pretendida objetividad del retrato realista queda así desenmascarada como elaboración interesada.

Así, por ejemplo, la naturaleza idílica que rodeaba a Isabel en *Cecilia Valdés*, y en la cual ella reinaba amorosa y justa, en *La Loma* está organizada pragmáticamente por una Isabel que sin piedad se preocupa sólo de cifras y de utilidades. Como decíamos antes, Villaverde habla desde y para la aristocracia criolla que quiere modernizar a Cuba. El personaje de Isabel en *Cecilia* encarna la mejor faceta de ese proyecto modernizador: es a la vez la doncella virtuosa que podrá ser el núcleo de la familia deseable y la administradora eficiente que no identifica riqueza con esclavitud. Así pues, el narrador de Villaverde articula a través de ella su proyecto: Isabel es la imagen contra la cual se contrastan los vicios de la sociedad blanca, logrando hacer una dura crítica a ésta sin por ello quitarle su legitimidad como sujeto fundador.

Según el narrador de Villaverde, a causa de su vida activa en el campo no había en Isabel "nada de redondez femenil" ni de "voluptuosidad": "está dicho que debía llamar la atención de la gente culta; . . . para que nada faltase al aire varonil y resuelto de su persona, debe añadirse que sombreaba su boca expresiva un bozo oscuro y sedoso, al cual sólo faltaba una tonsura para convertirse en bigote negro y poblado," tras el cual asomaba a veces "la magia de su sonrisa" (232, 233).

Isabel es la mujer de carácter "viril," virgen o madre, jamás la "hechicera" cuya voluptuosidad hace perder la razón. Su espacio en la novela de Villaverde es el del orden y la armonía, la naturaleza dominada y organizada en un "jardín": ella habita el "trasunto del paraíso terrenal" (234), la región de Alquízar, cuyas bellísimas fincas están "divididas en figuras regulares, prevaleciendo el cuadrado, y acotados con tapias de piedra seca, o cercas primorosa y artísticamente construidas," cubiertas de enredaderas o aguinaldos (392), y que recuerdan las que quería Sarmiento en su *Facundo*, y el "Santos Luzardo" de Rómulo Gallegos. Ella reina allí, venerada, "dueña cariñosa y blanda de esclavos sumisos" (412) y "amable y atenta con su iguales" (417). La primera imagen de Isabel en su cafetal "La Luz" la presenta, con su hermana y su tía, rodeada de "rosales de Alejandría, jazmines del Cabo y clavelinas . . . que si no acertaban a envolverla con sus ramas, sin duda la envolvían con sus emanaciones aromáticas" (395). Su carácter viril no entra pues en conflicto con sus virtudes femeninas; su casa es "una morada encantadora": ha reemplazado a su madre en el cuidado de su padre y hermana, y sabe cumplir sus funciones de anfitriona con la mayor gracia.

El padre de Isabel cuenta orgulloso a su futuro consuegro que ella "lleva cuenta del café que se recolecta, del que se descascara, del que se remite a La Habana. Cuando se vende, glosa ella las cuentas del refaccionista, cobra y paga. Todo como un hombre" (397). Su batey es "magnífico" y lleno de armonía (408)[44]; ella con una cestita al brazo alimenta a las aves, que se posan sobre su cabeza y hombros y comen de su mano y de su boca, mientras conmovida escucha al negrito que entona una canción porque "*La niña se va . . . Probe cravo llorá*" (aunque "inútil fuera pedir armonía, siquiera música a una canción ni civilizada ni salvaje del todo," según comenta el narrador) (410, 411).

El narrador de Arenas hace una burla despiadada de este personaje favorito de Villaverde, de este modelo de virtud blanca que encarna de manera manifiesta su proyecto pragmático de modernización disimulado tras el supuesto realismo objetivo. En *La Loma del Ángel* Isabel es "una señorita alta, más bien corpulenta aunque desgarbada," sus rasgos blancos son ahora "piel y pelo amarillentos," sus "industriosas manos" son "brazos largos y dedos larguísimos que movía en todas direcciones inventariando cuanto objeto se presentaba ante sus ojos" (56-57). "Tenía ojos pequeños, cejas casi ausentes, y un bozo que era casi un tupido bigote sobre los labios que generalmente permanecían apretados" (57). En el cafetal, sembrando terror a su paso, "con velocidad y disciplina realmente admirable" cuenta "una por una las matas de café y todos sus granos . . . y también los granos arrancados que se oreaban en secaderos" para hacer luego "el cómputo general" y continuar con el inventario de "cerdos, aves, carneros y demás animales domésticos" (91-92). Cuando por fin "se [tira] bocarriba sobre el césped para tomar su breve y programado descanso," Leonardo aprovecha la ocasión para hacer su confesión amorosa:

> De lejos se escuchaban los gritos o cantos de los esclavos. Por el cielo cruzaban numerosas gallinas de Guinea.
> —Isabel—dijo el joven Gamboa—, desde hace tiempo quería confesarte que te amo. Quisiera que fueras mi esposa. Realmente reúnes todas las virtudes . . .
> —¡Me falta una!—gritó entonces Isabel verdaderamente desesperada.
> —¿Cuál?—dijo Leonardo intrigado, y sorprendido por la franqueza de la muchacha.
> —¡La pinta! ¡La guinea pinta!—exclamó Isabel poniéndose inmediatamente de pie—. . . ¡Tiene que haber mil seiscien-

tas seis! . . . ¡Algún negro debe habérsela comido! ¡Pero que se preparen! ¡Que se preparen! ¡Blas! ¡Blas! (92)

Este personaje, ahora sanguinario y ambicioso, lejos de terminar sus días virgen y monja carmelita, logra, para escándalo de todos, consumar su matrimonio con Leonardo moribundo y aún en el altar, y dar a luz a un hijo que la asegura como heredera del título nobiliario y de las propiedades de los Gamboa.

Si en la novela de Villaverde Isabel "huye tanto de la frivolidad [como de] la necia coquetería" (407), Cecilia, por el contrario, y ya desde los once años, tenía "la boca chica y los labios llenos, indicando más voluptuosidad que firmeza de carácter": los rasgos de la niña formaban "un conjunto bello, que para ser perfecto sólo faltaba que la expresión fuese menos maliciosa, por no decir maligna"; "la complexión podía pasar por saludable, . . . aunque a poco que se fijaba la atención, se advertía en el color del rostro . . . que había demasiado ocre en su composición, y no resultaba diáfano ni libre;" según el narrador de Villaverde, no es fácil saber a qué raza pertenece, pero "a un ojo conocedor no podía esconderse que sus labios tenían un borde o filete oscuro . . . Su sangre no era pura y bien podía asegurarse que allá en la tercera o cuarta generación estaba mezclada con la etíope" (73). "De cualquier manera," afirma el narrador, tal era su belleza que "el ánimo no podía sino vagar para admirarla": "no la había más hermosa ni más capaz de trastornar el juicio de un hombre enamorado" (100). Esto explica el delirio de Leonardo por ella, y que le imposibilita escoger entre Cecilia e Isabel; el narrador explica que aunque hay en Leonardo un "raudal inagotable de generosidad y ternura," su falta de "trato con mujeres de su [propia] esfera," que hablaran a la vez "a su corazón y a su entendimiento," hizo que el personaje se dejara arrastrar por la figura hechicera de Cecilia (233).[45] Leonardo es, pues, la víctima, y ello explica la falta de simpatía del narrador hacia Cecilia; si Cecilia Valdés da título a la novela se lo da más bien como punto donde se cruzan los conflictos raciales y sociales que afectan tanto a la gente blanca como a "la de color," víctima también, pero secundaria, y más bien responsable de los abusos masculinos (Lamore 43). Cecilia es el personaje que permite a Villaverde articular más claramente que la moral esclavista afecta directamente a los blancos: causa la desdicha de la más virtuosa de sus doncellas y aniquila a un señorito inteligente y heredero único de una de las principales familias habaneras. Como señala Morúa Delgado en su crítica a la novela, "Cecilia queda abandonada a la ventura, sin que al mismo autor le importe un ardite qué va a ser de la muchacha" (128).[46]

Si bien es con Isabel con quien se encarniza el narrador de Arenas, en general todos los blancos aristócratas sufren una crítica que no admite la piedad. Para ello, como en *El mundo alucinante*, la novela recurre al carnaval, a los elementos que la literatura "ortodoxa" excluye por impropios. *La Loma* se caracteriza por su falta de decoro, tanto en su sentido neoclásico como moral. Abundan en ella los elementos que Bajtin identifica como propios de la sátira menipea: las escenas de escándalo, las conductas excéntricas, los discursos y apariciones inoportunas, es decir, "toda clase de violaciones del curso normal y común de los acontecimientos, de reglas establecidas, de comportamientos y etiqueta e incluso de conducta discursiva" (Bajtin, cit. Rivas 609). De nuevo, como en *El mundo alucinante*, el texto tematiza al cuerpo, y principalmente al cuerpo que ingiere y expulsa (por supuesto ausente del pudoroso texto de Villaverde) y cuyo paso por el mundo significa en *La Loma* destrucción, y autodestrucción. Los placeres gastronómicos de la clase poderosa cubana son los más perversos: en su demencia, logra engullir casi a toda Cuba gozándose incluso en la destrucción de los seres más delicados. La cena pascual de dieciséis comensales en el ingenio de los Gamboa, por ejemplo, comienza con

> una fuente gigantesca repleta de anguilas nadando en aceite, . . . una vaca frita y un catauro con ochocientos boniatos asados . . . "el ligero entrante" fue engullido rápidamente por los comensales que sólo descansaban un instante para retirar de sus piernas las patas de los animales que esperaban entre gruñidos o ladridos su porción . . . Dieciséis lechones asados, dieciséis gigantescas cazuelas de barro repletas de cangrejos en salsa de perro, dieciséis ollas con bacalao entomatado, dieciséis chilindrones de chivo y un gigantesco tinajón donde venía el ajiaco combinado con jutías congas, un majá de Santa María, bollos de maíz, yuca, ñame, malanga y plátanos burros. (109-10)

Después de que la concurrencia ha engullido estas exquisiteces, cincuenta esclavos traen un manatí en aceite de mono, seguido de hígados de colibrí, ostras en zumo de orquídeas, jicoteas en salsa china, chicharrones de cocodrilo, lenguas de cotorra. Por supuesto, ya a media noche, cuando terminó la cena, todos se habían convertido en gigantescas y relucientes bolas o cuerpos completamente esféricos que los sirvientes cubrieron con enormes mantas y empujándolos suavemente los condujeron hasta sus respectivas habitaciones. (111-12)

Algunas de las descomunales esferas pierden el rumbo y poética y velozmente se deslizan bajo la luna llena, yendo a parar a un declive del Valle de Viñales donde se detienen para siempre y conforman los accidentes geológicos conocidos como Mogotes de Viñales (112) (con lo cual la afirmación nuestra de que esta clase social funda el paisaje cubano adquiere un sentido más que literal). Las cenas de sociedad posteriores cuentan con un pozo en el patio central, para expulsar allí las toneladas de comida que se ingieren y evitar con ello que se repitan los trágicos sucesos de esa célebre cena pascual.

Esto con respecto a los blancos. Pero tampoco los mulatos son personajes preferidos del narrador de Arenas, aunque no le son tan antipáticos como los blancos. El arquetipo de los mulatos es Cecilia, tratando de blanquear a su bisabuela antes de la visita de Leonardo:

con una brocha empapada de pintura blanca, [Cecilia] le cambiaba el negro color de su piel por el del marfil. La centenaria negra recibía de muy mala gana aquella mano de pintura, pero postrada como estaba muy poco podía hacer en señal de protesta. No obstante desplegó con gran dificultad los labios . . .
—Cecilia, hija, siempre he sío negra y me gusta serlo. Déjame al menos morirme con eta coló.
—¡Cómo!—se ensoberbeció la bisnieta—¡Esto es el colmo! ¿Así que te convierto en un ser humano y aún protestas? ¿No sabes el trabajo que me dio conseguir este galón de pintura con el catalán de la calle del Empedrado? Dos onzas me cobró. ¡Oístes! ¡Dos onzas de oro!
—Quiero sé negra. Déjame esa coló.
. . .
[E]l caso es que esa misma mañana Amalia Alarcón, negra de nación nacida en Guinea, moría en Cuba cien años después completamente blanca. (77, 79)

Los blancos no son emancipación; tampoco los mulatos que los emu-
lan y que ven en su relación con "gente de color" un "salto-atrás." Así
pues, ni los blancos ni los mulatos protagonizan los actos emancipatorios
en *La Loma del Ángel*: tal función corre a cargo de los esclavos rebeldes,
y en esto de nuevo se diferencia radicalmente de *Cecilia Valdés*. Aunque
el narrador de Villaverde juzga duramente a los blancos, tiende a ser
condescendiente con ellos y a explicar su conducta dentro de sus circunstancias temporales, como producto del régimen colonial y esclavista.
Por el contrario, la conducta de negros y mulatos está marcada por su
raza generalmente. Con todo lo negativo que contiene el personaje de
Leonardo, niño rico indiferente a la política cubana, es él quien articula
el discurso del criollo contra el español, y es en los criollos en quienes
Villaverde sienta sus esperanzas: para ellos se escribe esta novela, para
ellos es el futuro, y en sus manos está edificarlo.

Nancy Morejón afirma que dentro del régimen esclavista hay tres
opciones para los negros: querer ser blanco, asumiendo estos cánones y
aceptando la esclavitud, odiar al blanco dentro de una relación de dependencia aniquiladora, y rebelarse, huyendo al monte y luchando desde
allí. Esta misma autora con razón señala que aunque *Cecilia Valdés*
plantea estas tres opciones, la novela sólo abunda sobre las dos primeras.

Los héroes de Arenas, por el contrario, son los negros rebeldes.
Ellos son ahora verdaderos sujetos de emancipación, ya no obstáculo de
modernización emancipadora. Con esta elaboración de los personajes
negros, la novela de Arenas desautoriza el carácter emancipatorio
absoluto que se suele asignar al antiesclavismo de *Cecilia*, al enfatizar
mediante su nueva elaboración el verdadero carácter de objeto que
tienen en la novela de Villaverde los esclavos. Los héroes de *La Loma del
Ángel* son Dionisios, el esclavo cocinero de los Gamboa, y Dolores Santa
Cruz, una antigua esclava que vaga loca por las calles de La Habana.
Estos dos personajes son marginales en el texto de Villaverde: la función
del cocinero es la de infundir sospechas en Cecilia acerca de su origen, y
la loca no pasa de ser un personaje folklórico habanero. En *La Loma del
Ángel*, Dionisios es el cocinero que se hace cimarrón para no morir "como
el poeta esclavo Lezama" (46), y Dolores Santa Cruz una negra que se
finge loca para moverse libremente por la ciudad y conspirar con los
cimarrones contra el régimen. Dionisios, lejos de cumplir la condena a
diez años que le impone la novela de Villaverde, se convierte en el
cocinero del palenque y desde allí conspira con los otros cimarrones.
Dolores, que había logrado comprar su libertad, se finge loca antes que

volver a su condición de esclava por los manejos corruptos de los abogados; en las calles de La Habana se venga de la sociedad esclavista en pleno a través de la Condesa de Merlín, figura que en la época recibió el apoyo de Delmonte para intervenir desde París en la lucha por la reforma del sistema esclavista, y cuya peineta incrustada de diamantes (arrebatada por Dolores con cabellera y todo) sirve en la novela de Arenas para comprar armas para la causa cimarrona.[47]

Los negros rebeldes, pues, conspiran contra el régimen en el palenque. Pero en este palenque no sólo hay negros; hay allí también un nuevo grupo de personajes rebeldes que no existe en la novela de Villaverde, constituido por una blanca aristócrata, un importante oficial negro del régimen colonial y sus hijos mulatos: se trata de Carmen, hija de los Gamboa, y Tondá, el negro favorito del Capitán General y mano derecha suya. Este nuevo tipo de mulatos y sus padres, inexistentes en la novela de Villaverde, son testimonio de otra forma de rebeldía; Carmen y Tondá escapan juntos de la sociedad blanca para ir también a vivir al palenque, y sus hijos mulatos no son ya el producto indeseable de la violencia de hombres blancos sobre mujeres "de color," sino hijos de un deseo sexual subversivo y de la rebeldía.[48]

De manera curiosa, la conclusión del texto de Villaverde es pesimista, mientras la de Arenas deja a su grupo cimarrón conspirando en el palenque. La Isabel de *Cecilia Valdés* se recluye en el convento, y Cuba pierde con ello a la mejor madre, esposa y consejera. El palenque de *La Loma del Ángel* es por el contrario un lugar en plena actividad, espacio de gestación de un nuevo orden. Con estos cimarrones negros, blancos y mulatos se hacen presentes en el texto de Arenas sus personajes rebeldes en el marco de la tiranía, recurrentes en su narrativa.

Una misma e incesante "búsqueda de redención"

> *¿Tú, apretada en el pecho del invierno,*
> *Ardiente hermana mía?*
> *¿Tú, presa en tierra fría,*
> *Hija de tierra del calor eterno?*
>
> José Martí
> "A Rosario Acuña," 1876

Pobre diablo—pensó el fraile mientras le
sacudía la ropa polvorienta—. Viene de
una isla de salvajes a tratar con salvajes
desconocidos. Se inicia en el destierro.
Reinaldo Arenas
El mundo alucinante, 1969

El prólogo de Arenas a *La Loma del Ángel*, además de plantear el
nuevo texto como "traición" a *Cecilia Valdés* y de cuestionar a la crítica
tradicional de la novela, afirma descubrir que las conclusiones de ambos
tienen un rasgo en común: "en ambos [libros] creo ver . . . *la búsqueda
incesante de una redención*, búsqueda que a pesar de la renovada infamia
—o tal vez por ella—siempre se acrecienta" (10, mi énfasis). El texto del
prólogo además se abre afirmando la importancia de *Cecilia Valdés*
dentro de la novela decimonónica y precisando en primer término las circunstancias de su producción: es una obra escrita y publicada en el exilio
en Nueva York en 1882. Son estas circunstancias marcadas por la lucha
de emancipación las que elige Arenas para figurar a Villaverde y, a
través de éste, su nueva condición de exiliado.

Como afirman Ottmar Ette y Alfred Mac Adam, la producción
literaria de Arenas posterior a su huída de la isla debe estudiarse dentro
del campo semántico de la literatura del exilio. Ette señala el hecho de
que tanto en tiempos de Villaverde como de Arenas hay una literatura
cubana que se escribe dentro de la Isla y otra que se produce fuera de
ella. Mac Adam, por su parte, comienza su artículo sobre *La Loma del
Ángel* afirmando que

conviene señalar que un rasgo especial de la literatura
cubana contemporánea es su profunda conciencia de sí
misma, resultado del hecho de ser una tradición bifurcada
en dos polos: los cubanos que escriben dentro de Cuba y los
que escriben en el extranjero. *Ambos grupos disputan
sobre quiénes serán los herederos de esa tradición.* (193, mi
énfasis)

En esta disputa por la tradición se inscribe *La Loma del Ángel*. Y
cabe precisar aquí que tal disputa se lleva a cabo en el terreno de su
descripción: qué es lo cubano, y quién lo es. Si la Revolución define esa
tradición como un espíritu de libertad que poco a poco, y a través de suce-
sivas batallas, fue tomando cuerpo hasta llegar al año de 1959, para

Arenas, por el contrario, al ser de "lo cubano" lo define una reiterada persecución:

> José Martí tuvo que marcharse al exilio y aún en él fue perseguido y acosado por gran parte de los mismos exiliados . . . El mismo Félix Varela, una de las figuras más importantes del siglo diecinueve cubano, tiene que vivir en el destierro el resto de su vida. Cirilo Villaverde es condenado a muerte en Cuba y tiene que escapar de la cárcel para salvar su vida; y en el exilio trata de reconstruir la Isla en su novela *Cecilia Valdés*. Heredia es también desterrado y muere a los treinta y seis años, moralmente destruído . . . Lezama y Piñera mueren también de una forma turbia y en la absoluta censura. Sí, siempre *hemos* sido víctimas del dictador de turno. (*Antes que anochezca. Autobiografía* 115, mi énfasis)

Mediante reflexiones como éstas sobre el exilio Arenas inscribe su nombre dentro de un "nosotros" amplio y prestigioso, apropiándose de las figuras más caras a la Revolución para situarlas en una tradición que no es la revolucionaria oficial, y que por el contrario va contra ella. Es así como Arenas precisa su condición de exiliado, y desde allí se define. Esta nueva condición ocupa buena parte de su reflexión, y aparece como tema una y otra vez en sus textos y entrevistas:

> para un desterrado no hay ningún sitio donde se pueda vivir; que no existe sitio, porque aquél donde soñamos, donde descubrimos un paisaje, leímos el primer libro, tuvimos la primera aventura amorosa, sigue siendo el lugar soñado; en el exilio uno no es más que un fantasma, una sombra de alguien que nunca llega a alcanzar su completa realidad. (*Antes que anochezca* 314)

En otra parte afirma que a los escritores en el exilio "nos alimenta la furia, la indignación, el coraje, el desarraigo, la desesperación por aferrarnos a un mundo que sólo existe en nuestra imaginación" (cit. Ette, "La obra" 134):

> [E]n el exilio es que uno no existe. Una persona en el exilio no existe porque de hecho uno pertenece a un contexto, a una manera de sentir, de ver, a unos olores, a una conver-

sación, a un lenguaje, a un ritmo, a un paisaje, a un color, a varios colores—y como tú te trasplantas para otro, tú no eres aquella persona: tú eres aquella persona que se quedó allá. (en Ette, "Los colores" 89)

Arenas se autofigura ahora a través de un "nosotros" de exiliados, y repiensa la tradición literaria cubana a través de ese tropo. En su última novela, *El color del verano* (1991), esos exiliados fundacionales, José María Heredia, José Martí, pero también Gertrudis Gómez de Avellaneda, reaparecen durante la celebración de los cincuenta años de la Revolución, disidentes y marginales incapaces de incorporarse a la fiesta. Desde el exilio Arenas intenta pensar a Martí no como al patriota de los monumentos sino desde otra perspectiva que pone más énfasis sobre aspectos que en el estudio de su obra suelen evadirse por contradictorios:

Yo creo que hay dos Martí: uno, el que él mismo contribuía a crearse, . . . el Martí patriota, el apóstol; y aquel otro hombre desesperado, solo, envuelto en aquellos trapos horrorosos padeciendo el frío, con su deseo de suicidarse, lleno de deseos sexuales que no podía satisfacer . . . en la mojigatería de aquella época. (en Ette, "Los colores" 87)

Como indican los ejemplos citados, Arenas lee a estos patriotas exiliados no desde la lucha libertaria triunfante, sino desde el lugar del "todavía no" que vivieron y con el cual sí se identifica.

La obsesión de Arenas siempre fue Cuba, y en el exilio alternó su escritura con la lucha anticastrista militante. Fue uno de los redactores de la carta abierta de 1988 a Fidel Castro en la que pedían la realización de un plebiscito en Cuba. Su carta de despedida, antes del suicidio, de nuevo se plantea dentro de esa lucha:

Al pueblo cubano, tanto en el exilio como en la Isla, los exhorto a que sigan luchando por la libertad. Mi mensaje no es un mensaje de derrota, sino de lucha y esperanza. Cuba será libre. Yo ya lo soy. (reimpreso en *Antes que anochezca* 343)

De alguna manera se trata del mismo Villaverde que en la dedicatoria de su novela se presenta "lejos de Cuba y sin esperanza de volver a ver su sol, sus flores ni sus plantas," y que en el prólogo dice escribir

121

Cecilia Valdés simultáneamente a la lucha por la libertad de Cuba. Arenas se identifica tanto con Villaverde como con su contexto histórico: "El hecho de vivir fuera creo que me obliga a recrear [a *Cecilia*], porque es una novela para recuperar una época, un tiempo, un país que ya no tengo" (cit. Ette, "La obra" 98).

En una entrevista publicada en 1992, cuando América Latina estaba pensando su historia en términos del quinto centenario del "Descubrimiento," Arenas, lejos de enfatizar en esos años la historia de la emancipación, define a Cuba como "un país de plantación y monocultivo" que a través de quinientos años ha estado organizado alrededor del central azucarero (en Barquet 72). Su poema *El central* (1970) elabora esta idea de la historia recurrente y reiterativa; en una de sus partes, "Una cacería tropical," "una recogida de negros en el África viene a terminar en una recogida de jóvenes en la calle 23" en 1970 (Arenas, cit. Barquet 72).

Desde esta misma perspectiva basada en las ideas de la recurrencia y lo reiterativo, *La Loma del Ángel* invita de manera clara a leer a través del siglo XIX cubano la historia del momento de Arenas. Iván Schulman, en el prólogo a su edición de *Cecilia Valdés*, hace una detallada presentación del contexto del momento de gestación de la novela de Villaverde. Afirma que la tercera década del siglo XIX vive "un régimen colonial que en el ámbito de la cultura censuraba las publicaciones, ahogaba la vida literaria e intentaba refrenar los brotes de una ideología criollista" (ix). El capítulo XI de *Cecilia* dibuja el cuadro del momento: cohartación de la libertad personal y de prensa, temor a discutir cuestiones políticas en público y en privado, prohibición de discutir los sucesos políticos del continente (Schulman xi). En 1844 el Censor impide la entrada de *Sab*, de Gertrudis Gómez de Avellaneda, por contener una "doctrina subversiva del sistema de la esclavitud en esta isla" y por ser "contraria a la moral y buenas costumbres" (cit. Schulman, Prólogo xii). La producción literaria circula en manuscritos, se hacen lecturas privadas, se publica en el exterior. Villaverde en carta a Delmonte (quien fue al exilio antes que él) dice:

> tan negro veo el porvenir de este desventurado país, y tan insoportable se hace cada día la durísima censura a que estamos sujetos los que escribimos, que sería preciso, o cambiar de ideas y de corazón, o reducirse a no decir más que frivolidades de teatros, modas, bailes, y a nada de esto me siento inclinado. (cit. Schulman xviii)

Luego también Villaverde es juzgado por conspirar "contra los derechos de la Corona de España" y condenado a diez años de prisión; es entonces cuando decide huir, en 1849. A partir de entonces vivirá en Nueva York, luchando dentro del grupo independentista cubano al lado de Emilia Casanova, su esposa, y de José Martí.

Con este Villaverde, testimonio de la "incesante búsqueda de redención," es con quien se identifica Arenas. En este sentido, Villaverde es uno de aquéllos que eligen ser perseguidos, como "Arenas" y "Servando," los (auto)biografiados de *El mundo alucinante*.

La Loma del Ángel no niega, pues, el carácter revolucionario de *Cecilia Valdés*, sino que lo relativiza y recontextualiza a través de dos operaciones diferentes. Con respecto a *Cecilia Valdés*, como hemos visto, la novela de Arenas redefine la lucha emancipatoria desde una perspectiva que se identifica con los negros rebeldes y que trae a primer plano el contexto económico-político de la instancia productora del relato "original." Con respecto a la Revolución, como veremos, la liberación se afirma aún como proyecto y no como meta alcanzada. La Revolución no es en *La Loma del Ángel* heredera y realizadora del proyecto libertario decimonónico: la Revolución se plantea como un nuevo contexto represivo contra el cual hay que reactivar ese texto revolucionario inicial.

Esta lectura es la que sugieren los anacronismos de la novela y sus elementos metaficticios. Arenas se autodefine en la novela dentro de un contínuo autoral conformado por la entidad "Villaverde"-"Francisco de Goya"-"Arenas." Como en *El mundo alucinante*, en *La Loma del Ángel* abundan los anacronismos, presencias que obligan al lector a re-leer la novela de Villaverde desde contextos de cronología diferente pero que dicen repetirse uno en el otro. "Karmen Valcels," "Desnoes," "Charco-de-sangre," "García Cisneros," son algunos de los personajes de nuestro siglo que se ven transportados al XIX para realizar diferentes tareas dentro del régimen colonial. Pero el personaje de "Lezama" es el que más claramente indica qué tipo de puente temporal hace la novela, aunque sólo se lo menciona una vez: "Lezama" es un "poeta esclavo" que muere en circunstancias dudosas, "de manera inesperada y al parecer 'repentina'" (46). Sin embargo ésta es la única información que la novela ofrece acerca de "Lezama," y son más bien los personajes de "Goya," "Villaverde" y "Arenas" quienes en realidad interactúan dentro de la órbita de producción literaria; es en ellos entonces en quienes debe concentrarse la lectura para entrar en el contexto de lo específicamente literario, y artístico en general, tematizado en la novela.

Un monólogo de Leonardo desautoriza a estos tres autores por igual. Es el mismo Leonardo que articula en la canónica *Cecilia Valdés*, desde una posición de poder, el discurso político fundador (176, 187). Ese criollo, desde y para el cual se escribe la novela (Villaverde pertenece a la misma generación de su personaje, podrían haber estudiado juntos en el Colegio de San Carlos), en *La Loma del Ángel* se ríe por igual de "Villaverde" y de "el sifilítico y degenerado" de "Arenas" (pues hasta el SIDA tiene su homólogo decimonónico). En su monólogo Leonardo afirma ser un hombre letrado aunque el autor de esta novela,

> que ni siquiera es de él originalmente, me pinta como un energúmeno, vago, un perezoso y un mal estudiante . . . Eso y mucho más sé, . . . porque estoy vivo y joven y sano y fuerte, así que nada tengo que ver con las barrabasadas que el sifilítico y degenerado, quien piensa que es nada menos que el mismísimo Goya (me refiero naturalmente a Arenas), quiere adjudicarme o con las del otro viejo cretino, quien tampoco dio pie con bola en lo que se refiere a mi carácter, ni en nada . . . (121)

Pero Arenas no es el único "degenerado": el otro es "Villaverde," "el muy degenerado" que según Don Cándido "se escapó de la cárcel donde cumplía una sentencia por delincuente y sedicioso y huyó al Norte, donde vive tramando quién sabe qué barbaridad para acabar con todos nosotros" (103). Se define pues una especie de entidad trinitaria conformada por "Villaverde," "Arenas" y "Goya," este último por ahora apenas mencionado por Leonardo.

Es el siguiente capítulo el que más específicamente ayuda a comprender quién es el "Goya" del que se habla y a establecer su relación con los otros dos autores. "Goya" es narrador del capítulo XXXI, "El baile en la Sociedad Filarmónica," y en él se encarga de hacer la descripción de uno de sus mortíferos cuadros: sólo Goya, quien lo pintó, podría hacer esa descripción sin morir en el intento. Se trata de un retrato de Fernando VII que la Corona regaló a Cuba y que preside el principal salón de baile de la aristocracia cubana. Este cuadro, que en *Cecilia Valdés* aparece apenas mencionado, es en *La Loma* el motivo principal de uno de los capítulos:

> ¿Cuál era pues la razón de que lo más rancio de la nobleza habanera entrase con los ojos completamente vendados a aquel regio salón de baile? El retrato de Fer-

nando VII, que enclavado en la gran pared dominaba todo el recinto. *Tan espeluznantes eran los rasgos de aquel retrato* (y por lo mismo *copia fiel* del original) *que toda persona que hasta la fecha lo hubiese visto había caído muerta al instante.*

No se trataba pues de una boca desmesurada y diabólica, de unas orejas puntiagudas y descomunales, de una triple-papada gigantesca . . . o de unos ojos saltones y siniestros—todo lo cual poseía aquel temible retrato—; se trataba de un conjunto, de una carga tan pavorosa de horror y de malignidad, de bestialidad y de estupidez, . . . que no se había encontrado aún criatura viviente que pudiese enfrentarlas.

. . . Hice, sí, un trabajo perfecto, pues *puse en esa obra toda mi furia y mi genio, además de mi lucidez sifilítica* . . . el mismo Fernando VII mandó velar el lienzo temiendo por su propia vida . . .

Con gran éxito ha participado ése, mi cuadro, en numerosas campañas militares y en los más connotados conflictos bélicos. Él fue el causante de la exterminación de los indios en todas las Antillas y en gran parte de sur y norteamérica, y el creador de los inmensos desiertos que hoy existen en los varios continentes . . . Como el odio de su majestad a la Isla de Cuba era tan grande, . . . ordenó que aquel retrato (o arma temible) se colgase en el centro del más elegante salón habanero. (124-25, mi énfasis)

Este fiel y mortal retrato de Fernando VII aparece mencionado en *Cecilia*, y el narrador se detiene, aunque sólo un momento, sobre él: Solfa, compañero de estudios de Leonardo que parece ser el menos frívolo, observa "con sonrisa amarga que mientras aquella loca juventud gozaba a sus anchas de los placeres del momento, el más estúpido de los reyes de España parecía contemplarla con aire de profundo desprecio" (230). La elaboración que Arenas hace a partir de estas dos líneas de narración es un ejemplo elocuente de otra de sus estrategias en esta novela: la de hacer tema expreso de aspectos que pueden pasar fácilmente desapercibidos en la *Cecilia* de Villaverde.

Arenas ("quien piensa que es nada menos que el mismísimo Goya") y "Goya" "pintan" fieles retratos escandalosos y horrorosos, que son producto de la furia, el genio y la "lucidez sifilítica." En este mismo sentido, y como mencionamos antes, Villaverde y la crítica tradicional describen a *Cecilia* como "fiel pintura;" y para Don Cándido, además, este autor es otro "degenerado." Lo que ocurre es que también el "retrato" de la sociedad habanera que Villaverde presenta al público en *Cecilia Valdés* es un escándalo, y el autor se disculpa largamente por ello. En la dedicatoria, por ejemplo, califica a su novela de "tristes páginas":

> Lejos de Cuba y sin esperanza de volver a ver su sol, sus flores ni sus palmas, ¿a quién sino a vosotras, caras paisanas, reflejo del lado más bello de la patria, pudiera consagrar, con justicia, estas *tristes páginas*? (Prólogo 3, mi énfasis)

Y luego en el prólogo afirma:

> me ha salido *el cuadro tan sombrío y de carácter tan trágico*, que, cubano como soy hasta la médula de los huesos y hombre de moralidad, siento una especie de *temor o de vergüenza presentarlo al público* sin una palabra explicativa de disculpa.
> . . . Reconozco que habría sido mejor para mi obra que yo hubiese escrito un idilio, un romance pastoril, . . . pero esto, aunque más entretenido y moral, no hubiera sido *el retrato* de ningún personaje viviente, ni la descripción de un pueblo de carne y hueso, sometido a especiales leyes políticas y civiles, imbuído en cierto orden de ideas y rodeado de influencias reales y positivas.
> . . .
> Lo único que debo agregar en descargo de mi conciencia, por si alguien juzgase que *la pintura no tiene nada de santa ni de edificante*, es que . . . [l]o más que me ha sido dado hacer es abstenerme de toda pintura impúdica o grosera, . . . porque nunca he creído que el escritor público, . . . haya de olvidar que le merecen respeto la virtud y la modestia del lector. (6, mi énfasis)

Según Villaverde, pues, su retrato no es nada grato, y ello lo precisa a disculparlo. Pero aún en el texto de la novela su narrador se disculpa. En la segunda parte, por ejemplo, ve la necesidad de ofrecer una explicación: va a entrar directamente en la descripción del espacio puramente mulato, va a cruzar la frontera y a presentar a la gente de color en su propio mundo y ya no sólo en el mundo donde los blancos pueden ver a los mulatos. Por esto explica esta peculiar ocurrencia desde las primeras líneas:

> Tenemos que dejar por breve tiempo estos personajes, para ocuparnos de *otros que no por ser de inferior estofa representan en nuestra verídica historia papel menos importante.* Nos referimos ahora al célebre tocador de clarinete, José Dolores Pimienta. Para verle con la aguja en la mano, ...*fuerza es que pasemos* a la sastrería del maestro Uribe. (197)

Se trata de la sastrería de un mulato, llena de mulatos, hombres y mujeres, trabajando y haciendo su discurso crítico de la sociedad blanca que los excluye antes de que los señoritos lleguen a recoger sus vestidos para el gran baile.

Así pues, cuando el "cuadro" puede ser motivo de escándalo el narrador ofrece pronto una disculpa. Pero no siempre la "pintura" corre a cargo del narrador. Otra estrategia narrativa es la de poner el relato en labios de los personajes "de color." Uno de los capítulos, de rasgos metaficticios,[49] presenta a una esclava del ingenio narrando los avatares de su vida a las señoritas Gamboa y a Isabel y su tía. Es de noche, y se encuentran reunidas en secreto para escuchar la narración porque Doña Rosa Gamboa tiene prohibida la entrada de la esclava en su casa. El relato de la esclava expone a las niñas a ese otro mundo donde la violencia impide la correcta aplicación de los mandamientos cristianos, y ellas no pueden entenderlo:

> "Se me cae la cara de vergüenza. Entre todos mis pretendientes, el carpintero vizcaíno que estaba aquí a mi llegada, creí que me cumpliría la palabra de libertarme; y en mala hora le fui infiel a Dionisio [mi marido]. Entonces nació Tirso ..." ...
> *Las señoras* del auditorio, *escandalizadas* del descoco de la negra, *manifestaron su desaprobación con un murmullo general y marcado.* La nodriza, tirando a enmendar la falta, añadió a la carrera:
> *"Las niñas me han de dispensar si he dicho algo malo. Pero pónganse en mi lugar por un momento."* (512-13, mi énfasis)

En esta escena, el narrador, a la vez que permite que el escándalo del relato ocurra, prevé y se solidariza con la desaprobación de su audiencia blanca. Pero de todas maneras, y a pesar de tantas reticencias y excusas, la novela de Villaverde cruza la frontera, entra al terreno de lo Otro y hace su retrato escandaloso. Las palabras finales de la esclava podrían ser también del narrador, o del mismo Villaverde: "las niñas me han de dispensar si he dicho algo malo." La misma esclava narradora es reticente y sabe preparar a su público: "¡Ay, niña del alma, déjeme llorar!," "[s]u merced no sabe, ni Dios quiera que sepa nunca, por lo que pasa una esclava," "¡ay, niñas, no quisiera acordarme!" (507, 511).

Este relato de la esclava es también el que más explícitamente señala a Don Cándido como adúltero y padre de una mulata, y de nuevo el recuento está lleno de temor y reticencia:

—. . . Tampoco me atreveré a decir esta boca es mía.
—¿Qúe temes?
—¡Ay, niña . . .! Temo mucho, temo todo. Los negros han de mirar primero cómo hablan. (521)

Esta es la irreverencia a la que se refiere Arenas, y que debe ser reactivada. Para el lector de finales del siglo XX es muy difícil percibir nada revolucionario en esta entrada de la novela al mundo de la "gente de color," así como la radicalidad de su crítica a la sociedad blanca; estos componentes de *Cecilia Valdés* desaparecen hoy tras la ideología racista, que se presenta como lo más evidente para nuestro lector contemporáneo y tiende a opacar todo lo demás.

Así pues, el contínuo "Villaverde-Goya-Arenas" de *La Loma del Ángel* presentado hasta aquí, pretende reactivar la irreverencia y el escándalo presentes en la "obra original." Sin embargo, y con toda la relevancia que esto tiene, hace aún algo más. La aparición de estos autores como personajes en *La Loma del Ángel*, así como la presencia de otros personajes históricos, produce además otros efectos en la novela, efectos que nos regresan, para terminar, a nuestro problema inicial: a la reflexión sobre el carácter de "la realidad" "cubana" y sobre el estilo más apropiado para "describirla."

El narrador de *La Loma del Ángel* muestra a un "Villaverde" inmerso dentro de los procesos concretos de producción y distribución de literatura y como lector de la novela que lo parodia. "Arenas" aparece como autor, criticado también por los personajes. Tales presencias producen el efecto de dar mayor realidad a los personajes ficticios y de desrealizar, de cierta manera, a los autores, cuestionando el estatuto ontológico de todos por igual. De esta manera, el uso de personajes históricos que en *Cecilia Valdés* quería ser garante de realidad, produce en *La Loma del Ángel* un efecto contrario: esta novela, en lugar de posicionarse dentro del contínuo de "la realidad" al fundirse con ella gracias a una aparente objetividad (como sí quiere hacerlo *Cecilia*), se afirma como texto ficticio, como artificio, y contamina de ficción a la misma realidad. La supuesta "realidad" se convierte en un mundo textual donde los personajes históricos y ficticios conviven, todos igualmente reales, y por igual producto de artificio. *La Loma del Ángel* constata el carácter real de los personajes de ficción, y enfatiza el artificio que toda "descripción" de la realidad comporta. Por supuesto hablar de artificio y de ficción no significa irrealidad ni falta de operatividad: *Cecilia Valdés* tiene toda la realidad de un arma de combate usada en las luchas por el poder, realidad similar a la del famoso retrato de Fernando VII y realidad que tal vez Arenas quiere para su novela.

La novela de Arenas asigna a *Cecilia Valdés* y a sus personajes toda la realidad que en verdad tienen, como mitos de fundación que definen a la nación cubana pero que no son absolutos y pueden reexaminarse y replantearse. Por otro lado, al tematizar a Villaverde como ser concreto cuya actividad literaria ocurre en el marco de un proyecto político determinado y específico, relativiza la supuesta trascendentalidad de su "yo," e invita al lector a localizar en el estilo y en el argumento de su novela los intereses del grupo al que pertenece.

Cecilia, Don Cándido, Isabel, son tan reales como Arenas. Villaverde y Arenas, los autores de Cecilia Valdés, son tan ficticios como ella. Todos se sitúan dentro de un contínuo literario que sostiene que la pretendida frontera entre la realidad y la ficción no existe, y que por tanto ningún estilo se "limita" a copiar: todos inventan, "en el buen sentido de la palabra," y construyen un mundo donde realidad y ficción son inseparables, donde mirar es leer, y escribir reelaborar un artificio. Donde leer y escribir no se oponen como actividades diferentes, porque escribir sobre la realidad es escribir acerca de los textos que ya antes la han elaborado, pues la escritura no se diferencia tanto de la lectura como Fernández Retamar quería en su *Calibán*. Como lo afirma su prólogo, *La Loma del Ángel* practica la literatura como re-escritura o parodia: los pretendidos retratos de lo "original" y de lo "genuino" son también construcciones artificiosas, con la diferencia de que se empeñan en negarlo.

La Loma del Ángel, a través de su destrucción de estos absolutos, abre para sí un espacio autorizado para entrar en la disputa por lo

129

cubano. La novela afirma que la tradición cubana se escribe fuera de la Isla, y que sus rasgos son la rebeldía y la "búsqueda incesante de redención."

NOTAS

1. Jenny, "The Strategy of the Form." En este artículo, el autor describe a la parodia como una forma explícita de intertextualidad. Con respecto a la intertextualidad señala que sin ella el texto literario sería ininteligible, pues el lector capta su significado sólo a través de la relación de éste con arquetipos abstraídos de una larga serie de textos, añadiendo que la relación con tales arquetipos, sea de realización, transformación o transgresión, es la que en gran parte define a la obra. Todo texto se refiere, implícita o explícitamente, a otros textos. En palabras de Julia Kristeva, quien elaboró el término a partir de los plateamientos de Bajtin, todo texto es un mosaico de citas y una absorción y transformación de otro texto. Esto es la intertextualidad.

2. En secciones subsiguientes me detendré en detalle sobre este aspecto.

3. La definición de "parodia" de Hutcheon es la que me resulta más productiva en el presente análisis: como afirma Bajtin, la parodia se transforma constantemente en respuesta a las condiciones históricas cambiantes, en un esfuerzo por modificar las formas literarias que han sido monologizadas (Sklodowska, *La parodia* 23), y por tanto no hay univocidad semántica posible en su concepto. La definición de Sklodowska es demasiado amplia:"presencia permanente, no incidental, de un pre-texto (texto originador) dentro del texto estudiado," "pretexto" que puede ser varias obras de un autor, un conjunto de convenciones, una obra concreta, una amplia nómina de autores, etc. (*La parodia* 14). La rigidez de la clasificación de Genette, por su parte, hace imposible su utilización estricta, pero sí llama la atención sobre el amplísimo espectro de formas de re-escritura, formas que el acercamiento de Sklodowska podría pasar de largo. Señalaré tales precisiones en el momento de analizar los textos en detalle.

4. Coincido con Hutcheon cuando ella prefiere la noción de "autor inferido" a la de "autor implícito." Hablar de la importancia de considerar la intencionalidad inferida del texto "does not mean that we have to return to a Romantic interest in the extratextual intention of the god-like creator; it is more a matter of inferring the activities of an encoding agent . . . [of understanding] the author as a position to be filled within the text, as inferred by us as readers" (Hutcheon, *A theory of Parody* 86). Con respecto a la competencia semiótica, la autora afirma: "parody codes have to be shared for parody to be comprehended . . . [R]eaders . . . must know the text or conventions being parodied . . . [I]f readers miss a parodic allusion, they will merely read the text like any other: the *pragmatic ethos* would be neutralized by the refusal or inability to share the mutual code that would permit the phenomenon to come into being" (93, 94, mi énfasis).

5. Hay diferencias radicales e importantes entre estos dos textos decimonónicos, sin embargo, y también en la forma en que uno y otro son incorporados a la tradición. Pero esto lo examinaremos más adelante.

6. Utilizando un pseudónimo, Casal publica una crónica que trata de suavizar la polémica: "A través de la ciudad. El centro de dependientes" (1889). Los centros de dependientes eran residencias masculinas que albergaban a los inmigrantes europeos, "centros," en palabras de Casal, "de instrucción y recreo," que ofrecían clases como contabilidad y gramática, y contaban con un salón de baile. Céspedes los señala en su estudio como focos prominentes de prostitución masculina; Giralt, por su parte, asume la defensa de los europeos, y afirma que son sus clientes criollos los culpables de la situación, y que el tratado de Céspedes es más bien un tratado anti-europeo independentista. Casal visita el edificio, describe su funcionamiento, y sentimentaliza el problema eludiendo referirse a la sexualidad, planteando la amistad de estos jóvenes en los términos fraternales de quienes se apoyan mutuamente en tierra extraña. Según Montero, Casal asume esta actitud para protegerse contra la homofobia del momento (105).

7. No pretendo restar crédito al ensayo de Fernández Retamar en lo que contiene de descolonizador para el pensamiento latinoamericano. Las dos primeras partes son brillantes, pero la tendencia general a partir de allí es dogmática.

8. 1966 es también el año de publicación de *Biografía de un cimarrón*, de la cual se hizo una edición de 20.000 ejemplares. *Paradiso* se publica cuando están en pleno funcionamiento las UMAP (Unidades Militares de Apoyo a la Producción), campos de trabajo y reeducación de individuos de "conducta impropia," principalmente homosexuales. Existe una película con este título, *Conducta impropia*, de Néstor Almendros, conformada por entrevistas sobre este tema hechas a cubanos en el exilio; uno de los entrevistados es Reinaldo Arenas.

9. Sólo Eliseo Diego escribió sobre *Celestino* un artículo crítico, aparecido en *Casa de las Américas* con motivo de la publicación de la novela, en 1967. En su artículo, Diego asume lo que evidentemente es una defensa de la novela, aunque falta la voz del otro interlocutor; elogiando sin reservas la forma narrativa de la novela, señala que "pocos libros se han publicado en nuestro país donde las viejas angustias del hombre del campo se nos acerquen tan conmovedoramente, haciendo así de su simple exposición una denuncia mucho más terrible que cualquier protesta deliberada" (165), añadiendo que "A los personajes que allí se reflejan les bulle el alma en el cuerpo, lo mismo en el que está hecho de aguas, allá adentro, que en el otro, hecho de la tierra de Cuba . . . Celestino ha venido con el alba, pero ya no se marchará más. Está aquí para quedarse, afortunadamente, porque el sueño de la Isla no se completaría nunca sin él" (166).

10. La información presentada hasta aquí en relación a las publicaciones está documentada en el artículo de E. Rodríguez Monegal, "La nueva novela vista desde Cuba" (1975). Seymour Menton (1975) y Francisco Soto (1994) presentan detalladamente los diferentes períodos por los que pasó la política cultural cubana hasta los años setenta.

11. Emir Rodríguez Monegal afirma que la crítica cubana de esos años se reproduce a lo largo y ancho del continente. "La abrumadora mayoría de la "intelligentsia" latinoamericana se puso al servicio de la revolución, . . . lo que se publica o decreta desde Cuba cobra inmediatamente efecto en cada uno de los países latinoamericanos," y de ahí la "importancia decisiva que ha tenido la política cultural del gobierno cubano en la promoción y difusión de la nueva novela latinoamericana" (1975, 648).

12. La UNEAC fue fundada en 1961, "con el propósito de reconocer el nuevo status de los escritores cubanos y su rol en la sociedad cubana" (cit. Soto, *The Pentagonía* 14).

13. Hay que añadir que los elogios de Martí al Villaverde escritor son muy tibios, y que en el artículo que cito se concentra en el Villaverde patriota. El artículo sobre Casal sí se concentra en la obra de este poeta, y aunque no la elogia con fervor, tampoco recurre a los argumentos corrientes cuando se habla de este autor: es enfático en afirmar que Casal "aborrecía lo falso y lo pomposo." La presentación de Casal que hace Cintio Vitier en *Lo cubano en la poesía* sigue la misma línea marcada por Martí; aunque lo describe como una de las voces "más genuinas y originales que hemos tenido" e insiste en que no se debe hablar de él en términos de "evasión ni escapismo," señala a Casal como "antítesis de Martí," con todo lo que ello implica: "Si Martí encarna entre nosotros las nupcias del espíritu con la realidad, con la naturaleza y con la tierra misma, Julián del Casal significa todo lo contrario" (284). El libro de Vitier es de 1958, y el Instituto Cubano del Libro lo reeditó en 1970.

14. Ángel Rama, comentando en 1981 acerca de la situación de Arenas en Cuba, afirma que "en sus soliloquios de crítico" ha "soñado muchas veces que explicaba a Fidel que eso que él siente que es la revolución era lo que encendía la escritura de *El mundo alucinante* . . . Pero los conflictos del poder político y la literatura, . . . debían ser ilustrados otra vez, . . . [p]ara tragedia de las letras cubanas" ("Reinaldo Arenas al ostracismo" 333).

15. El periódico oficial *Granma* anunciaba así las bases del concurso: "un libro donde se documente, de fuente directa, un aspecto de la realidad latinoamericana actual" (Soto, *The Pentagonía* 27).

16. Sarduy "El barroco y el neobarroco" (175, 183). Publicado en 1972, este estudio es obviamente una respuesta a Fernández Retamar y a toda la crítica cubana oficial, y se presenta como revolucionario también y gracias precisamente a los "mariposeos" de los que Retamar lo acusaba en *Calibán* (1971).

17. Aquí adopto el término de González Echevarría, quien prefiere hablar de "transacciones textuales" a emplear el término de "diálogo textual" por parecerle éste "una noción un tanto dócil de intercambio" (*Isla a su vuelo* 182).

18. *El mundo alucinante. Una novela de aventuras.* México: Editorial Diógenes, 1969. La edición de Alfaguara de 1998 recupera el subtítulo.

19. En estos términos describe Maíz-Peña el proceso de escritura de la biografía, a propósito de *Antonieta*, de Fabienne Bradu (México: FCE, 1991).

20. Si nos guiamos por la Introducción, vemos que el texto está dirigido a la comunidad científica revolucionaria. Sin embargo Barnet es consciente de que en alguna medida está haciendo literatura: "Sabemos que poner a hablar a un informante es, en cierta medida, hacer literatura. Pero no intentamos nosotros crear un documento literario, una novela" (8). Hay que anotar aquí también que aunque Barnet en ese momento no presentó su texto como literario, éste sí se constituyó muy pronto en uno de los paradigmas que definió el nuevo género de la "novela-testimonio."

21. Sklodowska señala esta problemática como "capítulos fantasma" del texto. El artículo de Nancy Morejón sobre la cuestión racial en *Cecilia Valdés* es una muestra de que el tema racial no es un tema irrelevante para el momento.

22. Así describe Seymour Menton la autopercepción de la mayoría de escritores que publicaron entre 1961 y 1965, cuya producción caracteriza como literatura de exorcismo (*Prose Fiction* 10 ss). Rodríguez Feo lo plantea en términos de un "[ajuste] de cuentas con una situación que aún [agitaba] nuestra memoria como una pesadilla" (cit. Menton 11). También Ambrosio Fornet se refiere al tema: hablando de "el núcleo conflictivo de la novelística cubana" de los años sesenta afirma que "el protagonista, en pugna con su pasado, lo negaba, y reconocía así como superiores los valores sociales revolucionarios," y que "el tema del ajuste de cuentas (con el pasado), la toma de conciencia (del presente) y la purificación o el cambio de piel (para el futuro) ha sido el tema dominante, si no el único, de las novelas cubanas de la década del sesenta" (*Casa de las Américas* # 64, 1971, 184). Conociendo el caso de Arenas, habría que agregar que Fornet habla sólo de las novelas publicadas, y que el adjetivo "dominante" califica la situación en más de un sentido.

23. En 1969 (el mismo año en que en México se publica *El mundo alucinante*) la UNEAC premia a la novela *Las cercas caminaban*, de Alcides Iznaga. Uno de los jurados, Félix Pita Rodríguez (quien en 1966 fue también jurado de la novela de Arenas), describe así los méritos de la novela premiada: "lineal, directa, sin distorsiones de tiempo ni puntos de vista multidimensionales que conviertan el argumento en un anagrama" (cit. Menton, *Prose Fiction* 112).

24. Para elaborar esta sucinta biografía, relato por supuesto interesado, me baso en *Antes que anochezca*, la autobiografía de Arenas, y en varias entrevistas hechas al autor por Jesús Barquet, Ottmar Ette, Liliane Hasson, Mónica Morley y Enrico Mario Santí y Franciso Soto. Estos son también otros relatos, que a su vez entran en relaciones intertextuales con las novelas. Celina Manzoni estudia *Antes que anochezca* en tanto narrativa.

25. La edición de Alfonso Reyes es la segunda edición del texto de Mier. En 1876 José Eleuterio González la había editado como parte de su texto *Biografía del Benemérito Mexicano D. Servando Teresa de Mier Noriega y Guerra*.

26. Los subtítulos del texto de Mier son de este tipo: "Las pasiones se conjuran para procesar a la inocencia," "Las pasiones, bajo el disfraz de censores, calumnian a la inocencia," "Las pasiones infaman a la inocencia con un libelo llamado edicto episcopal."

27. Arenas asignaba igual importancia en el desarrollo de su escritura a las novelas experimentales y a las tiras cómicas. Afirma por ejemplo que "Pluto levitó antes que Remedios la Bella, saltando, brincando hasta las nubes y cayéndose constantemente sin nunca pasarle nada" (en Barquet 68). Servando es un poco así.

28. *Orlando*, escrita en 1928 y traducida en 1937 por J.L.Borges, fue una novela muy influyente dentro del desarrollo de la novela histórica hispanoamericana contemporánea. Rasgos suyos como el irrespeto por la conformación moderna del sujeto y por su cronología, la multiplicidad y heterogeneidad del "yo" y la simultaneidad de tiempos diversos en el presente, pueden rastrearse con facilidad en el texto de Arenas. Pero no es esto lo único que se encuentra a la base de este homenaje: está también la elaboración que la novela de Woolf hace en torno a los roles genéricos y a la orientación sexual homoerótica.

29. En la novela de Woolf no es Egipto sino Turquía, Constantinopla, el lugar donde Orlando pasa esa temporada y donde se efectúa su transformación. Esta diferencia puede venir de un simple olvido, pero puede también responder a una voluntad semántica que valdría la pena explorar.

30. Ángel Rama comprendió también este carácter revolucionario de los textos de Arenas. Comentando acerca de *El mundo alucinante*, Rama afirma que este autor es uno de los mejores narradores que ha dado la revolución cubana, y que basa su juicio tanto en "su soberana competencia artística" como "en su capacidad para traducir existencialmente, verídicamente, el clima revolucionario, el fragor, el desgarramiento, la intensidad, la autenticidad de una experiencia que ha puesto en vilo a toda una sociedad llevándola hasta el paroxismo" ("Reinaldo Arenas al ostracismo" 333).

31. González Echevarría afirma que "las luces" de la novela de Carpentier no se refieren sólo a las de la Ilustración sino también a las de la Cábala. Sin embargo yo creo que "las luces" ocultistas no son las que determinan el movimiento del texto, ni a nivel de los acontecimientos ni de la narración.

32. Reinaldo Arenas se encontraba en el exilio desde 1980. Durante los años que separan a estas dos novelas Arenas publicó cuatro más y vió a *El mundo alucinante* traducida a varios idiomas (su primera traducción fue al francés, idioma en el que fue publicada por primera vez, en 1968, ganando el premio francés a la mejor novela extranjera). Continuó además escribiendo cuentos, poesía y ensayos. En total Arenas escribió once novelas, dos de ellas publicadas póstumamente. Cinco novelas constituyen su "pentagonía": *Celestino antes del alba* (1967), *El palacio de las blanquísimas mofetas* (1980), *Otra vez el mar* (1982), *El color del verano* (1991) y *El asalto* (1991), novelas todas en las que su protagonista muere para reaparecer luego, con otro nombre y en un momento diferente de su vida, en la siguiente novela; sólo en la última no muere ya; Francisco Soto ha estudiado la pentagonía en su libro con el mismo título. Las otras novelas son *La vieja rosa* (1980), *Arturo, la estrella más brillante* (1984), *El portero* (1989) y *Viaje a La Habana* (1990). Roberto Valero, Liliane Hasson y Ottmar Ette han preparado una completa y utilísima bibliografía, publicada en el libro *La escritura*

de la memoria. Reinaldo Arenas: textos, estudios y documentación, compilado por O. Ette.

33. Villaverde escribe en 1839 un cuento titulado también "Cecilia Valdés," que aparece en la revista de folletines *La Siempreviva* en La Habana, y en ese mismo año publica un primer tomo de la novela que planeaba escribir. Estos dos textos son sin embargo radicalmente diferentes al texto de 1882 (Ver Jean Lamore, Introducción).

34. El cafetal era una plantación que en la época rodeaba las casas campestres de recreo. Mientras se mantuvo alto el precio del café no fue objeto de explotación rigurosa.

35. Octavio Paz en *Los hijos del limo* señala que el modernismo hispanoamericano fue nuestro verdadero romanticismo. Este estudio de Paz es fundamental para la comprensión del fenómeno del romanticismo desde su manifestación alemana e inglesa, pasando a través del modernismo hispanoamericano y el simbolismo francés, hasta las vanguardias artísticas de comienzos del siglo XX.

36. Esta *Autobiografía*, dentro de la lectura de los dos procesos de fundación nacional cubanos que he venido realizando, aparece como un homólogo de *Biografía de un cimarrón*. W. Luis afirma que "in 1835 Del Monte requested that Manzano write his autobiography. However, to make it presentable to an interested public, Manzano's story was altered before it reached its readers" (83).

37. La primera persona en plantear estos interrogantes fue Carolina Poncet en su estudio sobre *El romance en Cuba* de 1914. Cintio Vitier en su prólogo a la edición de 1960 de *Espejo de paciencia* cuenta la historia del manuscrito y de sus ediciones (12-17) y ofrece fragmentos del texto de Poncet (23-29).

38. Ya en el apartado sobre Casal y Arenas del presente capítulo, hice una presentación de la poética Revolucionaria, en cuanto a sus exigencias temáticas y de estilo. Por eso en este punto no me detendré sobre ello.

39. Morejón maneja con sumo cuidado el delicado tema del racismo en Cuba: a la vez que lo identifica como problema que subsiste dentro de la Cuba Revolucionaria, afirma que "Cuba es ejemplo de 'Pueblo Nuevo,' afroamericano, o, como dijera recientemente Fidel, latinoamericano" (15).

40. Sin embargo, el hecho mismo de que en *Cecilia Valdés* no aparezca ningún personaje eclesiástico de rasgos positivos es irreverente de por sí en el contexto de producción de la novela. En el prólogo Villaverde se excusa de no haber encontrado ningún personaje que entre 1812 y 1831 "pudiera representar con mediana fidelidad el del enérgico padre Cristóbal o el del santo Obispo Carlos Borromeo" de otras novelas (6).

41. Se trata de los mismos reclamos de Morúa Delgado a Villaverde en el artículo de 1891 que ya hemos citado, donde además de señalar el prejuicio racial que permea la novela, critica sus construcciones "en pugna con la gramática," su "descuido ortográfico," de puntuación, de conjugaciones verbales (135).

42. Morúa Delgado, en el artículo crítico de 1891 que ya hemos citado, presenta los "problemas de estilo" de *Cecilia* con detalle, y con humor:

Óigase esto (página 526): "¡Eh! Viene él hoy." ¿No parece que [Cecilia] apercibe a otros de *la venida de Eloy*? Pues no hay tal... Pero Leonardo se ha inficionado también de armonías éuscaras, y le dice en amorosa riña: "¡Ah! ¡Vengativa! ¿Esas *teniendo*?" Y Cecilia, que es una muchacha muy inteligente, comprende en seguida que su amante quiere decirle: "¿Esas tenemos?" Y así por el estilo. (135)

43. El final de este episodio es un obvio comentario paródico a la muerte de Mackandal en *El reino de este mundo* de Carpentier:

> A media noche, cuando llegaron las tropas y a balazos lograron reducir a escombros la infernal máquina de vapor, miles de negros habían cruzado por los aires el inmenso batey, estrellándose contra las montañas, cerros, palmares y hasta sobre la lejana costa.
> Pero el resto de la dotación, sin autorización de don Cándido, tocó esa noche el tambor en homenaje a aquellos valientes que se habían ido volando para el África. (97)

Este comentario a Carpentier podría ser un homenaje.

44. El batey de los ingenios es por el contrario rudimentario y primitivo, caracterizado por la ineficiencia y el desperdicio de los recursos; la zona azucarera carece además de escuelas e iglesias, "símbolos del progreso y de la civilización" (*Cecilia* 428). Como señala J. Lamore, el cafetal de Isabel es el cafetal romántico en el cual se ignora que los negros sudan y trabajan (31).

45. Para el personaje de Leonardo, mientras Cecilia es su "diablito en forma de mujer," locura, embriaguez, peligro constante, Isabel "tiene la virtud del erizo," es mármol, e infunde respeto y admiración (414).

46. En la época era muy popular el dicho de "mulata nació para querida." Villaverde de hecho recurre al tema más frecuente en la narrativa de la época, el de "la mujer de color," símbolo de pecado, incesto, supersticiones, pasiones y crímenes (Lamore 14).Cecilia es la mulata ardiente y sensual, mujer fácil y mujer fatal, la "mulata llena de sexo pero vacía de seso" que llenaba las conversaciones masculinas de la época (Lamore 36). Jean Lamore sostiene que en la época se veía con desconfianza al grupo mulato y a su crecimiento por el concubinato; la ley trataba de controlar la situación prohibiendo los matrimonios mixtos, para así vedarles al menos el estatus de herederos. Esta legislación se mantuvo vigente hasta 1881 (Lamore 42). El color de Cecilia era un color legal: dada su apariencia blanca, su clasificación como "persona de color" no es producto de su apariencia física sino de la imposibilidad de certificar "pureza de sangre."

47. Acerca de la relación de la Condesa de Merlin con el grupo de Delmonte, ver C.E.Martin, "Slavery in the Spanish Colonies."

48. También Charo, la mulata madre de Cecilia, es mirada con simpatía al optar por la locura ante el dolor que le causa la pérdida de su hija; algo similar ocurre con Cecilia cuando es niña y "chancletea" por las calles de La Habana tratando de acallar con el ruido las preguntas por su origen, y con Josefa, quien "traspasada" de dolor como por un cuchillo reemplaza a la Virgen Dolorosa en su nicho hacia el final de la novela.

49. Esta idea la he tomado de un artículo de Doris Sommer titulado "Cecilia no sabe o los bloqueos que blanquean." Sin embargo Sommer trata de manera diferente este punto y con conclusiones diferentes a las mías con respecto a la novela.

CAPÍTULO 3
GERTRUDIS GÓMEZ DE AVELLANEDA: TRANSGRESIÓN FEMINISTA, EXCESO Y AMBIGÜEDAD

> . . . *superior e inferior a mi sexo, me en-*
> *cuentro extranjera en el mundo y aislada*
> *en la naturaleza.*
>
> Gertrudis Gómez de Avellaneda
> Carta a Ignacio de Cepeda, 1839

> *L'intéret qu'inspire une femme, la*
> *puissance qui garantit un homme, tout*
> *lui manque a la fois: elle promène sa sin-*
> *gulière existence, comme les Parias de*
> *l'Inde, entre toutes les classes dont elle ne*
> *peut être.*
>
> Germaine de Staël
> "Des Femmes qui cultivent
> les Lettres," 1800

En el presente capítulo haré una presentación de dos novelas de Gertrudis Gómez de Avellaneda (1814-1873) en tanto re-escritura de textos anteriores a ellas. Se trata de *Guatimozín, último emperador de México* (1846) y *El cacique de Turmequé* (1871). En la primera de ellas Gómez de Avellaneda re-escribe dos crónicas de descubrimiento y conquista del siglo XVI: la *Historia verdadera de la conquista de la Nueva España* (1632) de Bernal Díaz del Castillo (escrita hacia 1579) y las *Cartas de relación* (1519-1526) de Hernán Cortés. La segunda novela, *El cacique de Turmequé*, es una re-escritura de *El carnero. Crónica de la conquista y descubrimiento del Nuevo Reino de Granada* de Juan Rodríguez Freile, escrita en 1638 y publicada en 1859.

Guatimozín, último emperador de México es una novela histórica que quiere rectificar desde la perspectiva de los vencidos la historia contada por las dos crónicas más reputadas de la conquista de México, y que, como adelante veremos, representa una incursión de su autora en un género literario "impropio" de su sexo. *El cacique de Turmequé*, separada quince años de la anterior, re-escribe uno de los episodios de la popular crónica colonial conocida como *El carnero*, poniendo un énfasis, ahora, en la re-descripción de sus personajes femeninos.

Como se verá, la práctica de la re-escritura no es infrecuente en el conjunto de la obra de Avellaneda, todo lo contrario. He elegido para mi estudio estas dos novelas por ser ellas los casos más específicos en los cuales la autora emprende de manera consciente y rigurosa una re-escritura. A ello se añade el carácter canónico de los textos de Bernal Díaz, Hernán Cortés y Rodríguez Freile dentro de la historia literaria hispanoamericana, "historia" que en el momento de Avellaneda está justamente comenzando a elaborarse.

En cuanto re-escritura rigurosa, las dos novelas que estudiaré en este capítulo pertenecen al mismo *corpus* que *El mundo alucinante* y *La Loma del Ángel*, las novelas de Reinaldo Arenas que acabamos de presentar. El momento histórico de su producción introduce, sin embargo, variaciones fundamentales dentro de las características de esa re-escritura. Las novelas de Reinaldo Arenas pertenecen al universo discursivo posmoderno, y se sitúan por ello a una distancia irónica con respecto a los conceptos definitorios de la modernidad. Por el contrario, las novelas de Avellaneda, escritas en 1844 y 1860, se producen en plena modernidad y comparten con ella sus conceptos fundamentales de Sujeto, Realidad e Historia. Sin embargo, la marginalidad en la que se encuentra su autora como mujer y como escritora con respecto a esa modernidad hace que su obra, si bien moderna, establezca una distancia crítica con respecto a los paradigmas modernos, comparable en su contexto a la que lleva a cabo Arenas en las suyas, aunque de características diferentes.

Por todo ello, la carga conceptual posmoderna que tiene el concepto de parodia que he venido utilizando hace que deba dejarlo en el momento de describir la re-escritura de Avellaneda. Si bien se aplican a ésta los contenidos de "repetición con distancia crítica" y de sujeto productor excéntrico (Hutcheon, *A Theory of Parody* 5, *Poetics of Postmodernism* 35), varios otros componentes paródicos se hallan necesariamente ausentes, pues no en vano separa un siglo a sus autores.

Las novelas de Avellaneda llevan a cabo una crítica del paradigma moderno que excluye a su autora pero no pueden negarlo. Con todo, aunque los conceptos modernos de Verdad, de Realidad y de Individuo coherente y homogéneo conservan en sus textos toda su validez, no logran salir de allí del todo ilesos; como veremos, las dos novelas exploran la exclusión de los sujetos femeninos y "salvajes" de la categoría de Individuo, con todo lo que ello implica para la crítica a los conceptos de Verdad y de Realidad.

Sin ser parodias, estas novelas de Avellaneda sí son, como las de Arenas, hipertextos: una lectura de ellas sólo será completa si se efectúa en función de los hipotextos coloniales sobre los cuales fueron construidas. Son novelas que invitan al lector, como las de Arenas, a una lectura relacional, "palimpsestuosa" (Genette, *Palimpsestos* 495). Son hipertextos que en cuanto tales, y como los de Arenas, al situar en primer plano su textualidad, tematizan con ella los tres componentes del acto de enunciación autor-texto-lector. De nuevo, como en todo texto, pero imprescindible en los hipertextos, el estudio de su contexto de producción y del público receptor se impone. Así pues, simultáneamente a la lectura rigurosa de los textos de Avellaneda estudiaré la recepción crítica que se ha hecho de su obra en general y en particular de sus novelas, desde el momento de su publicación hasta nuestros días.

Antes de pasar a ello, debo señalar que hay aún otro aspecto que Reinaldo Arenas y Gertrudis Gómez de Avellaneda tienen en común: se trata de dos autores cubanos que escriben en contextos de fundación nacional pero que sin embargo son figuras marginales dentro de ese proceso, dos cubanos que escriben cuando la institución literaria está elaborando la "tradición cubana" y que quedan por fuera de ella.

1. GERTRUDIS GÓMEZ DE AVELLANEDA EN LOS CONTEXTOS ROMÁNTICO Y NACIONALISTA

> *¿A quién escogerías por tu poetisa, oh apasionada y cariñosa naturaleza americana?*
>
> José Martí
> "Poetisas americanas," 1875

El lugar de Gertrudis Gómez de Avellaneda dentro de "la literatura cubana" ha sido siempre objeto de disputa, tanto en vida de la autora como después de su muerte. Si bien ocupó un lugar destacado dentro de la institución literaria cubana de comienzos de la república, ese lugar ha devenido cada vez más incierto desde entonces. Como a Arenas, curiosamente, la crítica ha acusado con frecuencia a esta escritora de ser poco cubana y de formalista en exceso, despojando sus novelas de sentido político y describiendo su literatura como pura artificialidad libresca que evade "el compromiso," "compromiso" definitorio de "lo cubano."

Gertrudis Gómez de Avellaneda y Arteaga (1814-1873) nació en la ciudad cubana de Puerto Príncipe, hoy conocida como Camagüey. Hija de una de las más prominentes familias camagüeyanas, su educación estuvo a cargo de tutores particulares y tuvo a su disposición sofisticadas bibliotecas privadas. Creció con las novelas de Walter Scott, René de Chateaubriand y Madame de Staël, y fue en Camagüey una de esas jóvenes "lectoras románticas" que luego serían personajes de sus novelas. Romántica rebelde e insatisfecha, ya desde Puerto Príncipe su desobediente rechazo al matrimonio y su voluntad de ser escritora se convierten en centro de murmuraciones. A los veintidós años, en 1836, deja su pueblo natal para ir a España, coincidiendo por primera vez sus deseos con los de su padrastro, y ya en España logra en compañía de su hermano irse a Andalucía, patria del amado padre que perdió a los nueve años de edad.[1]

A partir de 1838, establecida en Sevilla primero, y luego en Madrid desde 1840, se dedica a hacer de su vocación literaria una profesión, empeñada en convertirse en una "mujer de letras." El año de 1840 es año de pleno auge del romanticismo en España, romanticismo que allí como en otros países europeos, y atendiendo a sus principios básicos, tuvo que dar lugar en su seno a las mujeres como escritoras, sin llegar sin embargo a hacerles fácil esta ganancia, y por el contrario restringiéndoles mucho sus posibilidades de actuación dentro de él. La "naturaleza sensible" tradicionalmente asignada a "la mujer" y privilegiada por el romanticismo, así como el desarrollo de la industria editorial, hacen del Madrid de mediados del siglo XIX un contexto ideal para el surgimiento de las mujeres como productoras de literatura y para el desarrollo de un amplio público femenino.

Avellaneda, en Sevilla como en Madrid, dedica jornadas largas y disciplinadas al oficio de escribir, a la vez que cuida rigurosamente su contacto con los periódicos que publican sus poemas y con los principales personajes de la escena literaria, cuyo padrinazgo hace posible en buena medida la publicación de su poesía y sus novelas, así como la puesta en escena de sus numerosas obras de teatro. Para 1846 ha publicado tres novelas, una colección de poemas, y ha llevado a escena varias piezas dramáticas con gran éxito, convertida ya en figura importante y promotora del teatro madrileño; y éste era sólo el comienzo de su carrera. Nina M. Scott describe muy elocuentemente esos comienzos de Avellaneda como figura literaria española:

When one first looks at Avellaneda's life, one wonders how she as an outsider managed so deftly to infiltrate the masculine literary world and establish herself as a successful poet, playwright, and novelist. She soon learned to parlay her physical attractiveness, her exotic background, and an undeniable literary talent into useful connections with men of influence in the world of letters. A case in point is his strategy with Alberto Lista (1775-1848), thinker, educator, and "unquestionably the most learned and influential critic of the day" . . . After being left an inheritance by recently deceased members of her father's family, she finally had the economic means to move to Madrid and asked Lista for a letter of introduction to Nicasio Gallego, a well connected poet and member of the Madrid Lyceum. (Introduction xiii-xiv)

A pesar de la sofisticación de sus textos y de su dedicación al trabajo, que tanto se destacan en el desarrollo de su carrera, la mayoría de los estudios tradicionales de su "vida y obra" se concentran fundamentalmente en describir las tumultuosas y a veces "pecadoras" relaciones amorosas de Avellaneda (Cotarelo y Mori 133).[2] Se trata de estudios para los cuales su obra es un apéndice a sus pasiones amorosas, análisis donde más que sus textos se destacan los nombres de Ignacio de Cepeda y Alcalde o Gabriel García Tassara (los más tempestuosos de sus amores), y que dejan en los márgenes otros contextos relevantes para la lectura de su obra, e incluso el estudio riguroso de la misma. La crítica tradicional no da por tanto a su obra la relevancia y trascendencia que tiene; leyendo tales discursos uno llega a preguntarse cómo, dentro de esa borrasca amorosa a la que parece reducirse su existencia, tuvo claridad mental y tiempo para la sofisticación y prolijidad de su obra, así como para hacerla circular, publicar y reconocer.

La crítica tradicional suele, pues, dejar de lado el estudio detallado y profundo de sus textos, siendo más sensible este hecho en lo que se refiere a su obra en prosa. Muy a menudo estos estudios enumeran apenas sus novelas para pasar luego a descalificarlas como producciones menores de una autora que definen por su obra poética y cuya escritura es "desahogo" a una pasión amorosa y sensual sin paralelo en la historia de la literatura en castellano.[3]

De la posición agresiva de Avellaneda como mujer y como escritora dentro del mundo de las letras de su momento, así como del desconocimiento del conjunto de su obra (y tal vez esto último producto de lo primero) se deriva el rechazo del que con frecuencia ha sido objeto. De ambos factores proviene su posición primero problemática y luego marginal dentro de la tradición literaria cubana e hispanoamericana. Esta situación ha ido cambiando desde los años ochenta de nuestro siglo, gracias al influjo de la teoría y de los estudios feministas. Dentro de este nuevo contexto se han llevado a cabo relecturas de sus textos, y ello con el detenimiento que su complejidad requiere.

Cuando se examinan en detalle los juicios críticos que la han condenado, se observa en ellos un contenido político y literario. Aunque estos dos aspectos son inseparables uno del otro, a continuación trataré de aproximarme a ellos separadamente para poderlos observar en detalle y luego unir sus contenidos de manera más rica y compleja. Así pues, primero estudiaré a Avellaneda como escritora romántica en el Madrid de mediados del siglo XIX: la ubicación de las mujeres y de las escritoras dentro de ese contexto literario, la posición particular de Avellaneda y los juicios críticos que motivó en sus contemporáneos. El componente político lo estudiaré principalmente en el contexto decimonónico cubano, por ser éste el que más se ocupó y se ocupa de la discusión de la obra de Avellaneda en el contexto político; éste será el lugar para examinar cómo se sitúa Avellaneda como mujer y como escritora con respecto a la literatura del nacionalismo cubano.

Un "andrógino del talento" para la tradición femenina: Gertrudis Gómez de Avellaneda en Madrid

> *Otros críticos han dicho también que yo no era poetisa, sino* poeta; *que mi talento era eminentemente varonil. Yo creo que no es exactamente verdad* . . .
>
> Gertrudis Gómez de Avellaneda
> Autorretrato de 1850

> *Hay en Madrid un ser de alto renombre*
> *con fama de bonito y de bonita*
> *que por su calidad de hermafrodita*
> *tan pronto viene a ser hembra como*
> *hombre.*
>
> El Dómine Lucas, 1845

Un comienzo indispensable para comprender el fenómeno de las escritoras, y de Avellaneda en particular, dentro del romanticismo español es el estudio de Susan Kirkpatrick titulado *Las románticas. Women Writers and Subjectivity in Spain, 1835-1850*. Este libro hace una caracterización doble del romanticismo, al presentarlo a un mismo tiempo como posibilitador y como coartador del surgimiento y desarrollo de un cuerpo considerable de mujeres escritoras. En el mismo sentido, el análisis de Kirkpatrick sostiene que el sujeto romántico se encuentra en fractura irresoluble con el sujeto femenino, y examina esta contradicción y sus intentos de resolución en las obras de Carolina Coronado, Fernán Caballero y Gertrudis Gómez de Avellaneda.

En la introducción a su libro, Kirkpatrick afirma que "[i]n 1841 Spanish women . . . began to make themselves heard . . ., precisely at the peak of the romantic movement and of the first wave of liberal reform in Spain: that is, precisely when a new language for representing the individual subject and defining gender offered women a justification for taking the pen" (1). El movimiento romántico, como parte y consecuencia del desarrollo del capitalismo y de la consolidación de la conciencia protestante, legitima como base fundamental del juicio a la conciencia individual, situando en primer plano la validez del juicio personal y atendiendo como nunca antes a la respuesta interior en todo lo relativo a los problemas morales y religiosos. El Individuo romántico es un sujeto caracterizado por la autonomía en el juicio y el cultivo de la introspección (Kirkpatrick 4).

El pensamiento liberal, en el que se origina el romanticismo, no precisó nunca el género de este Individuo. Sin embargo, si se mira con detalle, y si se leen los fragmentos del pensamiento liberal dedicados a "la mujer," se observa que el género del Individuo es masculino, y que lo es a tal grado que puede casi hablarse de un sujeto romántico en contraposición a un sujeto femenino. Esta dicotomía sujeto romántico/sujeto femenino se deriva del hecho de que ese pensamiento liberal que fundó la conciencia romántica fue el mismo que definió la conciencia femenina,

145

y ello siguiendo desde sus inicios supuestos radicalmente diferentes, e incluso opuestos.

El discurso liberal adopta y desarrolla la tradición clásica de la "domesticidad de la mujer." Según ésta, a "la mujer" la define su cuerpo, y en él todo está organizado para la maternidad (Kirkpatrick 6). Fundamentalmente cuerpo, ellas serán lugar privilegiado para la emoción y la ternura espontánea, mientras la conciencia masculina será la que asumirá todo lo referente a las actividades relacionadas con el conocimiento y con la creación artística. Esta imagen de la mujer puede seguirse en discursos de la modernidad tan influyentes como los de Rousseau, Kant y Hegel, en los cuales el principio de la domesticidad se articula como justificación de la subordinación femenina (Kirkpatrick 6).

De esta manera, a lo largo del siglo XVIII se fue precisando la pareja conceptual espacio público/espacio privado, y dentro de ella el ente femenino quedó identificado con el espacio de lo privado (Kirkpatrick 4). El discurso de Jean-Jacques Rousseau sobre "la mujer," de importancia capital en la teoría liberal y en la construcción del nuevo individuo,

> articulated the new view of *sexual difference as a moral and social imperative* in his influential *Émile* [1762]: because nature made women inherently different from men, suiting them physically, morally, and intellectually to their *primary task of reproduction*, [Rousseau] asserted, their education, their activity, their place in society should reflect the difference by *channeling natural feminine instincts into civilized domesticity*. (Kirkpatrick 7, mi énfasis)

Esta imagen de una mujer enteramente dedicada a los deberes y alegrías de la maternidad y al bienestar físico y moral de la familia, se convirtió muy pronto en el ideal femenino, y con estas mismas características pasó al contexto romántico (Kirkpatrick 7).

Sin embargo no todo en el discurso moderno logra confinar a las mujeres: ellas encuentran una manera de articular su voz dentro de la subjetividad romántica. Las escritoras usarán ese discurso que las define como criaturas esencialmente emocionales y tiernas para proclamarse sujetos románticos privilegiados, utilizando en su provecho el culto que el romanticismo hace a la sensibilidad y al sentimiento (Kirkpatrick 7-8). Así, el concepto romántico de individuo, sin proponérselo en absoluto, les permitió a las mujeres revestirse de autoridad para escribir.

Con todo, esta apropiación no fue fácil: ser sujeto discursivo significaba también tener una subjetividad analítica y creativa, y éstos eran componentes de la subjetividad masculina mas no de la femenina, esencialmente emocional instintiva (Kirkpatrick 8). El discurso romántico admite musas, pero situarse en su interior como escritora no está previsto. Tal vez esta dificultad está a la base de lo que Enrique Anderson Imbert califica como "romanticismo ecléctico" para referirse al caso de Avellaneda *(Historia* 266).

Las escritoras románticas tendrán que negociar su actuación conscientes de estos límites y decidir si optarán por asumir plenamente su autoridad discursiva dentro del espacio doméstico, como es quizás el caso de Luisa Pérez de Zambrana en Cuba (Barreda y Béjar 435), o si desde allí exigirán acceso pleno al discurso impropio monopolizado por la subjetividad masculina, como es el caso de Gertrudis Gómez de Avellaneda. De hecho es entre estos dos extremos que tendrán que moverse las escritoras.

Como lo muestra Kirkpatrick, nada había en el sujeto introspectivo romántico que fuera exclusivamente masculino: el principio según el cual las verdades podían aprehenderse a través de la introspección personal llevó a las mujeres a identificarse con la empresa romántica (23). Y sin embargo tal empresa estaba en contradicción explícita con lo femenino: ese sujeto romántico sí tenía género, y la escritora no podía identificarse ni con el sujeto creador masculino ni con el objeto femenino usual en su discurso (23).

Dentro de este terreno movedizo y contradictorio surge lo que Kirkpatrick llama una "tradición romántica femenina," al interior de la cual las escritoras denuncian la naturaleza opresiva del "ángel doméstico" como modelo de subjetividad y traspasan sus límites. La empresa no es fácil. Como señalan Gilbert y Gubar, la imagen del poeta ha estado tradicionalmente unida a la de "autor," "escritor," "creador" y "padre" (289-91). La imagen de la mujer, por el contrario, ha sido "naturaleza" y materia informe, lo Otro: "and we know what ambivalent feelings Nature inspires in Man," "by turns his ally, his enemy, she appears as the dark chaos from which life springs, and as the beyond towards which it goes" (Simone de Beauvoir, cit. Kirkpatrick 25). Como lugar de lo natural y de lo informe, a las mujeres se las distancia de la producción cultural: en la dicotomía naturaleza/cultura, ellas son naturaleza.

La literatura francesa fue el medio principal a través del cual el romanticismo pasó a España, y los textos de Madame de Staël y George Sand fueron los que mostraron a las españolas la forma en que podían usar el discurso romántico para su propio beneficio (Kirkpatrick 35).

Roger Picard señala que la problemática femenina ocupó un lugar importante dentro del movimiento social romántico francés entre los años 1830 y 1848 (307). Esta discusión, cuyo motor inicial fue "la idea de la misión fundamental de las mujeres en la transformación moral de la humanidad" (Picard 308), derivó en una apropiación de la palabra por parte de ellas para la exploración de su situación social concreta.

En 1800 Madame de Staël fundamentaba su exigencia de reivindicaciones femeninas en el discurso que designaba a la mujer como lugar privilegiado del amor fraterno: "If such an attempt to make women completely insipid and frivolous ever succeeded, there would be several important losses to national morality and happiness . . . [W]omen would no longer have any useful influence over opinion—and women are the ones at the heart of everything relating to humanity, generosity, delicacy" ("On Women Writers" 204). También en 1800 esta francesa identificaba el carácter patriarcal de los ataques de que era objeto y defendía su derecho a escribir y a pensar: "Even after refuting the various objections people have made to my work, I realize perfectly well that there is another kind of attack, capable of endless repetition: this consists of the many insinuations aimed at blaming me, as a woman, for writing and thinking" (*De la Litérature* . . . 172). Para la década de 1830, ya los periódicos feministas franceses abordaban como problema el tema de la institución matrimonial y defendían, entre otros, el derecho de las mujeres a la educación, y George Sand exigía el acceso de éstas a todas las profesiones y funciones públicas (Picard 315).

Un proceso similar al francés ocurrió en España con la lectura de las novelas de Mme. de Staël y de George Sand, quienes para 1845 no eran ya sólo populares sino que gozaban de cierta reputación. En el contexto específicamente español, el discurso decimonónico sobre "la mujer" presenta las mismas características patriarcales que hemos venido describiendo. Fermín G. Morón, contemporáneo de Gómez de Avellaneda, afirma, por ejemplo, que la función de la mujer española es la de "contribuir a hacer tranquila y grata la existencia del hombre" y "a excitar su mente al culto de lo bello y de lo grande;" el mismo autor afirma que la razón y el entendimiento femeninos son débiles, y lo explica según la tradición aceptada de que "toda la vitalidad y la fuerza de su existencia está concentrada en su corazón" (cit. Kirkpatrick 57-58).

Con todo, a pesar de concebirse a las mujeres más como objeto que como sujetos de conciencia, más como tema que como productoras de discurso, durante la década de 1840 se desarrolló un público lector femenino importante y varias mujeres comenzaron a escribir y a publicar. Hay que añadir que no todo se debió a la ideología romántica: con la desaparición de la censura tras la muerte de Fernando VII en 1833, se produjo un desarrollo acelerado de la industria editorial, dentro de la cual las mujeres fueron inicialmente un importante grupo consumidor y luego también proveedor.[4] Para 1850 las lectoras y escritoras se habían convertido en parte firmemente establecida de una industria editorial bien desarrollada y en crecimiento, y las escritoras habían creado una especie de hermandad dentro de la cual sustentaban sus actos de escritura y se proporcionaban espacios para la publicación, ofreciendo a su sociedad, entre otras cosas, retratos de escritoras que contradecían la imagen negativa usual de las mujeres intelectuales (Kirkpatrick 79).

La tarea no fue fácil, sin embargo, y la forma y contenido de su escritura eran rigurosamente vigilados para que se conservaran dentro de los límites más "femeninos." Por supuesto "women who gave evidence of 'unfeminine' ambitions by taking the pen ran the risk of being attacked as unnatural and immoral" (Kirkpatrick 60). Estos fueron justamente los cargos que se hicieron a Gertrudis Gómez de Avellaneda.

Un artículo de Gustave Deville (escritor francés residente en España) titulado "Influencia de las poetisas en la literatura española" (1844) es revelador a este respecto. Este texto a la vez que promueve el cultivo intelectual de las mujeres con el fin de hacerlas mejores compañeras para el hombre, quiere también regular esta actividad intelectual femenina para que se mantenga dentro de los límites establecidos por la especificidad de su rol genérico:

> precisamente por lo mismo que contemplo gozoso el desarrollo de sus cualidades creadoras y esenciales, combatiré con todas mis fuerzas el móvil que impulsa a algunas a despojarse de *su virginal e inefable sensibilidad*, a perder su candor innato . . . *La mujer debe ser mujer*, y no traspasar la esfera de los duros e ímprobos destinos reservados al hombre sobre la tierra. Sea enhorabuena poeta, artista; pero *nunca sabia*. Sea observadora y analice; pero sin tratar por ello de destruir el orden de cosas establecido . . . Presentadnos con preferencia el espectáculo de vuestra filial ternura y de vuestros desvelos maternales. ., ocupad el puesto en donde nosotros gozaremos viéndoos y tributándoos un culto que no podríamos rehusar nunca a vuestro talento y virtudes. (cit. Kirkpatrick 93-94, mi énfasis)[5]

Como muestra este artículo, los defensores de "la civilización" no estaban dispuestos a dejar olvidar a las escritoras españolas que su lugar era el hogar, y que si alguna poesía querían escribir, ésta debía ser poesía sentimental estrictamente doméstica. Su entidad de "poetisa" lírica era admisible, pero fuera de ella debía estar preparada para el rechazo. Por supuesto, tanto la temática como el género literario elegido requerían limitaciones. La prosa no era un terreno firme, y menos aún la novela, que apenas en ese momento estaba mejorando su reputación. Estos eran terrenos que debían evitarse, tanto por razones morales como intelectuales: el juicio y el intelecto de la mujer se percibían insuficientes para imponerse sobre sus hipertrofiadas pasiones (Kirkpatrick 89), y, por lo demás, no estaban capacitadas para reproducir "las emociones letales de un corazón entregado al desenfreno y a excesos tumultuosos" (Deville, cit. Kirkpatrick 93). La mujer no debía exponerse a las pasiones características de toda novela, pasiones que no estaba en la capacidad de controlar; tampoco estaba entre sus capacidades el hacer un retrato del tumulto público que es tema de la prosa. Especialmente contrario a su naturaleza se presentaba el escribir piezas teatrales y novelas históricas, siendo como es central en ellas la "ruda realidad pública" (Kirkpatrick 94).

Avellaneda no se conforma en absoluto a esa "poetisa" que la institución literaria desea. Su poesía sentimetal no es doméstica (Barreda y Béjar 134-35), y su amor no es el amor casto de la esposa ni de la doncella. Por otra parte, la trangresión de Avellaneda no se limita a la intimidad de la escritura: ella es una mujer que se muestra, que figura, de quien se habla. Su figura se destaca muy pronto en la escena teatral madrileña, y durante sus cinco primeros años en Madrid publica cuatro novelas, novelas que, además de ser tales, entran en temas políticos y económicos, y reflexionan en especial sobre la desventajosa situación de las mujeres de su momento, tanto en la esfera de lo público como en la doméstica.

No obstante lo problemático de su figura, Avellaneda logra, por medio de la impecable sofisticación de sus textos, posicionarse como uno de los más importantes personajes literarios españoles de su momento, posición que por supuesto se ve obligada a defender constantemente. Figuras tan reconocidas como Nicasio Gallego y José Zorrilla se destacan dentro de sus amigos, y ayudan a promover su obra. También hay entre ellos quienes tratan de ejercer censura, como es el caso de Nicomedes Pastor Díaz en su comentario sobre *Sab*: su artículo, a la vez que alaba a la novela, sugiere a la joven escritora eliminar de su obra en lo futuro la protesta social (Kirkpatrick 92).

Kirkpatrick, en un capítulo dedicado a Avellaneda, estudia varias de sus obras en prosa. En él afirma que la importancia de esta autora en la escena romántica española fue la de dar especificidad genérica al sujeto romántico (134). De Madame de Staël y de George Sand, Avellaneda se apropia la elaboración de un *genio romántico femenino*, para el cual, a diferencia del *genio* masculino, la voluntad artística se encuentra en conflicto inconciliable con el amor. Tal reelaboración del sujeto romántico comienza por supuesto con una exploración de la experiencia femenina concreta, en especial a través de la crítica a la institución del matrimonio (Kirkpatrick 134). Estos son temas esenciales en sus dos primeras novelas, *Sab* (1841) y *Dos mujeres* (1842).[6]

El sujeto romántico específicamente femenino que Avellaneda elabora no sufre, a diferencia del masculino, la pretendida frustración metafísica. Su rebeldía surge, y así lo hace manifiesto, de la frustración social: es producto de la imposibilidad de agencia pública económica, política y cultural. En sus novelas se hace manifiesta en toda su materialidad la coartación que sufren las mujeres dentro del orden liberal: cómo para el sujeto femenino el amor no es sólo metafóricamente, sino en sentido literal, la única opción que la sociedad le presenta para acercarse a la otredad del mundo (Kirkpatrick 164), aislada como se encuentra en su reino doméstico y con voz sólo a través del padre o del esposo; como recuerda Kirkpatrick, "since she was confined to the private domestic world, she was attributed no political rights or economic interests of her own; only through a man—father or husband—did she have any legal status" (Kirkpatrick 49).

El ataque de Avellaneda a las instituciones burguesas patriarcales no es sólo radical, sino también sofisticado a nivel conceptual: los complejos personajes de sus novelas deconstruyen los arquetipos femenino y masculino, y ante ellos los lectores difícilmente logran tomar posiciones estables. No son pues textos socialmente edificantes. Menos edificante aún es el gusto con que Avellaneda elabora el sentimiento amoroso y el deseo erótico, explorándolos tanto en el terreno de lo emocional como en el de lo físico sensual. Y todo ello con un despliegue de talento y de dominio del medio casi ostentoso (Barreda y Béjar 135) y por supuesto ofensivo para aquellos que querían monopolizar las capacidades analíticas y creativas para su propio género.

Su vida privada dejaba también mucho que desear. Avellaneda se casó por primera vez a los treinta y dos años de edad, después de haber tenido una hija con uno de sus amantes, la cual murió a los siete meses de nacida. En menos de un año quedó en estado de viudez, y lo conservó por ocho años. En total, de los cincuenta y nueve de su vida, no está casada por más de nueve años. La transgresión de la domesticidad en las relaciones de Avellaneda con el otro sexo se observa en toda su dimensión si se tiene en cuenta, como señala Helena Araújo, que la descripción imperante de la mujer imponía "la virginidad o la maternidad como alternativa, y la frigidez como condición de decencia" (31); dentro de las definiciones genéricas lo femenino es el lugar de la ternura, mientras la pasión sexual es exclusiva de lo masculino (Kirkpatrick 8), con el ingrediente de que es la supuesta falta de deseo sexual en las mujeres la que les da su "fuerza civilizadora" (Kirkpatrick 26). Ninguno de estos componentes conceptuales de "la feminidad" se acomoda a Avellaneda. En su autorretrato de 1850 Avellaneda se queja de que "la maledicencia y la ignorancia" la han tomado "por blanco de sus tiros" (cit. Cotarelo y Mori 72), y Cotarelo y Mori lo juzga comprensible:

> era casi inevitable, ante las circunstancias ordinarias de su vida, algo hombruna, sin otra compañía que un hermano más joven que ella, y calavera; sin prestar atención a los cuidados domésticos, pues las horas de su trabajo eran las de la madrugada, ... y en comunicación frecuente con hombres jóvenes, despiertos y mundanos, poetas, novelistas, periodistas o de la mejor sociedad madrileña. (72-73)

La misma Fernán Caballero, en carta a un amigo, sostiene que sería preferible que "la sangre" de Avellaneda "corriese menos apresurada y su espíritu se elevase menos a esas regiones altas que, aunque bellas y puras, tienen la contra de que en ellas se pierden de vista las cosas terrenas y la senda que hemos de pisar para nuestro bienestar y conveniencia" (cit. Cotarelo y Mori 363).

Por otra parte, la voluntad de independencia que revela su actitud hacia el matrimonio cobija también el aspecto económico de su cotidianidad. Su concepción de la actividad literaria como una profesión (Barreda y Béjar 133) incluyó siempre la voluntad no sólo de calidad, dedicación y disciplina en su trabajo, sino también el componente económico de la producción literaria: las relativamente módicas herencias que recibió se vieron acrecentadas por la publicación y venta de sus libros, aspecto que ella siempre tuvo en mente y nunca descuidó. Como señala Elena Catena, Avellaneda "es posiblemente uno de los pocos escritores españoles de su momento que redondea su caudal familiar, y lo redondea muy generosamente, con el producto de sus obras" (34). En 1845, en una carta a Cepeda, dice estar considerando irse a París: "parece que en aquella capital puedo prometerme mayores ventajas de mi pluma, y como no soy rica y quiero asegurarme una vejez sin privaciones, pienso en irme adonde mejor me paguen" (*Diario de Amor* 106). Se trata aquí de la misma actitud que Nina M. Scott describe como "[Avellaneda's] insistent concern with the economic realities that determine a woman's status in the world" (Introduction xxvi), y que es uno de los motivos centrales de su novela *Sab*. Incluso cuando la Academia Española decide no aceptarla como uno de sus miembros (a pesar del apoyo con que contaba dentro de esa institución), no fue sólo el reconocimiento artístico el que echó de menos, sino también su componente financiero: "Soy acaso el único escritor de España que jamás ha alcanzado de ningún Gobierno distinción ni recompensa grande o chica" (cit. B.Miller 211); como afirma Scott, "exclusion from the Academy also meant exclusion from financial benefits paid to writers by the Spanish government, and she was, after all, dependent on her pen for her livelihood" (Introduction xvi).

Parte de sus esfuerzos se encaminaron a situarse dentro del más prestigioso círculo literario madrileño, rodeada de amigos como Juan Nicasio Gallego, José Zorrilla, Nicomedes Pastor Díaz, Alberto Lista y Manuel José Quintana. El relato biográfico de Castro y Calvo muestra a Avellaneda muy pronto en Sevilla, a los veinticinco años de edad, publicando sus poemas, y estableciendo contacto con los escritores más reputados, así como promoviendo la presentación de su primera obra de teatro en varias ciudades y reuniendo subscriptores para la publicación de su primera novela (51). Sus cartas de comienzos de la década de 1850 la muestran muy en contacto con los periódicos para promover su obra, y ocupada en la buena marcha del teatro madrileño mismo, así como solicitando artículos críticos y en trato muy directo con los impresores, "cosa no siempre grata, sino difícil, y en la que la autora puso todo su empeño" (Castro y Calvo 160). Como señala Elena Catena, "Gómez de Avellaneda es su mejor promotora: dedica poesías, libros, novelas y obras de teatro a personas muy bien situadas en la sociedad española de aquel entonces, sobre todo a hombres famosos por su cultura, pero no olvida a los nobles, a los miembros de la familia real, a la reina madre" (17). A esta misma preocupación por el quehacer literario y por su reputación pertence la rigurosa revisión a la que sometió su obra durante los últimos años de su vida para la publicación de la "colección completa" en cinco tomos (Miller 206).

Avellaneda es, pues, una mujer "pública," en el buen sentido de la palabra,[7] tanto a nivel literario como en su cotidianidad. La respuesta mayoritaria que recibió no debe pues sorprender, y Mme. de Staël la describe bien en uno de sus textos: "Examine the social order, . . you will soon see it up in arms against any woman trying to raise herself to the height of masculine reputation. As soon as a woman is pointed out as a person of distinction, the general public is prejudiced against her" (206). Pero también recibió reconocimientos y fue objeto de un respeto que no podía negarse a la calidad de su obra. A este respecto no hay discusión: nunca sus contemporáneos iban a hacer centro de sus críticas la calidad de su obra, si bien se observa que los comentarios críticos poco o nada dedicaban a sus novelas. Nadie disputará a Juan Valera en el juicio sobre su poesía: "Aumentan el precio y prestan singular hechizo a estas composiciones la abundancia, el primor y la galanura del lenguaje . . . en el que es gran maestra la Avellaneda; y así mismo su destreza, facilidad y gracia en la versificación, en la cual suministra ya ejemplos y muestras perfectísimas a los preceptistas" (cit. Cotarelo y Mori 382). Entre los principales reconocimientos a su poesía se encuentra la premiación de dos poemas en el Liceo de Madrid, en un importante certamen realizado como homenaje a la reina Isabel II; también el haber sido invitada a participar en la ceremonia de coronación de Manuel José Quintana en la Academia Española. Y aunque no fue admitida en la Academia, se hizo manifiesto que no era por carencia de méritos sino por su condición de mujer; este suceso fue de máxima importancia en la escena española, y tuvo como rasgo positivo el de haber llevado a un nivel importante dentro de la oficialidad la discusión del estatus de las mujeres dentro del mundo letrado.

La calidad de su obra, no fue, pues, punto importante de los debates en torno suyo. Pero sí, para alabarla o para criticarla, como aspecto positivo o negativo, sus contemporáneos hiceron comúnmente centro de reflexión la incertidumbre acerca del género sexual de su obra, y de la autora misma. Avellaneda y su obra adquieren carácter de "maravilla" de la naturaleza: monstruo que inspira rechazo o acontecimiento sublime de gran atractivo. Sus contemporáneos califican su poesía de "varonil," y ven en su autora a una especie de "andrógino del talento" (según el apelativo atribuido a Nicasio Gallego). Unos quieren alabarla afirmando que no puede ser mujer quien escribe esos poemas, mientras otros, con ánimo de salvaguardar la domesticidad femenina, hacen de su carácter "varonil" un defecto. Como encomio o como repudio, la mayor parte de la crítica decimonónica (y de buena parte de nuestro siglo) coincide en afirmar que no es una mujer la que escribe, que su talento no es "femenino." Zorrilla, al describir la primera entrada de Avellaneda en el Liceo de Madrid, entrada de rotundo éxito gracias a su "briosa escritura," se siente obligado a hacer precisiones acerca del aspecto físico de esta escritora:

> nada había de áspero, de anguloso, de masculino, en fin, en aquel cuerpo de mujer, y de mujer atractiva: ni coloración subida en la piel, ni espesura excesiva de las cejas, ni bozo que sombreara su fresca boca, ni brusquedad en sus maneras: *era una mujer; pero lo era sin duda por un error de la naturaleza,* que había metido por distracción un alma de hombre en aquella envoltura de carne femenina. (cit. Cotarelo y Mori 70-71, mi énfasis)

Alma de hombre en cuerpo femenino. De las *poetisas* no se esperaba cuidado de la forma ni sofisticación en el análisis y los conceptos, y sí una temática doméstica y fraterna civilizadora.[8] Juan Valera afirma que Avellaneda es "no sólo una *poetisa* lírica sin par entre las españolas, sino uno de nuestros más notables, valientes e inspirados *poetas* líricos de la presente edad" (cit. Cotarelo y Mori 382, mi énfasis). Hartzenbusch, después de censurar los defectos de plan y desarrollo de una de sus piezas dramáticas y de elogiar la poesía, aclara los principios bajo los cuales la considera: "Esto juzgando la obra como de *poeta* y no como de *poetisa*; que si hubiéramos tenido presentes las consideraciones que se deben a una persona del bello sexo no hallaríamos palabras con qué elogiarla" (cit. Cotarelo y Mori 151-52).

Antonio Ferrer del Río afirma que "no es la Avellaneda *poetisa* sino *poeta*: sus *atrevidas concepciones,* su *elevado tono,* sus *acentos valientes* son impropios de su sexo" (cit. Cotarelo y Mori 78, mi énfasis).[9] Así pues, la altísima sofisticación conceptual y formal de su obra lleva a sus comentaristas una y otra vez a negarle su carácter femenino y a atribuirle el calificativo de *poeta* en tanto sujeto de actitudes intelectuales "masculinas."

Avellaneda nunca escuchó con complacencia este tipo de juicios, resistiéndose por el contrario a la enajenación del carácter femenino de su obra:

> Otros críticos han dicho que yo no era poetisa sino *poeta*; que mi talento era eminentemente varonil. Yo creo que no es exactamente verdad: que *ningún hombre ve ciertas cosas*

155

como yo las veo, ni las comprende como yo las comprendo;
pero no niego por esto que hay vigor en mi alma, y que
nunca descollé por cualidades femeninas. (Autorretrato de
1850. Cit. Cotarelo y Mori 197, mi énfasis)

En este texto Avellaneda destaca su experiencia concreta de mujer escritora española de mediados del siglo XIX como elemento fundamental en
su obra (elemento que arriba he señalado), pero admite que no se ciñe al
rol tradicionalmente asignado a las mujeres.

Carolina Coronado también se pronunció con respecto a la discusión
del género de esta obra y se opuso a que los críticos extrajeran el nombre
de Avellaneda de la tradición literaria femenina en formación. En su
combativo artículo de 1858 sobre Gertrudis Gómez de Avellaneda, Coronado se manifiesta contraria al juicio de Ferrer del Río según el cual "no
es la Avellaneda poetisa sino poeta." Coronado señala que "los hombres
del tiempo antiguo negaban el genio a la mujer," mientras "hoy los del
moderno, ya que no pueden negar al que triunfa, lo metamorfosean"
(389-90).[10] Avellaneda apreció en toda su importancia el artículo de
Coronado y lo incluyó en el quinto tomo de su "colección completa" dedicado en parte a compilar los juicios críticos sobre su obra.

Los conceptos que están en juego en el problema de "la mujer escritora," y que hemos examinado hasta acá, son los mismos que orientan a
la crítica cubana decimonónica sobre Avellaneda. En Cuba, sin embargo,
adquieren una nueva dimensión: allí son tal vez aún más problemáticos.
El cuestionamiento de la "domesticidad de la mujer" como fuerza civilizadora se presenta en toda su radicalidad cuando se lo observa en relación con el discurso nacionalista.

Ni "poetisa," ni "poeta nacional." Gómez de Avellaneda en el contexto de la Nación

> *Yo a un marino le debo la vida*
> *Y por patria le debo al azar*
> *Una perla—en el golfo nacida—*
> *Al bramar*
> *Sin cesar*
> *De la mar.*
>
> Gertrudis Gómez de Avellaneda
> "La pesca en el mar," 1841

> *¿Quién pide gloria al enemigo hispano?*
> *No lleve el que la pida patrio nombre*
> *Ni le salude nunca honrada mano;*
> *El que los ojos vuelva hacia el tirano,*
> *Nueva estatua de sal al mundo asombre.*
>
> José Martí
> "A Rosario Acuña," 1876

Hasta aquí he realizado una aproximación al contexto femenino romántico dentro del cual surge la obra de Gertrudis Gómez de Avellaneda. También he señalado la manera específica en que esta autora inscribe su voz al interior de un discurso que es por principio contrario a su empresa. Su carrera literaria, comenzada como tal en España, me ha llevado a detenerme inicialmente en el examen del contexto romántico español. Sin embargo, dado que en la presente investigación me interesa estudiar sus dos novelas en el contexto hispanoamericano, tradición literaria a la que también pertenece la autora, me detendré ahora en el estudio de la recepción crítica que ha tenido su obra en Hispanoamérica, concretamente en Cuba. Miraré, pues, la manera particular en que sus textos se inscriben dentro del romanticismo cubano e hispanoamericano, así como la forma en que ello determina la respuesta crítica que su obra recibió en su momento y la que ha recibido desde entonces.

Como tuvimos la oportunidad de presentar en el capítulo anterior, a propósito de la actitud de Reinaldo Arenas con respecto al canon literario cubano, el romanticismo en Cuba se caracteriza esencialmente por su voluntad nacionalista. La apropiación de los componentes románticos que hace el grupo de Domingo Delmonte está determinada por el propósito fundamental de sus escritores: fundar la Nación Cubana. Los desarrollos históricos ocurridos en Cuba después de la disolución del grupo en 1844, así como el relato histórico oficial cubano, han permitido que el nombre de los delmontinos se inscriba al origen de la tradición "más genuinamente cubana," preludio a figuras como José Martí y en general a todas las luchas independentistas, incluida la lucha revolucionaria de mediados de nuestro siglo.

Sin embargo, no siempre la voluntad cubana fue independentista, a pesar de que el relato histórico imperante nos deje esa impresión. Los mismos delmontinos eran, no independentistas, sino reformistas.[11] El programa independentista de José María Heredia quedó prácticamente olvidado hacia mediados de la década de 1820, después de su destierro; no se volvió a hablar de independencia casi hasta la década del cincuenta, y puede decirse que este programa no se impuso hasta después de 1868. Desde entonces, los proyectos políticos diferentes al de la independencia han adquirido dentro del relato histórico oficial el carácter de traición, mencionados generalmente como meras curiosidades o como ejemplos de comportamiento antipatriótico que no requieren estudio.

Con la llamada Conspiración de la Escalera en 1844, y la censura y el terror que comenzaron con ella y que disolvieron al grupo delmontino, todo proyecto de reforma fraguado dentro de la isla casi que desapareció hasta la década de 1860 y hasta el período de la llamada Guerra de los Diez años librada en el oriente de la isla entre 1868 y 1878. Avellanda salió de Cuba en 1839, y hasta entonces vivió en Camagüey; no estuvo, pues, en contacto con el grupo habanero de Delmonte, y seguramente no supo siquiera de su existencia. En 1844, año en que el terror impuesto por las autoridades coloniales disuelven el grupo de Delmonte, Avellaneda está en España, vive y publica allí, es personaje destacado de su mundo literario y amiga de la familia real: dentro de la historia independentista no hay, pues, nada más parecido a la figura de la traición. Cuando regresa a Cuba en 1859, está casada con el Coronel Domingo Verdugo y Massieu, Gentilhombre de Cámara, Teniente Gobernador y segunda autoridad en la isla durante el gobierno del Capitán General Francisco Serrano; como parte del grupo de gobierno, Avellaneda y su esposo participaron activamente en el proyecto de Isabel II de adelantar una política reformista en Cuba.[12] En la Habana de 1859 Avellaneda encuentra, en medio de los honores literarios que le prodigan, a una influyente juventud independentista que la rechaza desde el primer momento.

Durante los años de infancia y adolescencia de Avellaneda en Camagüey, España y sus colonias eran una sola. Con esta concepción de "la madre patria" creció la autora. Era hija además del Comandante de Marina para el centro de la isla, un andaluz que aunque murió cuando ella tenía sólo nueve años, dejó en ella todo su amor por Andalucía. Aunque no hay textos que documenten una actividad política de Avellaneda anterior a su regreso a Cuba en 1859, su actitud con respecto a la colonia es reformista; como señala Ondina Montoya de Zayas, "la Avellaneda no deseaba ver a Cuba desprendida de la Corona española, sino engarzada a ella con todos los derechos que como provincia le correspondían y con las reformas administrativas y sociales que aún España estaba reclamando para sí" (124). Los documentos relativos a su estancia en Cuba, entre los años 1859 y 1864, reunidos y publicados por José Augusto Escoto en 1912,[13] son fundamentales, entre otras cosas, para aproximarse a este aspecto de Avellaneda. Pedro M. Barreda y Eduardo Béjar sostienen que el matrimonio de la autora con Domingo Verdugo en 1855 "constituye una alianza política apadrinada por la reina Isabel" (131). Verdugo era un prominente político, y desempeñó entre 1860 y 1863 (año de su muerte) "un rol importantísimo en el plan político que llevara a la Habana el general Serrano al ser nombrado Capitán General de Cuba" (Barreda y Béjar 132). Los documentos de Escoto llevan a Barreda a deducir con razón que "siendo [la Avellaneda] amiga de Isabel II, es muy probable que tuviera una participación en el plan del general Serrano y de su mujer, la cubana Duquesa de la Torre" (132). La política de Serrano fue favorable a los cubanos, pero en España nunca prosperaron las esperanzas de reforma para la isla.

La posición reformista de Avellaneda no implica que esta autora haya sido acrítica con respecto a la política colonial española: no se trata, como la historia oficial y las historias de literatura cubana tradicionales suelen creer, de que si no se es antihispanista se es necesariamente prohispanista, lo cual equivale a ser anticubano. La posición de Avellaneda con respecto a la metrópoli no estuvo exenta de problemas. En 1843 las autoridades coloniales no permitieron la entrada en la isla de sus novelas *Sab* y *Dos mujeres*. El Censor Regio de la Imprenta en Cuba basa su decisión en el hecho de que estas novelas contienen "doctrinas subversivas al sistema de esclavitud de la Isla y contrarias a la moral y buenas costumbres" (cit. Picón-Garfield, "Conciencia nacional . . ." 58); el tema de la esclavitud era, como lo hemos visto en otro capítulo, un tema central y en extremo delicado dentro de la discusión del poder colonial en la isla.

Esto en cuanto a la posición política de Avellaneda. Pero su carácter problemático dentro de la tradición cubana no le viene sólo de su posición reformista. Son también problemáticos, y tanto o más que lo anterior, el carácter de su literatura y lo poco convencional de su vida privada. El romanticismo de sus textos no se parece en nada al delmontino, pues no tiene nada de nacionalista, todo lo contrario. Tampoco su vida privada tiene nada de "patriótica": no es el "ángel del hogar" capaz de desempeñar la función civilizadora que espera de ella la Patria. Avellaneda no es la mujer que quería el pensamiento liberal presente tanto en los delmontinos como en José Martí. Ni su obra ni su vida privada son socialmente edificantes, ni pueden ser modelo, como lo dirá explícitamente Martí, para la literatura cubana, femenina o no.

No me detendré mucho más sobre el problema que representa Avellaneda para las elaboraciones genérico-sexuales de su momento, pues en el apartado anterior lo he hecho con detalle. Quiero aquí principalmente presentar los juicios que la autora y su obra suscitaron en Cuba. En lo que sí me detendré un poco más es en contrastar su romanticismo con el delmontino, dado que buena parte del juicio negativo que ha merecido su obra en la historia de la literatura cubana se origina en sus diferencias conceptuales con respecto al romanticismo nacionalista, "origen genuino de la literatura nacional."

El lugar de la obra de Avellaneda dentro de la tradición literaria cubana ha sido motivo constante de disputa entre sus críticos desde el momento de su aparición. Con todo, su recepción ha pasado por momentos más propicios que otros dentro de la institución literaria oficial. A comienzos de nuestro siglo puede vérsela incluso dentro del canon literario cubano; testimonio de ello es la elaborada y cuidadosa edición de sus obras completas en 1914, publicación única en su género hasta el día de hoy y tras la cual se encuentran personajes tan reputados de la escena literaria cubana como Enrique José Varona y José María Chacón y Calvo.[14] También una tradición feminista cubana, que está por estudiarse y que ve en Avellaneda a una precursora, ha intervenido en su recepción y explica la presencia de Avellaneda dentro de los textos escolares del período de la república.[15]

Los juicios de José Martí (1853-1895), de mediados de la década de 1870, encarnan los contenidos de la recepción crítica negativa que ha sucitado la obra de Avellaneda y que devino dominante en Cuba durante los años que precedieron a la Revolución de nuestro siglo y después de ésta. Martí retomó y precisó el rechazo de los jóvenes independentistas que conocieron a la autora en la Habana en 1860; posteriormente, como figura literaria y política central en "la historia de Cuba" escrita desde la década de 1940, determinó, hasta muy recientemente, la aproximación cubana a la obra de Avellaneda. En el siglo XX encontraremos sus mismos parámetros de juicio en las lecturas que personajes como Cintio Vitier y José Antonio Portuondo han hecho de Avellaneda.

Los dos textos de Martí sobre esta autora son un artículo suyo a propósito de la publicación de una antología de *Poetisas americanas* (1875), y su poema "A Rosario Acuña" (1876). En el artículo (publicado en una revista mexicana), Martí acusa serias deficiencias en la antología hecha por José Domingo Cortés; la principal de ellas consiste en dar lugar principal a los poemas de Avellaneda e incluir muy poco, y mal escogido, de la otra cubana Luisa Pérez de Zambrana (hecho del cual "Luisa" seguramente se quejaría "si tuviera su alma delicada costumbre de reproches y resentimientos" [Martí, 8: 310]). La pregunta central de Martí en este texto es cuál de ellas dos sea "mejor poetisa," y más aún, "mejor poetisa americana":

> Es Luisa Pérez *pura criatura*, a toda pena sensible y habi-
> tuada a toda *delicadeza y generosidad* . . .; *pudor perpetuo*
> vela sus facciones puras y gallardas, y para sí hubiera que-
> rido Rafael el óvalo que encierra aquella cara noble,
> serena y distinguida. Cautiva con hablar, y con mirar in-
> clina al cariño y al respeto. Mujer de un hombre ilustre,
> Luisa Pérez entiende que el matrimonio con el esposo
> muerto dura tanto como la vida de la *esposa fiel*. (8: 310,
> mi énfasis)

Martí prefiere el poema en que "Luisa" busca los "castísismos besos" de su esposo muerto, sus "consoladoras palabras de ciencia" ahora perdidas[16]:

> Murió el esposo, y el bosque, y los amores, y las palmas, y
> el corazón de Luisa han muerto. ¿Por qué no copió Cortés
> estos versos de una pobre alma sola que oprimen el
> corazón y hacen llorar? . . . Cortés llena, en cambio, muy
> buena parte de su libro con las composiciones más conoci-
> das de la poetisa Avellaneda. ¿Son *la grandeza y la severi-
> dad* superiores en la poesía femenil a la exquisita ternura,
> al sufrimiento real y delicado, sentido con tanta pureza
> como elegancia en el hablar? Hay un *hombre altivo*, a
> veces *fiero*, en la poesía de la Avellaneda: hay en todos los
> versos de Luisa un *alma clara de mujer* . . . La Avellaneda
> es *atrevidamente grande*; Luisa Pérez es *tiernamente tími-*

da . . . Ha de preguntarse, a más, no solamente cuál es entre las dos *la mejor poetisa*, sino cuál de ellas es *la mejor poetisa americana*. Y en esto, nos parece que no ha de haber vacilación . . . No hay mujer en Gertrudis Gómez de Avellaneda: . . . no tuvieron las ternuras miradas para sus ojos, llenos siempre de *extraño fulgor* y de *dominio,* era algo así como una nube amenazante. Luisa Pérez es algo así como nube de nácar y azul en tarde serena y bonacible. Sus dolores son lágrimas; los de la Avellaneda son fierezas . . . ¿A quién escogerías por tu poetisa, oh apasionada y cariñosa naturaleza americana? . . . *Lo plácido y lo altivo: alma de hombre y alma de mujer*; rosa erguida y nelumbio quejumbroso; ¡delicadísimo nelumbio! (8: 310-11)

"Luisa" es pureza y ternura, pudor, timidez, generosidad; el vocabulario empleado por Martí para describirla pertence al campo semántico de la domesticidad: casta y fiel esposa, todo en torno a ella es placidez.[17] El juicio de Martí a "la Avellaneda" se hace por medio del contraste con ese retrato: no hay lugar en ella para la ternura, todo es dominio y grandeza, severidad, fiereza, altivez: en fin, "no hay mujer" en ella.[18]

En cuanto a la forma de la expresión poética misma, la poesía "ruda y enérgica" de Avellaneda inspira temor en Martí (311). Su apreciación sobre otras "poetisas" de la antología permite ver que en general, en concepto de este autor, lo importante en la "poesía femenil" no es lo elaborado de su expresión. No es "el estilo" lo que importa, pues puede ser incluso "amanerado e incorrecto" en las *poetisas*: importa más en su expresión poética que "la inspiración" sea "fácil y suave" (313). En este artículo es también curioso ver cómo Martí, deficiente y todo como juzga la antología de Cortés, sostiene que el libro estará muy bien "en toda biblioteca de mujer" (313): los espacios intelectuales femenino y masculino tienen, pues, características que los diferencian rigurosamente uno de otro.

El artículo citado se concentra en describir a "la mujer" y en regular la escritura "femenina." Hay también un juicio a Avellaneda desde el discurso nacionalista cubano: al decir que Avellaneda no es "la poetisa *americana*" porque América necesita la expresión de tiernas y castas esposas, está excluyendo el discurso de Avellaneda del proyecto nacionalista. Lo que no hay todavía en este artículo, es un enjuiciamiento de la actitud política de Avellaneda desde la óptica independentista. Éste sí aparece, con radicalidad y violencia, en su poema de 1876 dedicado a

Rosario Acuña. Esta dramaturga está teniendo un gran éxito en la escena teatral madrileña, y Martí, creyéndola cubana,[19] le aconseja en su poema recordar a la difunta "pecadora inmortal" Avellaneda, imagen ante cuya sola mención espera que Acuña rechace los laureles que crecen en la "enemiga España:"

> Mas ¿cómo no te dueles,
> ¡Oh poetisa gentil! de que en extraña
> Tierra enemiga te ornen los laureles
> Amarillos y pálidos de España? (9-12)
> . . .
> ¿No se yergue ante ti, sombra de espanto,
> Pecadora inmortal, nube de llanto,
> La sombra de la augusta Avellaneda? (24-26)
> . . .
>
> —¿Qué hace el cantor?
>   —¡Cantar, mas de manera
> Que hermano el canto de la heroica hazaña,
> Prez de la tierra que mancilla España,
> Con su laúd sobre la espada muera! (43-47)
> . . .
>
> ¿Qué más, qué más laurel? ¿Cuándo el martirio
> No fue en la frente la mejor corona?
>
>   ¿Quién pide gloria al enemigo hispano?
> No lleve el que la pida patrio nombre
> ni le salude nunca honrada mano;
> El que los ojos vuelva hacia el tirano,
> Nueva estatua de sal al mundo asombre.
>
>   ¿Qué plátano sonante,
> Qué palma cimbradora,
> Qué dulce piña de oro
> Al cierzo burgalés aroma dieron,
> Ni en castellana tierra florecieron? (80-91)
> . . .

¡Oh, vuelve, cisne blanco,
Paloma peregrina,
Real garza voladora; (117-19)
. . .
Vuelve a Cuba, mi tórtola gallarda! (123)
. . .

Si lauros nuevos a su frente ciñe,
nueva Gertrudis y fatal Corina, (132-33)
. . .
Si pluguiese a sus fáciles oídos
Canto de amor que no es amor cubano,
Y junto a sus laureles corrompidos,
El cadáver no viese de su hermano,
¡Arroje de su frente,
Porque no es suyo, nuestro sol ardiente!
¡Devuélvanos su gloria,
Página hurtada de la patria historia!
Y ¡arranca, oh patria, arranca
De tu seno al ser perjuro
Que no es tórtola ya, ni cisne puro,
Ni garza regia, ni paloma blanca! (150-61)

(17: 119-24)

Como se observa, el extenso poema que citamos no juzga ya a
Avellaneda con respecto al ideal femenino, sino en tanto su fidelidad,
más bien infidelidad, a la patria cubana. Si la conclusión del artículo
lleva a que Avellaneda no es "poetisa," el poema deriva en que no es tampoco "poeta nacional." Y tal vez ninguno de estos juicios está errado en
su conclusión; su carácter problemático les viene de las premisas de las
cuales los deduce, y del carácter negativo que les asigna. Avellaneda es
mujer poeta, como afirmaba Carolina Coronado, y no es su problema la
Nación.

Avellaneda es festiva al hablar de "patria," nunca grave. El concepto de patria no tiene en sus textos las connotaciones políticas del discurso nacionalista:

Un himno alcemos
Jamás oído,
Del remo al ruido,

164

Del viento al son,
      Y vuele en alas
Del libre ambiente
La voz ardiente
Del corazón.

Yo a un marino le debo la vida
Y por *patria* le debo al azar
Una perla—en un golfo nacida—
      Al bramar
      Sin cesar
      De la mar.
Me enajena al lucir de la luna
Con mi bien estas olas surcar,
Y no encuentro delicia ninguna
      Como amar
      Y cantar
      En el mar.

      Los suspiros de amor anhelantes
¿Quién ¡oh amigos! querrá sofocar,
Si es tan grato a los pechos amantes
      A la par
      Suspirar
      En el mar? (45-70)

. . .

(En Barreda y Béjar 140-41, mi énfasis)

El concepto de patria en este poema, titulado "La pesca en el mar," no pertenece al campo semántico nacionalista: como puede observarse, lo circundan el azar, un concepto desacralizado del padre y el goce de las olas del mar, todos ellos en un contexto erótico de disfrute sensual del amor y de la naturaleza. No se trata de la naturaleza apropiada en símbolos patrios ni para efecto de la producción. No se trata tampoco del *pater familia* autoritario, a cuya cabeza se organizan las instituciones. Su amor no es el amor doméstico ni es socialmente productivo.

Desde mediados de los años ochenta de nuestro siglo se ha venido llevando a cabo un estudio de la situación particular de las mujeres y de las escritoras dentro del discurso liberal nacionalista hispanoamericano. Dentro de esta investigación se destacan los trabajos de Jean Franco,

165

Elizabeth Garrels, Mary Louise Pratt y Doris Sommer. Todos sus trabajos a este respecto constatan la presencia del ideal doméstico femenino como uno de los presupuestos integrales del discurso de fundación nacional hispanoamericano, y a partir de ello releen los textos de las escritoras y delinean una tradición de escritura femenina en América Latina.

El contexto hispanoamericano en que se produce la obra de Avellaneda es el del romanticismo nacionalista. El artículo de Pratt titulado "Women, Literature and National Brotherhood" (1990) es fundamental para entender a esta autora en el contexto de la nación, para comprender su relación con el discurso nacionalista y las razones por las cuales su obra se aparta de él, y se le contrapone. En su artículo Pratt, después de enfatizar "how particularly limited and repressive the bourgeois republican era has been in producing and imagining women as historical, political and cultural subjects" (48), constata el hecho de que "[i]n the face of their exclusion from national fraternity . . . women's political and social engagement became heavily internationalist, and often antinationalist" (52). En otro artículo, titulado "Género y ciudadanía: las mujeres en diálogo con la nación" (1995), Pratt estudia el caso de Avellaneda, y con él confirma el hecho de que "para muchas mujeres del siglo XIX en América Latina, . . . la negociación de su estatus político, económico, cultural y material en el contexto republicano era una gran preocupación" (265). No podía ser de otra manera para mujeres que no se conformaban con la definición patriarcal de su género, la cual las hacía responsables de una parte esencial de la Patria—como es la familia— excluyéndolas sin embargo de los espacios de reflexión dentro de los cuales se imaginaba la Nación. Así pues, en Hispanoamérica, de manera semejante a como lo vimos en Francia y en España, "the agenda of nineteenth century feminism can be seen as both reflecting and resisting this domestication" (Pratt, "Women . . ." 51). Dada la función esencial que el ideal doméstico de la mujer desempeña dentro del desarrollo del proyecto nacionalista hispanoamericano, problematizar la imagen femenina patriarcal deriva en muchos casos, como en el de Avellaneda, en el antinacionalismo e internacionalismo que arriba citábamos: si el discurso nacionalista monológico se ocupa de ocultar y silenciar las contradicciones presentes al interior de las sociedades para legitimar la "universalidad" de su discurso y así su carácter supuestamente emancipatorio, el pensamiento de Avellaneda se detiene justamente, como veremos, en las contradicciones presentes al interior de ese discurso, siendo ella, como es, uno de tantos seres excluidos cuya voz se quiere suplantar.

166

Con esta actitud Avellaneda socava la base fundamental del discurso sobre la Nación. Como señala Pratt, si en la literatura de fundación nacional la intelectualidad masculina se preguntaba "¿Quiénes somos?," las mujeres, excluidas de ese "nosotros," afirman un "nosotras" que se sale de la óptica androcéntrica nacional ("Género . . ." 273).[20]

La literatura cubana contemporánea a Gertrudis Gómez de Avellaneda tiene por paradigma a *Cecilia Valdés*, la novela de Cirilo Villaverde que estudiamos en el capítulo anterior. Esta novela, por medio de un narrador en tercera persona que se pretende "objetivo," "describe" "la realidad" "cubana"; el resultado, como vimos, es un "retrato" que legitima el proyecto político de la élite que produce esa literatura y que "cuenta" a la población cubana cuáles son las características de sus gentes, su habla, su vestido, su música, sus costumbres y cuáles la flora y fauna que distinguen a su isla de los otros territorios, con miras a crear la identidad que como Nación necesita.

Nada de esto son los textos de Avellaneda: los campos semánticos de "patria" y "naturaleza" no son los que le interesan.[21] Como afirman Barreda y Béjar, las voces disidentes como la de Avellaneda en general "no se ajustaron a los parámetros impuestos por las burguesías letradas: ni a su discernimiento de las raíces del país, ni a su diseño de la identidad nacional, ni al proyecto político con el que quisieron enmarcar la sociedad" (91).[22] Estos autores destacan a Avellaneda como una de las voces disidentes dentro del romanticismo hispanoamericano (nacionalista por definición), producto en su caso del hecho de escribir fuera de Cuba, de su profesionalismo y de la temática transgresora de sus textos (102).

Las consecuencias de su disidencia se ven pronto en la recepción de su obra en Cuba. En 1842, a propósito de la publicación de su primer libro de poesías en Madrid, Rafael Matamoros y Tellez, miembro del grupo de Delmonte, escribe: "la perla del mar [Cuba] puede decir a la señorita Avellaneda: Tus armonías me arroban y me hacen delirar, . . . pero confieso con dolor que [no] eres tú mi poeta, no: en esas inspiraciones que has tenido a orillas del Bétis y del Manzanares, no te has acordado de mí, y sólo apareces tú" (cit. Escoto 54).[23]

El mismo Juan Valera, en España, se queja de lo que podríamos llamar una falta de americanismo literario en la obra de Avellaneda: "Su hermosa patria, la perla de las Antillas, con sus bosques frondosos, con sus campos fértiles, con su riquísimo suelo, esmaltado de odorantes flores y de perenne verdura, no le han merecido que nos haga de ella un fiel y bello retrato. Fuera de seis o siete nombres de pájaros, poco o ningún color local hay en las ligeras pinturas que nos hace de su país;" y va incluso más allá: "No diré yo que faltan en la lira de la Avellaneda; pero sí que tienen poca resonancia las cuerdas del patriotismo, del amor a la libertad, de la filantropía" (cit. Cotarelo y Mori 381, 382).

Como Valera, la crítica tradicional ha insistido una y otra vez en juzgar su obra por la presencia o ausencia en ella de la naturaleza cubana y de la idea nacionalista de patria, y en juzgar a su autora según un compromiso político en sentido estrecho y que hace de su cubanía una perpetua pregunta. Cuando regresó a Cuba casada con Domingo Verdugo, después de veintitrés años de ausencia, "siempre hubo [quienes] le reprochasen no haber vuelto a Cuba en tantos años, ni haber dedicado a su patria más recuerdos": "empezaba a estar candente la insurrección que habría de concluir en el 98" y "la situación política no debió haber sido [pues] muy cómoda para la Avellaneda a pesar de los triunfos, homenajes y condecoraciones" (Castro y C, 107). Luisa Pérez (1837-1922), la joven y reconocida *poetisa*, fue quien recibió el honor de colocar la corona de laurel hecha en oro sobre la cabeza de Avellaneda durante el gran homenaje que se le hizo en enero de 1860. Pero los documentos reunidos por José A. Escoto muestran que el evento de la coronación fue muy polémico entre los poetas jóvenes, quienes lo percibieron más bien como un homenaje promovido y realizado únicamente por las autoridades coloniales de la isla (8-10, 156). El poeta criollista José Fornaris (1827-1890), abogado, profesor y periodista, "partidario ferviente de la expresión y reafirmación de lo cubano" (Lazo 110),[24] escribió a la llegada de Avellaneda un soneto satírico que, a decir de José María Castro y Calvo (107), corrió por toda la isla:

Esa torcaz paloma dejó el nido
cuando apenas sus alas se entreabrieron;
entre las plantas que nacen la vieron
bajo la luz del trópico encendida.

Los campos exalaron un gemido
y los bosques a la par se estremecieron,
y las índicas palmas repitieron:
"¿A dó se va volando? ¿Dó se ha ido?"

"A España, dijo en su partida, ufana,
rompiendo el lazo del paterno yugo
que la ligara a la región indiana."

Hoy vuelve a Cuba, pero a Dios le plugo
que la ingrata torcaz camagüeyana
tornara esclava, en brazos de un verdugo.
(cit. Castro y Calvo 107)

Este mismo autor se negó a incluir a Avellaneda en una antología de poesía cubana que publicó en 1868, exclusión que ella rechazó y de la cual se ocupó extensamente en una carta que envió desde España a un periódico habanero (Escoto 66, 177, 178).[25]

Tales parámetros de juicio respecto a su cubanía, como arriba indicamos, pasan a la recepción que Martí hace de la obra de Avellaneda, y desde él marcan con su mismo signo a críticos contemporáneos nuestros tan influyentes como Cintio Vitier, en la década de 1950, y como José Antonio Portuondo, en la de 1970. Vitier dedica a la poesía de Avellaneda un cortísimo y superficial comentario en su estudio *Lo cubano en la poesía* (1958): aunque sostiene no querer escatimarle "su lugar a la Avellaneda," afirma que "desde el punto de vista en que estamos situados, persiguiendo la *iluminación progresiva de lo cubano* en nuestra lírica, decrece notablemente su interés e importancia" (126, mi énfasis); no hay en ella, como sí en Luisa Pérez, "una luz específicamente insular" (129). A juicio de Vitier, la poesía de Avellaneda es "oquedad formal" y "malhadado virtuosismo métrico" (129).[26] Por su parte, la crítica de Portuondo a Avellaneda de 1973, se basa en la supuesta "dramática neutralidad" de esta escritora: "Creo que la tragedia de la Avellaneda fue precisamente su no compromiso, su no querer comprometerse, su situación indecisa . . . su vida es una lección para nosotros, en el sentido de qué es lo que ocurre a un escritor, por grande que sea, cuando no se compromete, cuando se mantiene en ese limbo sin ecos" (208).

Como señalan Barreda y Béjar, "la crítica tradicionalista, desde el poeta José Fornaris hasta Cintio Vitier, ha escuchado en su voz lírica un acento exógeno, opuesto casi al de la fabulación nacional," divergente de éste particularmente en el tono enérgico de su lírica, en el sentimiento de la naturaleza, y en la visión de la mujer y del hogar que elabora (Barreda y Béjar 136). Evelyn Picón-Garfield, al examinar los contenidos de la constante polémica sobre la presencia/ausencia de compromiso político en su obra y sobre su cubanía o españolismo, encuentra acertadamente que quien está allí es "la peregrina," como se llamaba a sí misma Avellaneda: "la eterna expatriada, la mujer injustamente marginada y juzgada por la esclavitud social de la mujer" (Picón-Garfield, "Conciencia nacional . . ." 57).

169

En uno de sus artículos sobre *El cacique de Turmequé*, Picón-Garfield señala con acierto que "los críticos guiados por el discurso patriarcal sólo definen la política en su relación con el gobierno de un país," ignorando que "la política implica otros sistemas de poder y subordinación" ("La historia recodificada . . ." 79). Hasta muy recientemente los críticos de su obra se negaron a leerla por fuera de los moldes nacionalistas, perspectiva interpretativa que guió en buena parte la elaboración de la historia literaria cubana y que al imponerse a lo largo de nuestro siglo la dejó por fuera.[27] Parte de la lucha política de Avellaneda, si nos dejamos guiar por los documentos compilados por Escoto, es su lucha reformista, trivializada en la historia de Cuba por no haber sido éste el proyecto de los vencedores. Pero, con todo, no es este compromiso suyo el más relevante para la lectura de su obra: Avellaneda sostiene una lucha política desde su situación de mujer y de escritora disidente, lucha que sólo puede llevar a cabo por fuera del discurso nacionalista patriarcal "propiamente" político. Esta lucha incluye la creación y dirección en 1860 del *Álbum cubano de lo bueno y lo bello*, periódico dedicado a las mujeres y empeñado en impulsar "adelantos intelectuales especialmente en la literatura y en las artes, expresiones genuinas de lo bello" (cit. Escoto 167); en él aparece, en cuatro partes, su ensayo feminista titulado "La mujer," polémico en extremo para la crítica tradicional y al que astutamente, como muestra Nina M. Scott, rodeó en su periódico de escritos de Luisa Pérez y de su esposo, Ramón Zambrana, así como de textos de otros hombres y mujeres, cubanos y españoles, que servían de marco y de apoyo a sus transgresivas tesis ("Shoring Up the 'Weaker Sex' . . ." 63-65).[28] En cuanto a su escritura propiamente dicha, la disidencia abarca desde el hecho mismo de tomar la pluma, hasta los géneros que elige, la temática y la forma de escribir dentro de ellos.

Manuel de la Cruz (el mismo apologista de Cirilo Villaverde y crítico de la falta de "virilidad nacional" en Julián del Casal), en un artículo de 1891, critica en la obra de Avellaneda que sólo una novela suya, *Sab*, sea "novela de asunto cubano," y ésta aun con el defecto de ser "poco verosímil" (cit. Escoto 72). Su narrativa no contiene ni el costumbrismo, ni el antihispanismo, ni el realismo que caracteriza a sus contemporáneos románticos cubanos. No abundan en su obra las palmas, las piñas, ni el plátano sonante, ni cumple ésta el deber, señalado por el delmontino Ramón de Palma, de "escoger asuntos cubanos e imitar la verdad" (cit. Arrufat 751). Desde la óptica del romanticismo nacionalista, el de Avellaneda es un romanticismo misántropo y excéntrico: para el discurso de la nación, todo romanticismo no nacionalista es "deseo sin objeto, inquietud sin razón, fastidio sin motivo" (Palma, cit. Arrufat 753): sólo la Nación puede ser objeto, razón y motivo de reflexión y de escritura. Como dirá Delmonte, el escritor "no es un ser aparte de su especie" y "la sociedad tiene derechos que exigir de sus ingenios y el poeta deberes que cumplir como tal" (cit. Otero, "Delmonte . . ." 728), corroborando la afirmación de Jean Franco según la cual, "Nations . . . create exemplary narratives and symbolic systems which secure the *loyalty and sacrifice of diverse individuals*" (79, mi énfasis); a nombre de la nación cubana toda otra preocupación tendrá que ser pospuesta, cuando no negada. La fuerza de este raciocinio es tan contundente, que Antón Arrufat en 1990, entiende todavía las diferencias al interior del romanticismo según esta misma premisa: "siendo románticos, [los escritores del grupo de Delmonte] introducen una *rectificación* dentro del romanticismo . . . Mientras el ideal romántico fomentaba una concepción idealista e imaginaria de la vida, los cubanos hacían frente al *duro y realista deber de luchar por la entidad de la nación*" ("El nacimiento de la novela en Cuba" 752, mi énfasis).

El romanticismo feminista de Avellaneda no es para el discurso nacionalista más que un romanticismo ocioso. Ramón de Palma contribuye a su invalidación con su artículo satírico "La romántica" (1838); de acuerdo a éste, "la necesidad de ser una cosa distinta a lo que eres, de gozar una felicidad que no concibas, de oír un lenguaje que no conoces" no es otra cosa que una serie de fórmulas triviales (189). La romántica es la imagen contraria a la mujer doméstica, poseída como está por los demonios del ocio y la lectura, y no es con ella con quien Palma quiere hablar (189): "a menudo se la verá salir al balcón o a otro punto donde pueda dilatar libremente su ánimo por el espacio," o "rodeada de flores, bañada de perfumes, oreada por las brisas, se entregará con arrobamiento a la lectura" (192-93). Para la romántica "el matrimonio es como una sima tenebrosa donde encuentra anticipado término un arroyo": "el marido y el romanticismo son dos enemigos irreconciliables; para que viva el uno, es necesario que el otro muera; y todo marido se alegrará sin duda de que el muerto sea el romanticismo" (193).

Avellaneda se distancia de la narrativa característica del grupo de Delmonte, y lo hace doblemente, a la vez como *poetisa* y como *poeta*, traicionando doblemente lo que la nación espera de sus individuos, como mujer y como escritora. La estrategia de Luisa Pérez es diferente, pues además de encarnar la imagen de la *poetisa* ideal y sus motivos legítimos, adopta en su lenguaje poético un "aparente antirretoricismo" (Barreda y Béjar 432) que lleva a Lazo a afirmar que su "poesía no es libresca ni literaria, sino naturalmente elegíaca" (99). Por contraste, la obra de Avellaneda será virtuosismo vacío, literatura libresca en el mal sentido de la palabra.

Entre "la realidad" y la literatura, Avellaneda elige la literatura, incapaz de pretender, como los realistas del nacionalismo patriarcal, que la primera precede a la segunda, y más bien luchando contra tal concepción. Sabe que en la literatura se han gestado y se gestan los modelos conceptuales por medio de los cuales se aprehende la realidad. Ella elige la literatura como tradición con respecto a la cual se define en cuanto escritora, y la literatura que le permite identificar y reelaborar las imágenes tradicionales que en tanto mujer la constriñen. Lo fundamental en *Guatimozín* será lo primero; en *El cacique de Turmequé*, lo segundo. Como veremos, lo que más se destaca en *Guatimozín* es una voluntad literaria, mientras en *El cacique* prima una voluntad feminista; por supuesto ninguna de ellas excluye a la otra y, por el contrario, conviven en cada novela y son esenciales una a la otra.

El cacique de Turmequé (1860), escrita en Cuba simultáneamente a su ensayo "La mujer," es una respuesta al discurso misógino ancestral que guía la elaboración narrativa de *El carnero* (1638), crónica colonial popular ya en ese momento. *Guatimozín, último emperador de México* (1846) es la atrevida inscripción del nombre de su autora dentro de la tradición de la novela histórica inaugurada por Sir Walter Scott y René de Chateaubriand, siempre desde su posición excéntrica de mujer y de cubana, que la lleva a releer las crónicas más reputadas de la conquista y a reelaborarlas.

2. *GUATIMOZÍN, ÚLTIMO EMPERADOR DE MÉXICO*. INCURSIÓN IMPROPIA EN UN GÉNERO, SUJETO IMPROPIO DE UN RELATO

> . . . *giacché, qual cosa piú facile che l'astenersi dall'inventare?*
> Alessandro Manzoni
> *Del Romanzo storico*, 1850

Guatimozín, último emperador de México (1846) hace parte de un primer cuerpo de novelas escrito por Gertrudis Gómez de Avellaneda durante sus años de juventud. Entre 1841 y 1846 esta escritora publicó en Madrid cuatro novelas: *Sab, Dos mujeres, Espatolino*, y la que ahora estudiamos. *El cacique de Turmequé* (escrita en 1860 y publicada en 1871) pertenece a un segundo grupo, escrito entre finales de los años cincuenta y principios de los sesenta y conformado por textos breves en prosa que narran fundamentalmente tradiciones populares, conocidas en la época con el nombre de "leyendas"; la mayor de ellas es *El cacique de Turmequé*, la cual, tanto por su extensión como por el desarrollo del tema, es un ejemplo de lo que hoy llamaríamos novela corta.

Como en otra parte mencioné, los textos en prosa de Avellaneda fueron trivializados y dejados de lado por la crítica decimonónica y por la de buena parte de nuestro siglo. *Sab* (1841) y *Dos mujeres* (1842) han recibido mucha atención crítica desde mediados de los años ochenta, siendo estas dos novelas, su prosa epistolar y su ensayo "La mujer," la parte de su obra que suscita mayor interés en este momento. A diferencia de estos textos, *Espatolino* (1844) y *Guatimozín* (1846) han sido poco estudiados. Un interesante artículo de Zaida Capote, de 1997, presenta la primera de estas novelas como re-escritura de un relato homónimo aparecido en el periódico cubano *El Plantel* en 1837. En cuanto a *Guatimozín*, si bien más estudiada que *Espatolino*, son muy contados los estudios que la examinan, sobresaliendo entre ellos los realizados por Evelyn Picón-Garfield.

En cuanto hipertexto, *Guatimozín* no es el único caso de re-escritura en la obra de Avellaneda. Ya he mencionado sus novelas *Espatolino* y, por supuesto, *El cacique de Turmequé*. Pero también entre sus piezas teatrales y poemas se encuentran ejemplos. Picón-Garfield estudia en tal sentido el drama *Egilona*, como re-escritura de la historia de Don Rodrigo, el relato nacional que durante la Edad Media española trató de ofrecer una explicación para la conquista mora ("La historia recodificada . . ." 76-78, 1991). En cuanto a la poesía, Luisa Campuzano hace una lectura de "A la vista del Niágara" como re-escritura de la imagen femenina elaborada por José María Heredia en "Niágara" ("Dos viajeras cubanas" 1997). Seguramente no son éstos los únicos ejemplos.

Varios de los conceptos que presenté en el apartado anterior se unen en *Guatimozín*. Como ya antes sugerí, a nivel temático *El cacique de Turmequé* tiene más rasgos en común con *Dos mujeres* y con *Sab* de los que tiene *Guatimozín* con estas mismas novelas, no obstante haber sido escrita en la misma época que éstas. Como veremos cuando discutamos el texto de 1860, esta novela corta retoma la discusión feminista de temas como la educación de las mujeres, el matrimonio y, en general, de la descripción del rol genérico femenino.

173

En *Guatimozín* tenemos un caso diferente. En esta novela domina lo que he llamado una voluntad fundamentalmente literaria, diferente en cierto sentido a la voluntad esencialmente feminista de *El cacique de Turmequé*. En *Guatimozín* no se encuentra un equivalente para los personajes de Carlota o de Teresa en *Sab*, o para el de Catalina en *Dos mujeres*: ésta es más bien la novela que Catalina habría escrito si se hubiera propuesto incursionar en el mundo literario y forjarse allí sus batallas y sus victorias bélicas y políticas.

Aunque en *Guatimozín* abundan los personajes femeninos y aunque el texto los elabora con detenimiento haciendo una referencia indirecta al propio tiempo de la autora y a sus preocupaciones, no puede afirmarse que la novela tenga un motor feminista. En mi concepto, es otro móvil el que pone en marcha el relato: Avellaneda reclama para su pluma el acceso a los campos histórico y político del conocimiento y se mide tanto a nivel formal como analítico con los "grandes maestros" de la escena literaria europea. Este motivo puede sonar tal vez trivial, pero no lo es. Al incursionar en la novela histórica Avellaneda quiere hacer un despliegue de capacidades intelectuales tanto artísticas como científicas negadas a su género.

Como era de esperarse, el resultado será un texto fuera de lo común si se lo mira con respecto a la literatura nacionalista: lejos de guardar silencio o de cantar las delicias domésticas, el sujeto femenino de este discurso asume sin pudor un relato que lo llevará a descripciones y análisis impropios de su "candor innato" y de su "inefable sensibilidad"; lejos también de ser un relato concluyente como los nacionalistas, es un texto fundamentalmente exploratorio y de significación inestable: lejos de simular objetividad es de pleno y obvio artificio.[29]

Guatimozín, último emperador de México es una novela histórica indianista que re-escribe los relatos de descubrimiento y conquista de Bernal Díaz del Castillo y de Hernán Cortés. Con su incursión en el género histórico, Avellaneda quiere inscribir su nombre dentro de la prestigiosa lista de autores que desde comienzos del siglo XIX escribieron novelas históricas, escritores que alcanzaron gran popularidad a mediados del siglo y un alto reconocimiento tanto en Europa como en América. Pero Avellaneda no lo hace de cualquier manera, pues no es este deseo de la escritora el único principio organizativo que se percibe en la conformación de su relato: este texto, como adelante veremos, tiene características muy particulares que lo singularizan dentro del *corpus* de la novela histórica y de la indianista.

Por otra parte, recurrir al tema de la conquista de México es encontrar un tema popular y con el cual simpatizan tanto americanos como europeos. Ya Chateaubriand lo había sugerido como tema de máximo interés en su prefacio a *Atala*,[30] texto favorito de Avellaneda desde su adolescencia, junto con las novelas de Walter Scott y las de Mme. de Staël. El nombre de México y de Guatimozín satisfacen también el deseo por lo exótico característico del romanticismo. Avellaneda se dedica con gran disciplina a la investigación sobre la historia de esa conquista y ofrece un texto final que re-escribe los relatos de sus protagonistas y testigos presenciales europeos e imprime un sello particular en la novela moderna.

Guatimozín se caracteriza, como el resto de sus textos, por la complejidad literaria y conceptual. Esta complejidad se origina en la posición marginal en que la autora se encuentra con respecto al discurso de la modernidad. Excéntrica dentro del orden romántico, como arriba señalé, a su novela la caracteriza un distanciamiento con respecto a los conceptos modernos de Sujeto, Realidad e Historia. Este distanciamiento se verifica dentro de tres planos, siempre interrelacionados: su acercamiento al Otro, los componentes narratológicos de su relato y su concepción de la narración histórica.

El pensamiento que guía al texto, como tendremos oportunidad de observar, no se rige por dicotomías, y este hecho le imprime características que lo diferencian de las novelas históricas e indianistas de su tiempo en más de un sentido. Tal vez el más definitivo sea la configuración narrativa del relato, pues sus elementos y relaciones narratológicos producen un texto que no es unívoco, un texto cuyo sentido final es inestable. La realidad objetiva está sujeta a interpretación, y la autora que inferimos del relato no se decide a precisarla: el sujeto trascendental que podría hacerlo tiende a desvanecerse.

Voy a hacer una presentación de esta novela en tanto interpretación particular de los géneros histórico e indianista; la re-escritura de los textos coloniales, como se verá, hace parte integral de esa elaboración. En lo que sigue situaré a esta novela dentro del contexto de la novela histórica decimonónica y de la novela hispanoamericana llamada indianista. A esto seguirá una lectura minuciosa del texto de Avellaneda de manera simultánea a la de los relatos de Díaz del Castillo y de Cortés, sus hipotextos.

Nacionalismo, indianismo y relato histórico. La atipicidad de *Guatimozín*

En las historias de literatura latinoamericana *Guatimozín* es siempre un nombre obligado dentro de la enumeración de novelas históricas románticas y de novelas indianistas. Algunas, pocas en realidad, además de mencionarla se detienen en ella, con mayor o menor cuidado. Estas historias tienden usualmente a situarla dentro de las novelas atípicas, colocada por los estudios tradicionales en alguno de los polos entre los cuales se ubica el género y por ello como un fenómeno de excepción para el cual las explicaciones o no se intentan o tienden a lo trivial.

El signo que se destaca en la mayor parte del *corpus* de novelas históricas españolas, y europeas en general, es el carácter nacionalista de su discurso. Así lo señalan los estudios sobre el romanticismo y la novela histórica, entre ellos el de Juan I. Ferreras. Este mismo carácter nacionalista es el que prima en el conjunto de las novelas hispanoamericanas llamadas indianistas, también pertenecientes al espíritu romántico, ahora con la característica adicional del marcado antihispanismo que hace parte fundamental del discurso de fundación nacional hispanoamericano.

Georg Lukács en su tratado sobre *The Historical Novel* (1937) señala que los desarrollos históricos que rodearon a la revolución francesa determinaron un cambio en la conciencia histórica europea y dieron con ello origen a las condiciones para la aparición de la novela histórica a comienzos del siglo XIX (24-25).[31] Este género surge como respuesta a la idea de que "history is the product of mass activity rather than of the subjective inventions of kings and generals" (Foley 148), y siguiendo este nuevo concepto se presenta a sí mismo como un relato más rico, variado y completo que las historias tradicionales, no siendo ya el recuento cronológico de eventos políticos y militares, sino una representación de la condición humana durante un determinado período y llevada a cabo por el escritor a partir de una larga y exhaustiva investigación. Esta es la definición de novela histórica que ofrece en 1850 Alessandro Manzoni, uno de los clásicos del género (*On the Historical Novel, and, in General, on Works Mixing History and Invention* 63).[32]

Como señala Juan I. Ferreras, los escritores del romanticismo liberal, tanto europeo como hispanoamericano, dieron inmensa acogida a la novela histórica como género en la medida en que ésta les permitía

176

elaborar "una base histórica para su clase" (21). La novela histórica es una de las nuevas formas novelescas creadas dentro del espíritu romántico, el cual elabora en ella su "problemática ruptural" y la "necesidad de autodotarse de 'antepasados presentables' " (Ferreras 25-31). "La fiebre de la novela histórica," como llama Amado Alonso a la gran producción y popularidad de este género durante la primera mitad del siglo XIX, fue desatada por Walter Scott con su novela *Ivanhoe*, escrita en 1819 y traducida al castellano hacia 1825 por los emigrados liberales españoles en Inglaterra (Alonso 54-57). Como señala Alonso, la polémica que hacia 1840 se desarrolló en la mayor parte de Europa en torno a este género, producto de un malestar positivista ante la dificultad de distinguir dentro de él la "verdad histórica" de la "fantasía," no encontró eco en España ni en Hispanoamérica (68): "en España, el nuevo género sedujo en seguida a poetas, críticos, preceptistas, políticos, oradores, académicos, en fin, a los más distinguidos hombres de letras" (Alonso 63), de manera que durante las décadas de 1830 y 1840 se publicaron con gran éxito novelas de autores tan reputados como José de Espronceda, Mariano José de Larra, Franciso Martínez de la Rosa, Serafín Estébanez Calderón y Enrique Gil Carrasco (Alonso 63-65). De acuerdo a Ferreras, entre 1845 y 1855 se publicaron en España ciento diecisiete novelas históricas, muchas de ellas por entregas, es decir, en ediciones de alrededor de diez mil ejemplares (149). *Guatimozín* se encuentra entre ellas, y es una de las que alcanza mayor popularidad (Alonso 65).

Después del romanticismo la novela histórica fue perdiendo popularidad, pero su presencia se prolongó durante algún tiempo más en España y en Hispanoamérica. Esta supervivencia está aún por explicarse, ya que el llamado "provincialismo" con que quiere explicarla Alonso (67) no nos satisface hoy; en Hispanoamérica este hecho tiene mucho que ver con los proyectos nacionalistas y su necesidad de relato. Después vino lo que se llamó la decadencia y desaparición del género, acompañada de un olvido de la crítica que según Emilio Carilla es merecido y del que sólo se salvan tal vez *Enriquillo, Cumandá* y *La novia del hereje* (2: 77). También *Guatimozín* está entre este grupo, ahora, de olvidadas.

Pero, como ya mencioné antes, esta novela no se ubica solamente en el contexto de la novela histórica hispanoamericana y europea. Dentro de la literatura hispanoamericana *Guatimozín* pertenece también al *corpus* de las novelas llamadas indianistas, y como tal la presenta Concha Meléndez en su estudio sobre este género. Situada también dentro del espíritu romántico liberal, la novela indianista "tuvo como esencial estímulo la pasión nacionalista" (Meléndez 14). El rasgo definitorio de este género es el de presentar con simpatía a "los indios y sus tradiciones," en gradaciones que van "desde una mera emoción exotista hasta un exaltado sentimiento de reivindicación social, pasando por matices religiosos, patrióticos o sólo pintorescos y sentimentales" (Meléndez 13). René de Chateaubriand es dentro de este *corpus* lo que Scott en el de la novela histórica. Los escritores hispanoamericanos de la época tributan a su novela *Atala* (1801) una devoción unánime, fascinados por la "revelación de la naturaleza americana" que percibían en ella y por sus "indios interesantes y melancólicos" (Meléndez 52).[33] Con base en su revisión del conjunto de novelas indianistas hispanoamericanas, Meléndez afirma que en general la evocación indianista de tradiciones indígenas responde a un intento de diferenciación de los hispanoamericanos con respecto a las tradiciones españolas (14), es decir, a una voluntad nacionalista y antihispanista.

Desde ya, con esta breve presentación de los géneros histórico e indianista, podemos prever un distanciamiento de *Guatimozín* con respecto a las coordenadas generalmente presentes en cada uno de ellos. Concha Meléndez ve como "móvil capital" de esta novela de Avellaneda "la atracción exótica, unida, claro está, a las razones de la moda literaria del momento" (14). Es decir, comparativamente y dentro del *corpus* de novelas indianistas, ésta no aparece dentro del grupo dominante de novelas de motivos patrióticos y de reivindicación social. Y sin embargo *Guatimozín* tuvo más ediciones que ninguna otra de las novelas indianistas; fue publicada primero en Madrid en 1846 (simultáneamente en cuatro tomos por la Imprenta de Espinosa y en una edición por entregas en *El Heraldo*) y luego en Chile en 1847 y en México en 1853 y 1887 (Meléndez 82).

Avellaneda se refiere extensamente a su novela en una carta de 1844 a García Tassara:

> Tercer encargo: tengo los dos primeros tomos de una novela semipoema, titulada *Guatimocín, último emperador de Méjico* [sic]. La creo buena, y ha merecido una calificación aún más lisonjera de Martínez de la Rosa, Gallego y Cárdenas, tu amigo. Estoy en tratos con Boix para la publicación de una edición de lujo, y creo que [éste] . . . sabrá apreciarla mejor si un periódico de crédito la recomienda. Aún cuando digas de ella que está escrita con grande esmero; que la autora ha hecho un estudio profundo de la historia de la conquista, del estado de la civili-

zación azteca, del carácter de Cortés y compañía, apreciando con imparcialidad y exactitud los hechos y las circunstancias . . .; en fin, aunque asegures que me he desvivido por hacer una novela digna de figurar al lado de las buenas novelas históricas, y que he corregido, limado y relimado el estilo, no mentirás mucho y procuraré dejarte airoso. (cit. Cotarelo y Mori 131-32)

En verdad, como Avellaneda esperaba, *Guatimozín* gozó en su momento de una popularidad que no es hoy de sorprender, dado su sofisticado manejo de la narración tanto en lo relativo al tema sentimental como al bélico y político, y gracias a su prosa "viva, elocuente, calurosa," como en 1930 la describía Emilio Cotarelo y Mori. Después esta novela cayó en el "justo olvido" que sufrió en general la novela histórica, aparentemente por su carácter heterogéneo tan molesto al pensamiento moderno y tan peligroso para el discurso dicotómico que distingue nítidamente entre lo real y lo ficticio. El acercamiento crítico tradicional a la novela histórica y a *Guatimozín* lo ejemplifica muy bien la apreciación que Cotarelo y Mori hace de ella en *La Avellaneda y sus obras* (1930). Por ello me detendré en el texto de Cotarelo, y también porque éste hace explícito el juicio que subyace a la usual simple mención del título o a la justificación en dos líneas de la inutilidad de su estudio:

[La Avellaneda] [q]uiso hacer una historia poética y dramática de la conquista de Méjico y no puede negarse que lo consiguió ciertamente. Su narración es viva, elocuente, calurosa; pero hay en la obra exceso de historia, que no es historia verdadera y poca novela. Concede a los indígenas ideas demasiado sutiles y sentimientos en extremo delicados, propios de la más refinada civilización y se expresan con una finura y elegancia que envidiarían los más encopetados damas y galanes de nuestros días. Aunque con el uso frecuente de vocablos propios del país y la descripción de muchas ceremonias procura la autora imprimir a su obra el color local y el ambiente de época, necesarios en toda reconstrucción histórica, faltan uno y otro en cuanto se acaba lo material de estas referencias; la narración vuelve a su curso y la novelista habla por su cuenta o pone sus ideas en labios de los personajes./ Esto no quiere decir que no haya buenas descripciones, escenas interesantes, algunos caracteres bien trazados, como el de Cortés,

[Guatimozín] y alguno de orden secundario. Los de las mujeres valen poco . . . / La Avellaneda hizo cuanto buenamente puede hacerse en una empresa temeraria y casi irrealizable. La grandeza del hecho que se propuso contar en forma novelesca y poética está por encima de toda ficción literaria. ¿Qué mejor y mayor novela que la relación exacta y circunstanciada de tan maravilloso acontecimiento? (128-29)

Al comentario crítico que acabo de citar subyacen varios presupuestos conceptuales que vale la pena precisar. Primero, encontramos el problema que en tanto novela histórica le es inherente a *Guatimozín*: no logra encontrar un equilibrio entre lo histórico y lo inventado que la salve en tanto novela y que la valide en tanto recuento histórico; nunca una novela de tema histórico podrá superar a la "relación exacta y circunstanciada" del acontecimiento.[34] Pero también tiene defectos que no le vienen de su "naturaleza híbrida" y que tienen que ver con la voz narrativa que estructura el relato y con la elaboración de los personajes y del lugar y tiempo de lo narrado. En el texto de Cotarelo hay expectativas de lectura que *Guatimozín* obviamente no cumple: el narrador no oculta suficientemente su injerencia en el relato y su voz es demasiado perceptible; falta también un color local que en verdad recorra la novela de un extremo a otro y que elabore el ambiente de época deseado; tampoco los personajes están elaborados como se espera, salvándose apenas los de Cortés y Guatimozín, quienes son dentro de la novela, como veremos, los menos complejos y los que atraviesan menos procesos; como personajes molestan en especial los femeninos, así como los indígenas: ninguno de ellos parece ser lo que se espera.

Lo que la crítica de Cotarelo al narrador señala realmente es que su discurso no pasa desapercibido, es decir que hay algo en él que lo hace diferente del discurso del común de los narradores, que a su relato lo guían en general coordenadas atípicas dentro de la novela de su tiempo. La forma de su artificio no es la que pasa por "realista" y de hecho la novela parece rechazarla y poner en relieve, así, su calidad de artefacto. Michèle Guicharnaud se refiere a este hecho en su artículo sobre *Guatimozín*, al señalar que en esta novela hay una historia que no es la que el siglo XIX estaba acostumbrado a leer (94). No hay en este texto un enfoque unilateral de la conquista, ni anti- ni prohispanista; en un contexto de temas de nación y nacionalidad, de civilización y barbarie, se diferencia de la historia decimonónica tradicional por ser menos exaltada y etnocentrista y por remitir constantemente al presente de la escritura (Guicharnaud 93-95). José A. Portuondo lo señala también, aunque desde otra perspectiva y con consecuencias que no comparto, cuando afirma que *Guatimozín* "es una novela que no satisface a nadie porque con nadie se compromete" (*Capítulos* 229). Como señala Evelyn Picón-Garfield en su artículo sobre *Guatimozín*, éste es un texto que, mirado en relación con las corrientes literarias de su época, con la novela histórica y la indianista, ostenta un alto grado de "originalidad y valentía en la caracterización de sus personajes y situaciones novelescas" ("Conciencia nacional ante la historia . . ." 40).

Avellaneda no hace lo que pide la literatura nacionalista predominante en el momento, espacio al interior del cual los escritores "were encouraged both by the need to fill in a national history that would legitimate the emerging nation and by the opportunity to direct that history towards a future ideal" (Sommer, "Not Just Any Narrative . . ." 49). *Guatimozín* no es un texto nacionalista: lejos de intentar la legitimación de un orden nacional a través de un pretendido realismo, lo que hace más bien, como veremos, es desestabilizar y problematizar las nociones que subyacen a la literatura nacionalista. No hay pretensión realista en *Guatimozín* sino un gusto por el oficio de la escritura y por la exploración de situaciones, siempre problemáticas.

Guatimozín, último emperador de México

Guatimozín, último emperador de México (1846) es una novela de amor y de guerra que narra la conquista de México-Tenochtitlan a través del relato de la vida de Cuauhtémoc (Cuauhtemoc-zín, si añadimos el sufijo de respeto), su último emperador. La novela narra la vida de este personaje esencialmente durante el tiempo que va desde la llegada de Cortés a Tenochtitlan hasta la destrucción y toma de esa ciudad por parte del ejército español. Las referencias retrospectivas presentes en el relato permiten relatar la historia de Guatimozín hacia el pasado, mientras el epílogo relata su ejecución, ocurrida tres años después de la caída del imperio.

La narradora (porque es una mujer, como veremos) se queja en varias ocasiones durante el relato de lo poco que se sabe acerca de Guatimozín y de la poquísima atención que prestaron a este personaje los cronistas (y también los historiadores posteriores) no obstante la relevancia que tuvo su figura dentro del orden mexicano y a pesar de que desde la primera entrada en Tenochtitlan debió hacérseles evidente su presencia al lado de Moctezuma. Tampoco atienden las crónicas al rol fundamental que desempeñó durante los últimos meses de la campaña de Cortés sobre Tenochtitlan. Y Avellaneda tiene razón en eso: muerto Moctezuma, ni Cortés ni Bernal Díaz en sus crónicas se ocupan de comprender y explicar lo que ocurre al interior del gobierno mexicano; todo en su relato es desde entonces un caos sin sentido, una muchedumbre anárquica y salvaje que actúa sin razones y contradictoriamente, y que deja al lector preguntándose cómo, si la situación era tal, tuvo Cortés tanta dificultad para la conquista, con todo y poner en ello toda la inteligencia y la astucia que lo caracterizaban como estratega. El nombre de Guatimozín aparece en la cartas de relación de Cortés sólo en el momento en que ya se encuentra cercado y a punto de caer preso de los españoles. En la crónica de Bernal Díaz el personaje aparece un poco antes que en el texto de Cortés, primero sin nombre, perdido entre "los sobrinos de Montezuma" contrarios a los españoles, todos de nombres aparentemente impronunciables, y de repente ya emperador (y casado con una hija de Moctezuma) en los últimos momentos del cerco a la ciudad.

Estos hechos en torno a Guatimozín los percibe la narradora como una pérdida: el último emperador de México es un personaje injustamente ignorado por la historia, y ella quiere reparar ese error rindiéndole el homenaje que se le debe. Al final de una extensa nota sobre la genealogía de Guatimozín, la autora señala que:

> Extraña cosa me ha parecido que en historia en que se hace tan particular mención de los señores más notables del imperio mexicano, se diga tan poco de aquel "que por sus grandes hazañas" (según dice Solís) mereció ser elevado al Imperio a la edad de veinte y dos años, con preferencia a los reyes de Texcoco, Matlalzinco, Coyoacán y otros muchos señores poderosos ... No concibo cómo está oscurecido hasta el momento de su coronación un personaje que tanto figura después en la historia de la conquista, y que es indudable debió figurar antes. (168)

Más adelante la narradora, hablando en general sobre los héroes mexicanos, se queja del olvido al que los ha relegado la historia:

> ¡Hechos heroicos han inmortalizado el nombre romano; pero vosotros pasasteis oscuros y seréis desconocidos de la

posteridad! ¡Vosotros no recibiréis otro homenaje que aquel respeto que inspirasteis al jefe de una tropa aventurera, y las lágrimas estériles que a vuestra memoria tributa hoy una mujer! (221)

Más específicamente sobre Guatimozín, afirma que éste fue

uno de aquellos seres magnánimos que, eclipsados al resplandor de otra gloria enemiga, quedan muchas veces confundidos en las páginas de sus inevitables desastres; hasta que, inspirada algún día la entusiasta mente del poeta, descubre—al través de las nubes del inmerecido infortunio—la santa aureola de la olvidada gloria. (412).

El texto de *Guatimozín* quiere, pues, reparar este olvido, y se presenta a sí mismo como una "pintura" detallada de lo que está apenas "bosquejado" en las páginas de la historia de la conquista (415): "[Si] las noticias que doy no son perfectamente exactas, puedo creer al menos que son verosímiles y no infundadas" (nota, 168).

Como puede observarse también en los fragmentos que acabo de citar, la narradora se presenta a sí misma a la vez como el entusiasta poeta en cuyas manos está el poder de dar la gloria (412) y como el poeta de rasgos femeninos cuya sensibilidad privilegiada le descubre lo que por siglos ha estado encubierto al conocimiento de los hombres (221). Con ello autoriza su relato, siguiendo esa estrategia adoptada por las románticas y que arriba presentamos: la de autorizarse como productoras de discurso haciendo uso "pervertido" del culto romántico a la sensibilidad. De esta manera Avellaneda justifica su incursión en el género de la novela histórica, género que como arriba señalamos, es un terreno impropio para las mujeres.

Guatimozín es la más extensa de las novelas de Gertrudis Gómez de Avellaneda. Está dividida en cuatro partes. La primera comienza con la entrada de Cortés en la ciudad de México (como generalmente llama la narradora a Tenochtitlan), y relata la manera en que Cortés asume el poder absoluto sobre el imperio a través de Moctezuma. El último capítulo de esta parte deja presos o desterrados a todos los señores mexicanos que se oponen a Cortés. Guatimozín comienza como uno de los consejeros más cercanos a Moctezuma, tanto por su inteligencia y sabiduría como por ser esposo de una de las hijas del emperador, y sobrino suyo; al final, sublevado por la pasividad de Moctezuma ante la tiranía de Cortés, participa en una conspiración en contra de éste, conspiración que el emperador sofoca y por la cual es condenado al destierro junto con su esposa y su pequeño hijo, nieto del emperador.

Esta primera parte consta de trece capítulos. La segunda, de once, comienza con la convocatoria que hace Moctezuma a todos los señores del imperio para que en México se jure vasallaje a Carlos V a través de Hernán Cortés y se le tribute como a máximo señor. Guatimozín está de nuevo entre los señores que se niegan a la obediencia, y por ello va a prisión con varios de ellos, no saliendo de allí hasta la llamada Noche Triste, con la cual termina esta parte de la novela. La segunda parte comienza, pues, con Cortés en el punto máximo de su poder en México sin haber tenido que recurrir al uso de la fuerza contra el imperio, y termina dejándolo en su momento más desesperado tras la muerte de Moctezuma y la pérdida de casi todos sus hombres y de todos los tesoros reunidos.

El relato de la tercera parte, conformada por trece capítulos, no se ocupa de Cortés hasta el capítulo número siete; los primeros capítulos relatan el duelo mexicano por sus muertos de la Noche Triste, los esfuerzos por reorganizar el imperio bajo el emperador Quetlahuaca y la coronación de Guatimozín tras la muerte del primero a causa de la viruela. A partir del capítulo ocho, el espacio de la narración lo comparten mejicanos y españoles, con Guatimozín y los señores mexicanos reconstruyendo la ciudad y preparando a su ejército, y con Cortés en "la república de Tlaxcala," asegurándose la fidelidad de los tlaxcaltecas y con la buena suerte de recibir refuerzos españoles en hombres y armas. Esta parte es pues el espacio para explorar la conquista de México no sólo como la lucha entre Cortés y los aztecas, sino también reflexionando sobre el papel de los otros habitantes de ese territorio y enemigos de los aztecas. Tampoco en esta parte, como en la segunda, puede hablarse de vencedores ni de vencidos.

La cuarta parte, de quince capítulos, representa una lucha en la que ambos bandos (el mexicano y el español) alternativamente pierden y ganan, pero en la cual el imperio se va debilitando más y más hasta caer en poder del ejército de Cortés. Al final Guatimozín es hecho prisionero y luego torturado para que revele el destino de sus tesoros.

La novela se cierra con un epílogo que narra la injusta ejecución de Guatimozín en la horca y que muestra a Gualcazintla, la esposa de Guatimozín, enloquecida por el dolor y sin su hijo, muerto en algún momento durante los tres años que han pasado. El epílogo se caracteriza por un cambio en la narración, pues su personaje principal es Marina—la Malinche, como se la llamaría luego—, figura bastante marginal en el resto de la novela pero examinada aquí en toda su complejidad. A través de esta mestiza cultural, la autora que inferimos se aproxima al problema de la conquista no ya desde una perspectiva indígena que trata por todos los medios de evitar el colapso de su cultura, sino desde una perspectiva que vive ya y con todas sus implicaciones el nuevo orden colonial.

Pero el tema de la novela no es sólo bélico y político. El texto tiene también un fuerte componente de novela sentimental, desarrollando así otra de las grandes corrientes del romanticismo. A través de la elaboración de varias relaciones amorosas entre parejas mexicanas y parejas de españoles e indígenas, la novela explora las relaciones entre los sexos e imagina las características del encuentro de culturas ocurrido con la llegada de los españoles al territorio americano. En tanto novela histórica, interesada no sólo en los grandes acontecimientos sino en la pintura de lo cotidiano, la novela se detiene además sobre varios aspectos de la cultura azteca y también, aunque con menos detalle, sobre la tlaxcalteca; en ese relato se destaca especialmente el cuidado con que elabora su sistema político y el estado de las artes y las letras. En el relato sobresalen también los personajes femeninos: son numerosos y variados y desempeñan un papel importante en el desarrollo de la novela.

Los hipotextos coloniales de Guatimozín

Avellaneda llevó a cabo una rigurosa investigación para escribir su novela. En una nota a pie de página, la autora afirma que el deseo de conocer los antecedentes que elevaron a Guatimozín a emperador la ha obligado "a registrar cuidadosamente cuantos libros se han publicado sobre México, así en Europa como en América" (168). La lectura de la novela confirma la verdad de este hecho. Aunque en el desarrollo de esta investigación consultó también las historias de Clavijero, Solís y Robertson, los textos que la novela lee rigurosamente y cuya presencia es determinante dentro del texto de *Guatimozín* son los de Hernán Cortés y Bernal Díaz del Castillo, en especial éste último. La escritora utiliza las historias posteriores a la conquista para documentarse acerca de la cultura azteca, su religión, su lengua, las artes, etcétera. Pero las cartas de relación enviadas por Cortés a Carlos V y la *Historia verdadera de la conquista de la Nueva España* tienen en el texto de la novela una presencia diferente a la meramente documental.[35]

En la novela de Avellaneda el texto de Cortés tiene una presencia implícita constante como blanco de crítica; sólo se lo menciona explícita-

185

mente en contadas ocasiones y con un doble propósito: el de autorizar el nuevo relato demostrando un conocimiento riguroso de las fuentes y el de aumentar el efecto de verosimilitud transcribiendo palabras del propio Cortés en los diálogos del personaje (411). Leídos comparativamente, se observa en general que el texto de *Guatimozín* critica en el de Cortés lo escueto de sus descripciones, a la vez que destruye la apariencia de dominio absoluto de las situaciones, tan característica en las cartas del conquistador a su rey.

En cuanto al texto de Díaz del Castillo, cuando se leen simultáneamente la novela y la *Historia verdadera* no queda otra opción que imaginar a su autora con esta crónica a su lado. Siguiendo este texto, la narradora alternativamente autoriza en él la veracidad de su relato o corrige el de Díaz del Castillo, y ello de forma explícita o implícita, citando o sólo aludiendo, a pie de página o en el cuerpo de la novela, pero en cualquiera de estos casos siempre comentando de alguna manera ese texto. Bernal Díaz le interesa a la narradora como "testigo ocular" (302), pero también, aunque no lo dice explícitamente, por lo minucioso de sus descripciones, si bien en ocasiones le critica explícita o implícitamente pasar con demasiada prisa sobre aspectos que para ella requieren atención (349, 391). En otros lugares, sin hacer mención directa de la crónica de Díaz del Castillo, puede seguirse el texto de varios capítulos de Avellaneda como un palimpsesto bajo el cual se transparenta claramente el texto colonial en su estructura, el orden de los sucesos, los diálogos de los personajes, como ocurre por ejemplo en el capítulo 5 de la segunda parte con respecto al capítulo 115 de la *Historia verdadera.*

La presencia de los hipotextos dentro de la novela y el contraste que ésta establece con respecto a ellos se evidencia desde el primer capítulo. Para describir la entrada del ejército español en Tenochtitlan el texto de Cortés no es de mucha utilidad: se concentra en describir somera y cuantitativamente las vías de acceso, los tesoros que le presentan y la actitud deferente de Moctezuma y sus señores hacia él y sus capitanes (*Cartas* 60-61). Avellaneda parte de esta descripción para elaborar las actitudes características del personaje de Cortés, pero nada le sirven para crear el espacio y el ambiente en el que aparecerán y actuarán sus personajes. A este respecto la *Historia verdadera* sí está llena de tesoros, pues no en vano la descripción que hace Bernal Díaz de la entrada en Tenochtitlan es uno de sus fragmentos más leídos (capítulos 87 y 88). El texto de Avellaneda parte de esa mirada maravillada del soldado para elaborar el escenario de los hechos, haciendo sin embargo más énfasis que éste en los rasgos que señalan el alto grado de sofisticación de la "civilización mexicana," como la denomina la narradora.

Igual que en las crónicas, desde el comienzo de la novela la actitud de Moctezuma es la de hacer la voluntad de Cortés en todos los asuntos referentes al imperio, pero a diferencia de ellas la novela elabora con detenimiento un gran conflicto al interior de Moctezuma y de su imperio suscitado por lo inaudito de los acontecimientos. La perspectiva que adopta la narración en la inmensa mayoría de los capítulos es la de sus personajes mexicanos. Desde esa perspectiva *Guatimozín* critica por igual en los dos textos de conquista la insensibilidad de ambos al dolor de ese pueblo y a lo complejo de su nueva situación. La novela da mucho más espacio textual y trascendencia, por ejemplo, a los hechos de la prisión de Moctezuma, a los primeros actos de tiranía de Cortés (que por supuesto no son tales en las crónicas), al juramento de vasallaje y al problema en torno a la conversión religiosa.

Un ejemplo elocuente es el de la injusta muerte en la hoguera de Qualpopoca, uno de los principales señores del imperio. Este es el primer acto de tiranía de Cortés y ante él Moctezuma permanece pasivo y resignado. Las dos crónicas presentan el hecho en escasas líneas, trivializando en él su carácter en extremo conflictivo. En una misma página, y en pocas líneas, el texto de Cortés da cuenta de la prisión de Moctezuma, de los grillos con los que lo aseguraron y de la muerte de Qualpopoca, y todo contando con la complacencia del mismo Moctezuma (*Cartas* 65). Avellaneda desarrolla estos hechos en cinco capítulos (parte 1, capítulos 7-11), y los elabora como motivo de la primera conjuración de Guatimozín y de otros señores del imperio en contra de Cortés, conspiración reprimida por Moctezuma y que concluye en la prisión de algunos y en el destierro del futuro emperador.

Bernal Díaz, tan minucioso y reiterativo en otros casos, relata en una sola página estos mismos hechos, y menciona sólo una vez el nombre de Qualpopoca ("Quetzalpopoca" en su texto), pues "poco va en saber sus nombres" (*Historia* 203). En contraste, la mayoría de los personajes de *Guatimozín* son mexicanos. Casi que los únicos españoles que reciben nombre y salen así del grupo ahora anónimo de "aventureros" (*Guatimozín* 177, 192, 199) son Cortés, Velázquez de León y Alvarado. Del otro lado, del de los mexicanos, abundan los personajes, todos caracterizados independientemente, masculinos y femeninos, introduciendo diferencia y complejidad dentro de la masa de lo Otro informe que es característica de estos relatos coloniales.

El segmento de la narración que acabamos de presentar, relativo a la prisión y grillos de Moctezuma y a la muerte de Qualpopoca, es un caso de alusión, pues nada en el texto de Avellaneda critica explícitamente a los textos de Cortés y de Díaz del Castillo. Otras veces sí es explícita la crítica, como en una nota a pie de página donde la autora (pues así firma la nota) se queja de la "aterradora sencillez y naturalidad" con que Díaz del Castillo narra el destino de los prisioneros y prisioneras mexicanos, esclavizados, marcados y repartidos en plaza pública, "piezas" o "buenas indias" cuya vida sólo es importante como botín de guerra (*Guatimozín* 349; *Historia* 318, 327, 334). A ello la narradora contrapone, ya en el texto de la novela, varias historias particulares de hombres y mujeres que hacen concreto el drama y que se detienen en la elaboración del significado que este aspecto de la conquista debió haber tenido para los vencidos:

> Llenos se vieron entonces los mercados de Texcoco de las infelices gentes mexicanas, que, cual si fuesen rebaños, eran herradas y vendidas en pública almoneda. / Aquél fue el espectáculo que presentó Cortés a las curiosas miradas de los recién venidos de España, y ciertamente no era el menos a propósito para excitar su codicia . . . / Allí, en aquellas plazas convertidas en inmundos bazares, regateaban el precio de las hermosas vírgenes americanas los soldados españoles, y acudían a insultar a sus enemigos los feroces tlaxcaltecas . . . / En aquel mismo sitio, algunas horas después, se ahogaba con su propia lengua un general mexicano . . . (349-51)

También hay casos de cita directa dentro del texto mismo y ya no sólo al margen, como cuando la narradora hace una relación detallada de la magnitud de la derrota que el ejército español sufrió en Tlatelolco:

> nada tan expresivo en su sencillez y desaliño como las palabras que refiriendo este desastre usa el ya tantas veces citado Bernal Díaz del Castillo:
>
>> Nos íbamos retrayendo [dice] oyendo tañer un como atambor de tristísimo sonido, digno instrumento de demonios, que retumbaba tanto que se oía desde dos o tres leguas de distancia. Era aquella una señal que mandaba a dar a los suyos el emperador de México

para que entendiesen que habían de hacer presa o
morir sobre ella . . . (391)

La crítica al relato de Cortés es siempre a través de la alusión implícita,
explicitándose sólo en la manera en que la novela elabora a este
personaje.

En contraste con las cartas de relación y la *Historia verdadera*,
Guatimozín es un intento de elaborar el mundo mexicano desde dentro,
intento carente de propósito y por demás imposible para los relatos de
Cortés y de Bernal Díaz. Con respecto a ellos *Guatimozín* multiplica los
nombres aztecas, sus personajes y las situaciones. Se los presenta no sólo
en la situación imprevista de guerra y de disolución del imperio, sino
también en una sofisticada cotidianidad. La narración elabora con detenimiento las características de su forma de gobierno, sus relaciones
interpersonales, sus manifestaciones artísticas, imagina a sus hombres
y a sus mujeres, los figura sin los europeos en los consejos de gobierno,
entre sus familias, al lado de sus amantes. Guatimozín aparece ahora al
frente de su ejército, reuniendo a su gente, definiendo planes de defensa
y estrategias de ataque; la campaña sobre Tenochtitlan no es por ello ya
el enfrentamiento de la inteligencia contra el número anárquico, predominante en las cartas y en la crónica, y por ello ahora son comprensibles
hechos que antes carecían de toda lógica, como los episodios de la toma
de Texcoco y de Chalco, cuyos desórdenes tienen siempre explicación en
particulares circunstancias políticas (parte 3, capítulos 9-11). El espacio
doméstico, ausente tanto de las crónicas como de las historias posteriores, se imagina con minuciosidad, tanto en condiciones normales como
en el cataclismo de la guerra, la epidemia, el hambre; las mujeres indígenas no son sólo "buenas indias" para la apropiación; ahora aman,
tienen ingerencia en la política, participan en la guerra.

"Una estatua de la Duda": El deseo insatisfecho por la univocidad

El tipo de relación hipertextual de *Guatimozín* con los textos coloniales que he presentado hasta aquí podría hacer pensar que se trata de
una novela indianista que sigue todas las coordenadas convencionales.
Pero no es así. *Guatimozín* no es una novela guiada por una ideología
nacionalista liberal encarnada en la pretendida simpatía por "el indio"
y por su reivindicación social; no es gratuito que Concha Meléndez la
describa como una novela cuyo motor principal es "la atracción exótica

[y] la moda literaria del momento" (14). Si bien, mirada desde sus hipo-textos, parecen dominantes su simpatía hacia los indígenas y algunos rasgos antihispanistas, ambos componentes son matizados de varias maneras en el relato.

Las actitudes españolas que el texto cuestiona se ven atenuadas por circunstancias temporales concretas. Son las creencias particulares de un tiempo determinado las que se condenan; tampoco se condena a España como nación sino a algunos individuos dentro de ese orden. La narradora expone con cuidado lo que ella denomina "la superstición de aquellos tiempos" en el pueblo español, y la elabora en sus componentes religiosos y militares; además una misma superstición del lado azteca, aunque de características diferentes, le hace contrapeso. El adjetivo de "aventureros" con el que suele calificar a los soldados españoles no tiene una connotación realmente despectiva, sino que describe el carácter improvisado y azaroso de las campañas de exploración y de conquista. Por otro lado, no son los aztecas los únicos que sufren y el texto muestra también simpatía hacia los trabajos de los españoles. Si hay un personaje como Pedro de Alvarado, totalmente antipático a la narradora, éste es un personaje que no representa al grupo y que sobresale por su atipicidad. La figura negativa de Alvarado se ve equilibrada por el personaje de Velázquez de León, uno de los personajes por los cuales la narradora siente mayor simpatía y que resulta ser a la postre uno de los grandes afectados por la guerra de conquista. Ante el personaje de Cortés, quien domina sobre todo el panorama español, la narradora presenta una acti-tud ambigua: aunque a veces ésta es la figura en quien se examinan todos los errores de la época, en otros fragmentos él resulta ser también el personaje europeo con quien la autora implícita se identifica y en quien elabora parte de sus preocupaciones.[36]

En cuanto a la simpatía por los mexicanos, no es ésta la simpatía indianista. El terreno azteca es tan rico en personajes y situaciones, que se aleja totalmente de la concepción del "buen salvaje." Los indígenas no son el Otro, no son la masa desconocida que el discurso indianista homo-geniza y en la que se colocan la utopías y los proyectos nacionalistas que finalmente excluyen a los indígenas concretos del territorio de la patria. Además de haber toda clase de personajes, positivos y negativos y llenos de matices intermedios, hay varios pueblos indígenas diferentes al azteca y con referencia a los cuales se elabora parte de las características de este pueblo, buenas y malas. El pueblo azteca, que de otra manera resultaría el héroe y la víctima tanto de españoles como de la traición del resto de pueblos "mexicanos," aparece inscrito dentro de estructuras de poder más complejas que la que simplemente podría presentarlos en la lucha contra los europeos. Moctezuma es culpable en buena parte de la tragedia mexicana, y los tlaxcaltecas defienden derechos propios al aliarse temporalmente a los españoles.

Cabe aquí señalar que de manera similar, tampoco los personajes femeninos son ese Otro emotivo y homogéneo del discurso romántico patriarcal. La novela parece rechazar, a través de este doble desplazamiento, la dicotomía naturaleza/cultura: "la mujer" y "el salvaje" no aparecen en su texto confinados a "lo natural." Este hecho escapa totalmente a las expectativas decimonónicas de lectura, y tal vez está a la base del rechazo a estos personajes en la crítica de Cotarelo y Mori que citamos extensamente en el apartado anterior.

Como se observa, son múltiples los elementos que impiden circunscribir a *Guatimozín* dentro de simples esquemas dicotómicos. A la raíz de esta complejidad se encuentra, como mostraré adelante, la forma que Avellaneda da a su relato. Si es plausible mi propuesta inicial de que el propósito que pone en movimiento al relato es más literario que social o político en sentido tradicional, hay que buscar en la novela histórica europea y principalmente en Walter Scott las causas de esta heterogeneidad. Avellaneda no escribió su novela dentro del contexto nacionalista hispanoamericano; el antihispanismo no es una de sus coordenadas, ni lo es tampoco la fundación de una nación.

La historia de la conquista de México le ofrecía a Avellaneda un tema interesante y que seguramente tendría acogida. Pero en él no se iban a encontrar esos pueblos como el europeo y el Otro: en su texto aparecen como estadios de civilización prácticamente coetáneos, teniendo por ello más características en común con el enfrentamiento entre los sajones y los normandos de *Ivanhoe* que con los discursos indianistas de las élites criollas hispanoamericanas.

Guatimozín es una novela escrita por una mujer que quiere escribir una novela histórica pero que desde un principio no se identifica con los sujetos que comúnmente producen tales discursos. Esta novela es fundamentalmente un texto que exhibe con placer su calidad de artefacto literario y que se resiste a las dicotomías. Sobre esto iremos en lo que sigue.

Guatimozín: *Ambigüedad y artificio*

Guatimozín es una novela realista de narrador omnisciente en tercera persona. Este narrador hace su relato en orden cronológico y en el
tiempo pasado. A diferencia de sus personajes conoce el desarrollo ulte-
rior de los acontecimientos y los elabora y juzga desde una perspectiva
ideológica y temporal de mediados del siglo XIX. Aunque sus puntos de
vista son cambiantes y tiene acceso tanto al interior de los personajes
españoles como al de los mexicanos, el narrador sigue principalmente los
movimientos de los mexicanos, los aztecas: se sabe qué ocurre entre los
españoles sólo mientras se encuentran en Tenochtitlan, y el relato
resume apenas los hechos que les ocurren en espacios diferentes, referi-
dos ya en detalle por las crónicas. La mayor parte del relato se concentra,
pues, en los mexicanos, y en especial en imaginarlos en sus palacios sin
la presencia de los españoles, en sus reuniones de consejo, ocupándose
no sólo de los asuntos referentes al gobierno y a la guerra, sino dando
también mucho espacio textual a la cotidianidad de sus vidas. En este
sentido, aunque describe en detalle la comida, el vestido, la arquitectura,
las diversas artes, todos elementos obligados de la novela histórica,
sobresale el detenimiento con que elabora las conformaciones familiares
y los personajes femeninos.

La voz narrativa se elabora según los supuestos del sujeto moderno
decimonónico en varios aspectos. Es un historiador objetivo, en la medida
en que conserva la distancia científica propiciada por el uso de la tercera
persona en la narración y es una voz homogénea, coherente y consistente. Pero surge aquí ya una primera diferencia, de consecuencias importantes para la conformación del texto y para la totalidad de su circunstancia enunciativa: a diferencia del sujeto científico, este narrador
reconoce tener género sexual, y éste resulta ser, además, femenino. Se
trata de un narrador doblemente atípico dentro del discurso de la modernidad, pues el individuo productor de discurso científico se pretende un
sujeto trascendental cuya circunstancia concreta es irrelevante (tanto
con respecto a su género como a su raza, etnia y clase socio-económica),
y si algún género tiene es usualmente masculino. El narrador de *Guatimozín* es una mujer, y el texto mismo, como ya vimos, lo hace explícito
(221).

Con este gesto aparentemente simple el emisor del relato toma
cuerpo y circunstancia concreta: el de una mujer escritora de mediados
del siglo XIX en Madrid. Este hecho influye sobre el texto mismo (qué

relata y qué no, cómo) y finalmente también sobre el receptor (cómo se lee una batalla contada por una mujer, una escena amorosa, un juicio político, un juicio a la historia). En fin, *Guatimozín* es un texto que obliga a ir sobre la situación enunciativa en todos sus componentes, hecho inusitado en la aproximación al relato histórico con voluntad de verdad.

Las consecuencias de este hecho pueden seguirse a los tres niveles que he venido estudiando, como son los de la naturaleza del Sujeto, de la Realidad y de la Historia. Las características particulares de este sujeto emisor introducen particularidades al interior de estos conceptos modernos, particularidades que están al origen de su atipicidad con respecto a los relatos históricos de su época. Con respecto al Sujeto, aunque el narrador es consistente y coherente, el relato mismo da espacio a la aparición de personajes con perspectivas diversas e incluso opuestas a la suya, con posiciones diversas ante la realidad que no siempre son resueltas ni jerarquizadas. Se intenta en principio una representación de la Realidad, pero la posibilidad de verdad con respecto a ésta se relativiza: para la autora ha sido evidente el carácter de artificio de los relatos (que de manera supuestamente objetiva y neutral han tejido su marginación y la de su género), y por ello su relato, aunque afirma tener una voluntad de verdad (reparar el olvido), hace demasiado evidente su calidad de artefacto, minando así el efecto de realidad. En el mismo sentido, a la vez que se presenta como una relación verdadera de lo olvidado, su carácter de hipertexto trae a primer plano la contingencia del relato histórico y hace patentes las implicaciones ideológicas que conlleva la actividad de escribir acerca de la historia.

Varias veces se ha hablado del carácter abierto de los textos de Avellaneda. Sus personajes numerosos y complejos y su forma narrativa evidentemente "literaria" producen refracciones constantes que distorsionan el efecto de realidad, la univocidad y el sentido final fundamental al positivismo científico y a los proyectos nacionales. Examinaremos unos y otros en lo que sigue.

Guatimozín es un despliegue de conocimientos históricos y literarios y de habilidad en el manejo del medio artístico. Es evidente en el texto su voluntad de acceder al discurso del conocimiento y de analizar varios componentes fundamentales de la cultura europea; son evidentes también el cuidado y la sofisticación de la forma que la escritora da a su artefacto literario. Avellaneda no mentía cuando en una carta a García Tassara afirmaba que su novela estaba "escrita con grande esmero" y que la había precedido "un estudio profundo de la historia de la conquista [y] del estado de la civilización azteca;" su texto final es testimonio de su propósito de "hacer una novela digna de figurar al lado de las buenas novelas históricas" y de que en efecto, como afirma, la corrigió, limó y relimó con empeño (cit. Cotarelo y Mori 131-32).

Al leer la novela viene de inmediato el recuerdo de Walter Scott con su novela *Ivanhoe*, autor a quien Avellaneda califica como "el primer prosista de Europa, el novelista más distinguido de la época" (*Diario* 73). El relato escoge dar al ambiente, a las organizaciones y a los personajes mexicanos la forma del medioevo feudal europeo configurado por las novelas de Scott. Del repertorio de formas narrativas que tenía a su disposición para elaborar el mundo indígena, Avellaneda no escogió, por ejemplo, la de Chateaubriand, que tantos autores hispanoamericanos hallaron útil para interpretar "la naturaleza americana" y describir a sus "primitivos" habitantes: la estructura fundamental de su historia no sigue la figura que describe a América como el lugar de lo "primitivo" y "original" para oponerla a la "civilización" europea. Ni sus personajes son los "salvajes" ni su naturaleza es el "desierto"; de hecho todas las escenas son urbanas a excepción de la del viaje de Guatimozín al destierro, cuya mirada de despedida sobre el valle del Anáhuac, "la campiña" mexicana, descubre entre sus montañas y sus árboles el campo extensamente cultivado y las ciudades (145-46).

La primera presentación de la cultura azteca en la novela se elabora a través del relato de las festividades en honor de Miazochil, la emperatriz mexicana. Este episodio, relatado en el capítulo cuatro de la primera parte, no aparece en las crónicas de conquista y es de total invención de la autora. El relato de las fiestas constituye en la novela el primer acercamiento minucioso del lector a las particularidades de la "civilización" mexicana, como repetidamente la llama la narradora. Estas fiestas se abren con torneos que recuerdan las escenas iniciales de *Ivanhoe*: como en esa novela, el torneo de *Guatimozín* es el espacio en donde se delinea por primera vez a los personajes masculinos y donde éstos conocen y rinden honores a sus damas; las fiestas se cierran con un gran banquete, del cual por supuesto no están ausentes los juglares. El final de la sofisticada prueba de la cual sale triunfador Guatimozín podrá dar una idea de la similitud de la novela con *Ivanhoe*:

> La flecha de Guatimozín, sorprendiendo a la varita en su rápido giro, se había clavado en la flecha misma del texcocano, que cayó en tierra hecha menudos fragmentos; y recibiendo un impulso contrario al que traía, la varita comenzó a voltear en opuesta dirección.

Un silencio de asombro siguió a este maravilloso tiro, hasta que, recobrados algún tanto los espectadores, prorrumpieron en desaforados aplausos.

Ningún arquero osó disputar el premio al esposo de Gualcazintla, que conducido en triunfo por los mariscales, lo recibió puesto de rodillas, de manos de aquella hermosura.

. . .

Premiados los vencedores, la fiesta tomó un carácter más popular. Nobles y plebeyos se mezclaron y confundieron en el vasto recinto: los músicos sustituyeron por tocatas alegres los sonidos fuertes y belicosos, y comenzó el baile, en el cual el más orgulloso príncipe no desdeñaba tener por pareja a la hija o mujer del labrador y del artesano. (79, 82)

Este modelo scottiano para describir a los indígenas mexicanos aleja en buena medida a *Guatimozín* del modelo de Chateaubriand, y hace de esta cultura un fenómeno casi contemporáneo del conquistador europeo: el mundo del indígena no se aproxima como la Arcadia perdida sino como una conformación cultural que es presentada y examinada al mismo nivel que sus contemporáneas europeas. El modelo de *Ivanhoe* es también el que explica en parte una de las modificaciones principales que Avellaneda hace sobre el contenido de sus hipotextos coloniales: la autora implícita elimina casi del todo la poligamia de la que hablan los cronistas y hace desaparecer totalmente la costumbre de obsequiar mujeres y de ceder hijas en matrimonio.

Este hecho se ve claramente en el personaje de Tecuixpa, la hija de Moctezuma cuyo amor ha sabido ganar el capitán Velázquez de León, el personaje español más importante en la novela después de Cortés. Varios elementos narrativos muestran que ésta es la misma hija que Moctezuma dió a Hernán Cortés y que éste aceptó poniendo como condición el que antes fuera bautizada y advirtiendo que no podía ser su esposa legítima porque ya estaba casado ante el Dios verdadero. Las cartas de relación de Cortés no narran este tipo de sucesos. Bernal Díaz del Castillo sí relata el hecho, aunque lo cuenta en dos líneas, sin detenerse en ello y sin mencionar el nombre de esta mujer (226); cuenta también cómo él mismo pidió "una india" a Moctezuma y que éste gustoso se la concedió, recomendándole de manera especial su cuidado por ser hija de un gran señor (208). La crónica de Díaz del Castillo relata que Cortés, en el momento de dejar Tenochtitlan para enfrentar a Pánfilo de Narváez, envió a esta hija de Moctezuma junto con otras indias suyas a Tacuba para guardarlas a buen recaudo, y que al tratar de llevarlas de nuevo a Tenochtitlan a su regreso fueron retenidas por el ejército mexicano rebelde (266). Estos sucesos en torno a la hija de Moctezuma coinciden punto por punto con los movimientos del personaje de Tecuixpa en la novela de Avellaneda. Pero también las diferencias son evidentes: lejos de ser cedida a Cortés, en *Guatimozín* Velázquez de León sabe ganar de manera sincera su amor, así como el afecto de Moctezuma, y todo ello lo habría hecho merecedor de su mano de no haber muerto durante la Noche Triste.

Volviendo ahora al análisis comparativo de nuestra novela con el modelo scottiano, vemos también que la investigación que Avellaneda lleva a cabo acerca de la historia de la conquista y de las culturas del territorio mexicano para elaborar su cuadro de la conquista sigue en buena medida las ideas de Scott sobre la novela histórica. Los elementos definitorios que Georg Lukács señala en las novelas de Scott están todos presentes en *Guatimozín:* están presentes lo que él llama la amplia delineación de las maneras y circunstancias que acompañan los eventos, la representación dramática de la acción y el nuevo e importante papel del diálogo (Lukács 31). Como en el modelo scottiano, el momento histórico elegido aparece "as a broad and many-sided picture, [thanks to the fact that] the everyday life of the people, the joys and the sorrows, crises and confusions of average human beings are portrayed" (Lukács 39). Como *Ivanhoe, Guatimozín* quiere ser "[a] total historical picture," y para lograrlo lleva a cabo "a rich and graded interaction between different levels of response to [the] major disturbance of life [at issue]" (Lukács 44). Esta misma afirmación de Lukács acerca de las novelas de Scott describe a la novela de Avellaneda, pues la llegada de Cortés al territorio mexicano y la posterior caída del imperio se presenta en detalle tanto a nivel de lo público como de lo doméstico, y si bien se concentra en los personajes de "la nobleza" mexicana, en los momentos más difíciles aparece también el pueblo, con sus reacciones y sufrimientos.

El tema político es uno de los más destacados en la novela, y constituye una toma de voz por parte de Avellaneda como sujeto productor de un discurso impropio de su sexo. La narradora elabora con detalle la organización política azteca y la tlaxcalteca, la primera como una monarquía feudal viciada de absolutismo bajo Moctezuma (46-48) y la segunda como un orden republicano disminuido por un senado incapaz (300-301). La figura de Hernán Cortés se presenta también políticamente con respecto al desorden en el imperio de Carlos V y a la arbitrariedad de la administración y de las campañas de ultramar (43, 122, 188). El manejo político en cada uno de ellos se pone en relación estrecha con las creencias religiosas de cada uno de los bandos, todos igualmente fanáticos ya sea en sus sacrificios a Huitzilopochtli, de un lado, o en sus hogueras inquisitoriales, del otro. Picón-Garfield ha señalado con razón que esta novela comenta constantemente sobre la sociedad de su época ("Conciencia nacional" 43), y éste es evidentemente uno de los casos: la fuerte presencia de lo político en esta novela constituye sin duda un comentario sobre la política de su propio tiempo.[37]

El enfrentamiento armado ocupa también buena parte de la narración, y Avellaneda despliega ahora no sólo su capacidad de análisis sino también su destreza narrativa al decidirse, y con buen éxito, a describir escenas de guerra, y en ellas no sólo estrategias de los ejércitos vistas desde lejos y resultados finales, sino también enfrentamientos cuerpo a cuerpo llenos de escudos, espadas y lanzas, de miembros que caen, de escenas sangrientas de cadáveres que se acumulan sobre el suelo o flotan sobre el lago. Desobediente de nuevo a la exigencia de no mezclarse en los duros asuntos del mundo, Avellaneda elabora con minuciosidad escenas que resultan impropias y que la convierten casi en la amazona de la novela que no desmaya ante la sangre. El siguiente relato del sacrificio de seis prisioneros españoles es un ejemplo de ello:

cuando vieron vibrar en la nervuda mano del teopiltzín el agudo itztli que debía despedazar sus pechos, y la rojiza luz de veinte teas de madera resinosa reverberó en la enorme piedra del sacrificio, aún no bien seca de la última sangre que sobre ella se virtiera, horrorizadas las víctimas no pudieron reprimir un movimiento espontáneo y retrocedieron un paso . . .

Reinó por un instante silencio profundo: oyóse en seguida el áspero sonido de la carne que rasgaba lentamente el filo del pedernal: vióse saltar la sangre sobre los mármoles de la capilla, manchando los blancos hábitos de los sacrificadores . . . (282)

También el horror de los enfrentamientos bélicos se describe con detalle:

La agitación aumentaba rápidamente. Atravesaban sin cesar las calles nuevos ejércitos que acudían a las calzadas; oíase de vez en cuando, dominando los alaridos

197

de la multitud, la voz enérgica de los jefes que exaltaban su coraje con breves y furibundas arengas . . . Vióse al emperador volar de una a otra parte doquiera que era mayor el peligro, señalando su paso con inauditas proezas. Do se levanta su arrogante penacho en medio de nubes de pólvora, allí acude la muerte a recibir víctimas. Do se deja oír su acento poderoso, allí se enciende el heroísmo y se fija la victoria. Su acero no descarga golpe que no sea mortal: su arco no despide flecha que yerre una vez en el blanco . . . Crece la carnicería, corre a arroyos la sangre, sosteniéndose con igual desesperación la contienda.
. . .
Cubierto de cadáveres el campo de lucha, enrojecidas por arroyos de sangre las aguas del lago, . . . llegó la noche a tender su lóbrego manto a aquella desastrosa escena. (387, 390)

La osadía de la autora implícita la lleva incluso a crear el personaje de la "amazona" Quilena, quien busca a sus hijos en el desolado campo de batalla:

Quedó, empero, la plaza alfombrada de cadáveres mexicanos . . . Vióse, . . . hollando con su planta temeraria tantos despojos de la muerte, a una amazona de viriles proporciones. Teñida estaba su espada de a dos manos en sangre del adversario; corría la de sus propias venas por una ancha herida que se veía en su desnudo brazo, sin que ella diese muestra de apercibirse de ello . . . [La] rojiza luz [de las caobas encendidas] reverberaba en los lagos de sangre que se formaban en la plaza . . . Apartando por sí misma algunos de los cadáveres que allí estaban hacinados, descubrió en efecto a los dos jovencitos, muertos casi al mismo tiempo uno al lado del otro . . .
—¡Dormid en paz, pobres niños! . . . El seno en que os formásteis queda desolado, como campo de perpetuo invierno; pero helo llenado con sangre caliente de vuestros matadores, y no iré a buscaros a los alcázares celestes sin haberme tres veces abrevado en ella. (407-408)

Pero, como en otra parte mencioné, los temas bélico y político no son los únicos que elabora esta novela: en ella encontramos también fuertes componentes de novela sentimental. El tema afectivo y amoroso aparece al lado del tema político y militar desempeñando un papel también fundamental dentro de la narración. A través de éste el relato entra en el mundo privado de los afectos y elabora desde allí dos nuevos aspectos de la novela: un mundo doméstico mexicano donde conviven hombres y mujeres y donde la figura de éstas últimas es elaborada, y un espacio mestizo para imaginar las características del encuentro de esas dos culturas, tema también esencial de la novela.

Hay dos parejas indígenas importantes: la de Guatimozín y Gualcazintla, y la de Cacumatzín y Tecuixpa. En el amor de Cacumatzín, señor de Texcoco, por Tecuixpa, la antigua prometida que ha perdido por el amor de ésta al capitán español, Avellaneda elabora el tema romántico del amor no correspondido: los tres primeros capítulos de la tercera parte están dedicados a Cacumatzín, el más amable de los amantes y por supuesto ignorado. En la relación de la emperatriz Gualcazintla con su marido la narradora elabora el papel de las mujeres dentro de esa cultura: Gualcazintla es la mujer inteligente y digna, siempre atenta a los negocios del imperio y lista a aconsejar a su marido y a animar sabiamente a las otras mujeres; la relación de esta pareja es activa en alto grado y definitiva dentro del desarrollo de la acción, pues el tema público y el doméstico están siempre uno acompañado del otro a lo largo del texto, mutuamente necesarios; el capítulo de la coronación de Guatimozín, por ejemplo, está seguido de uno no menos importante que éste y que se titula "Esposo, padre y rey," siendo precisamente en ese espacio doméstico, y no en la plaza pública o en el consejo, donde el nuevo emperador discute los destinos del imperio (294-95). De nuevo, como en Scott, el modelo de la relación del señor y su dama es el del amor cortés:

> Si algún día mi nombre suena en los cantos de los trovadores y las generaciones futuras me llaman grande, a tí lo deberé, Gualcazintla. Tus ojos encienden a la vez la llama del amor y del heroísmo. La mujer hermosa y digna tiene el poder de los dioses y merece culto como ellos. (295)[38]

No es Gualcazintla la única mujer de la novela, todo lo contrario. El espacio femenino está muy elaborado: los personajes femeninos son numerosos e importantes dentro del desarrollo del relato y, lejos de constituir un cuerpo homogéneo y sin matices, los hay de tipos variados y complejos, llenos de vida en sus contradicciones, dudas, indecisiones, como cualquier otro personaje masculino indígena o español. Todos los señores, incluido Guatimozín, tienen una mujer a su lado de papel activo, desde supersticiosas y convertidas al nuevo dios, como Miazochil, hasta guerreras que no temen a la sangre, como Quilena, pasando por la emperatriz Gualcazintla, altiva y de juicio claro. También hay antiguas princesas, ahora esclavas de los españoles. Pero no sólo hay emperatrices y princesas, también mujeres comunes violadas, marcadas y vendidas en la plaza, o muertas por sus padres para evitar la deshonra, situaciones todas sobre las cuales la narradora se detiene, asombrada de que Bernal Díaz no lo haga (349-50).

También en este plano, como antes en el de la guerra, aparecen los discursos impropios, los relatos escandalosos. Hay espacio aquí tanto para la descripción de la sensualidad como para la denuncia de la lascivia. El siguiente fragmento ofrece un ejemplo de ésta última:

Allí, en aquella plazas convertidas en inmundos bazares, regateaban el precio de las hermosas vírgenes americanas los soldados españoles . . . Allí, en medio de aquellos denuestos y de las obscenas chanzas de los compradores, exhalaban estériles amenazas los esposos, los padres, los amantes, que veían rasgar los velos de sus mujeres, de sus hijas, para exponerlas desnudas al examen de los mercaderes, que palpaban sus carnes para conocer su mayor o menor morbidez; su frescura más o menos intacta. (350)

Los componentes físicos sensuales no están por supuesto ausentes en la elaboración de las relaciones amorosas. Velázquez de León y Tecuixpa se enamoran durante la revista militar que hace Cortés en Tenochtitlan para demostrar su destreza después del torneo de los mexicanos:

[U]na espuela diestra obligó a la yegua [de Velázquez de León] a dar un bote; y cubriéndose los ojos Tecuixpa, arrojó un grito creyendo que el jinete había caído. Cuando descubrió sus ojos y miró ansiosamente buscando al temerario, encontróle muy firme en su silla, con una sonrisa sobre los labios y una expresión de amor y gratitud en la mirada. Su agitación y alegría fueron entonces tan excesivas, que algunas dulces y cristalinas lágrimas acudieron a sus párpados, y apresuróse a ocultarlas bajo el velo de sus negros y rizados cabellos. ¿Pero qué cosa perteneciente al objeto querido puede ocultarse a los ojos de un amante?

Velázquez de León vio el precioso llanto y hubiera dado diez años de su vida por poder secarlo con el fuego de sus labios. (86)

Tiempo después, en sus conversaciones amorosas, ella le confiesa que

Muchas veces, mientras estamos juntos y me hablas de tu amor y de nuestra felicidad, siento que gira en torno mío un aire de fuego y que mis ojos se ofuscan, y mi corazón se dilata y engruesa, como si no pudiese contener alguna cosa que lo llena. En aquellos momentos me parece que escucho sonidos del cielo mezclados a tu voz, y que no es todo tuyo el resplandor de tus ojos, que me abrasan. (153)

También Cacumatzín, el modelo de amante no correspondido, experimenta esa pasión amorosa al lado de Tecuixpa. Él se convierte en su amigo y confidente después de la muerte de Velázquez de León:

El impetuoso texcocano pasaba los días cerca de la virgen adorada y más enamorado que nunca, y más que nunca encendido en deseos, . . . sepultaba en el fondo de su alma los transportes de su amor, y sus labios ardientes, ávidos de secar con besos de fuego el llanto que humedecía de continuo las pálidas mejillas de Tecuixpa, sólo se abrían para pronunciar el nombre de su rival, dichoso aún bajo la losa del sepulcro. (259)

Hasta aquí he presentado los elementos que considero más determinantes dentro de la novela y sus principales similitudes con el relato de Walter Scott. Pero no todo en su relación con *Ivanhoe* son semejanzas, y podemos encontrar al menos una diferencia importante para la totalidad del relato y de consecuencias definitivas para su recepción: *Guatimozín* no ofrece un personaje neutro que como Ivanhoe pueda ser el lugar donde el conflicto finalmente se resuelva. Ivanhoe, el héroe que ama a su padre tanto como a Ricardo Corazón de León, será el señor sajón con quien se iniciará la paz entre los sajones y los normandos invasores. Su matrimonio final con la sajona Lady Rowena es el comienzo del nuevo orden y la resolución final del caos social y político que domina a lo largo de la novela.

Lo más parecido en *Guatimozín* al personaje de Ivanhoe son Tecuixpa y Velázquez de León, ya que ambos se ofrecen inicialmente en el relato como los de mayor voluntad conciliatoria: su amor haría capaz tanto a uno como a otro de abandonar a su familia y a sus dioses para adoptar a los de su amante, aunque sin resolverse nunca a ello y viendo finalmente frustradas sus esperanzas de unión por la muerte de Velázquez. Así Tecuixpa, "cien veces triunfando el amor de los sentimientos más santos,"

> buscaba a su amante, resuelta a declararle que seguiría su suerte cualquiera que fuese, no teniendo otro dios que su dios, otra patria que su patria, otra familia que su familia. Cien veces también avergonzada y pesarosa de aquellos ímpetus de amor, se presentaba abatida y llorosa en el aposento de su padre, y le decía violentándose con verdadero heroísmo:
> —Señor, tu pueblo desea la partida de los españoles, y tu familia llora amargamente la prisión de sus príncipes . . . (184)

También para Velázquez de León

> [h]ubo . . . un instante en que se sintió poseído de una especie de vértigo, y estuvo impulsado por una fuerza irresistible a salir del cuartel, a volar a palacio, a ver a Tecuixpa hollando todos los obstáculos y jurar a sus pies sacrificar religión, patria y honor, a la pasión inmensa a la que quería consagrar exclusivamente su vida. / Felizmente para su gloria, aquel loco pensamiento pasó rápido, y el noble castellano no conservó de él sino un recuerdo confuso y vago, como aquél que suelen dejarnos los sueños. (233)

Contrario a lo que ocurre en los casos de Tecuixpa y Velázquez, Lady Rowena, con todo y ser una dama digna y sabia, no se cuestiona en ningún momento la unión final de los sajones a los normandos que su matrimonio con Ivanhoe va a asegurar; sólo sabe que ama a este héroe y que él ha elegido como señor a Ricardo, el rey normando. Tecuixpa nunca se ve precisada a tomar una decisión definitiva de este tipo, a causa de la muerte de Velázquez de León, pero de todas maneras es incierto cuál pudiera haber sido ésta. Así pues, a diferencia de *Ivanhoe*, en *Guatimozín* el conflicto se elabora con detenimiento y cuidado tanto en el personaje femenino como en el masculino y ambos son personajes muy fuertes.

202

Como vemos, a diferencia de *Ivanhoe* la novela de Avellaneda ofrece, en lugar de un personaje conciliatorio, dos. Y contrario también a la novela de Scott, el conflicto bicultural fundamental en la novela queda sin resolver. A partir de la Noche Triste, en la cual muere Velázquez de León, todo intento de resolución es imposible, y ya sólo queda la lucha armada y la desintegración del imperio.

El epílogo con el cual termina el texto de la novela, lejos de cumplir una función concluyente y de cierre, contribuye por el contrario sólo a acentuar el conflicto. Su protagonista es Marina (llamada "doña Marina" en el texto de Bernal Díaz y sin nombre en el de Cortés), "la Malinche," el personaje que a partir de las historias mexicanas independentistas y nacionalistas del siglo XIX fue usado, y lo es todavía, para describir la actitud de quien traiciona a la patria y vende a sus padres y hermanos.[39]

Curiosamente este personaje de Marina, que es bastante marginal en el cuerpo de la novela, se convierte en el personaje central del epílogo. A ella la escoge la autora implícita para esbozar los comienzos del nuevo orden colonial. Ya la lucha ha terminado. Entre los sucesos del capítulo final y los del epílogo han pasado tres años, y como si la misma narradora también se hubiera transformado a lo largo de ese tiempo, la perspectiva dominante deja de ser la azteca para pasar casi que por completo a la de Marina, la mestiza cultural. En ella se refracta la imagen de Tecuixpa, y en su pareja con Cortés se deshace la armonía de la pareja que trataron de conformar la princesa azteca y Velázquez de León. Marina es la amante apasionada pero ilegítima de Cortés, y aunque su amor sobrevive a las dificultades de ser una relación adúltera, su pasión no logra mitigar del todo el dolor que siente ante el sufrimiento de la antigua pareja imperial ahora esclavizada y testigo del sufrimiento de sus súbditos.

El epílogo relata los sucesos del día en que Guatimozín fue ejecutado en la horca. Marina presencia con tristeza la muerte injusta de Guatimozín y el relato la designa también a ser la autora de la muerte de Gualcazintla. En un episodio urdido en su totalidad por Avellaneda, la antigua emperatriz quiere vengar en Cortés la muerte de su esposo, y para hacerlo llega en la noche al lecho en que Marina duerme al lado de su amante; más alerta que él, Marina despierta y salva la vida de Cortés dando muerte a la antigua emperatriz azteca.

La narradora dice explicar con este relato una incógnita que deja planteada el relato de Bernal Díaz: este cronista cuenta que al día siguiente a la ejecución se vio a Cortés con una herida en la cabeza, respecto a la cual "no dijo cosa ni buena ni mala" (442). La últimas líneas del epílogo son una cita del texto de Bernal Díaz, precedidas de las líneas apasionadas en que Marina cuenta su amor:

> —Es que os amo, os adoro cual nunca sabrán amar mujeres que no hayan nacido bajo el sol ecuatorial que alumbró mi cuna—dijo apasionadamente la indiana—. Eres, ¡oh dueño mío!, más hermoso que el cielo, ¡es que tú eres mi Dios, y el foco de grandeza, sabiduría y heroísmo de donde yo tomo todos mis pensamientos y adonde dirijo todos mis afectos! No digas más que esto: ¡di que te amo con todas las fuerzas de mi alma! Con esto me retratas; yo no soy más que eso: una mujer loca de amor por ti. (442)

El rechazo que suscita el acto asesino de Marina, dada la simpatía absoluta que el relato ha mostrado siempre hacia Gualcazintla, lo matiza el texto mismo del epílogo: la fuerza de su pasión amorosa salva a Marina de la antipatía del relato. Con todo, este final, lejos de ser concluyente, abre nuevos problemas que la narradora simplemente deja allí ante la perplejidad irremediable del lector. La narradora no toma para sí la última palabra del relato: la palabra final la tienen un texto antiguo lleno de interrogantes y las líneas apasionadas de un personaje femenino contradictorio y prácticamente desconocido para el lector.

De regreso a la Nación: *Guatimozín* en el contexto de las literaturas nacionales

El carácter abierto de este final de la novela, así como muchos de los componentes suyos descritos hasta acá, hacen comprensible la recepción crítica que tradicionalmente se ha hecho de *Guatimozín*. En este punto quiero traer de nuevo la crítica de Cotarelo y Mori a la novela, crítica con la cual introduje mi acercamiento al texto:

> [La Avellaneda] [q]uiso hacer una historia poética y dramática de la conquista de Méjico y no puede negarse que lo consiguió ciertamente. Su narración es viva, elocuente, calurosa; pero hay en la obra exceso de historia, que no es historia verdadera y poca novela. Concede a los indígenas ideas demasiado sutiles y sentimientos en extremo delicados, propios de la más refinada civilización

204

y se expresan con una finura y elegancia que envidiarían los más encopetados damas y galanes de nuestros días. Aunque con el uso frecuente de vocablos propios del país y la descripción de muchas ceremonias procura la autora imprimir a su obra el color local y el ambiente de época, necesarios en toda reconstrucción histórica, faltan uno y otro en cuanto se acaba lo material de estas referencias; la narración vuelve a su curso y la novelista habla por su cuenta o pone sus ideas en labios de sus personajes./ Esto no quiere decir que no haya buenas descripciones, escenas interesantes, algunos caracteres bien trazados, como el de Cortés, [Guatimozín] y alguno de orden secundario. Los de las mujeres valen poco. (128-29)

En tanto novela histórica a Cotarelo le incomodan, de un lado, la presencia excesiva de información histórica en la novela, y de otro, la falsificación que el texto hace de esa información. Además de estos problemas, que la crítica tradicional considera inherentes a ese "género híbrido," Cotarelo critica varios otros aspectos particulares al texto de *Guatimozín*. No encuentra verosímiles los personajes indígenas ni en sus ideas, ni en sus sentimientos ni en la forma en que se expresan; en general no le complace la elaboración de los personajes de la novela, con excepción de los de Cortés y Guatimozín, y encuentra que en especial los personajes femeninos "valen poco." Tampoco le parece suficientemente elaborado el color local ni el ambiente de época. Además de esto, Cotarelo encuentra demasiado evidente la injerencia de la autora en su relato, señalando que "la novelista habla por su cuenta o pone sus ideas en labios de los personajes."

La exposición que he hecho del texto de Avellaneda explica la incomodidad que siente la crítica tradicional ante *Guatimozín*. El artificio es demasiado marcado para que esta novela pueda pasar por cuadro histórico realista a la manera en que lo quieren las historias literarias nacionalistas; la efectividad social de la literatura de fundación nacional depende en buena medida de la desaparición de la materialidad del texto, es decir, del ocultamiento del discurso que lo genera, y nada de esto ocurre en *Guatimozín*. Por otra parte sus personajes variados y contradictorios producen algo que la crítica tradicional percibe como un "ruido" innecesario que sólo produce confusión en el relato. La voz narrativa, otra de las fuentes de incomodidad de la crítica, es sólo una más dentro de las otras voces, y ello la diferencia de la voz realista y la

205

señala como voz autorial exógena y molesta. En contraste con el narrador de *Cecilia Valdés*, por ejemplo, su voz no es la voz que traduce para el lector la homogeneidad de su cuadro ni es la que articula las conclusiones obvias del relato. En el *texto* de Avellaneda no hay conclusiones finales y el narrador no parece preocuparse por ello.

Otro aspecto que la destaca como atípica en la literatura cubana de su época es que no se trata de un relato de "asunto cubano." El texto, por su carácter múltiple y heterogéneo, no elabora siquiera un relato de "lo mexicano" a partir del cual "lo americano" o "lo cubano" pudieran deducirse. *Cecilia Valdés*, el paradigma de la novela cubana de la época que estudiamos en el capítulo anterior, se presenta ante el lector como un "retrato" aparentemente objetivo y desinteresado de "lo cubano," a pesar de ser esencialmente un relato homogenizador elaborado con el propósito de legitimar el proyecto de fundación nacional de la élite criolla. A diferencia de los relatos nacionalistas, *Guatimozín* no encarna un discurso monológico: no está interesado en ocultar y silenciar las contradicciones presentes al interior de las sociedades para legitimar la "universalidad" y fundamentar con ello su carácter supuestamente emancipatorio.

Guatimozín se niega a llevar a cabo la homogenización fundacional, y ello se muestra especialmente en la elaboración de sus personajes y en el carácter abierto de su texto. El texto se niega a describir a los indígenas y a las mujeres como esos grupos indiferenciados que con uno o dos atributos se clasifican y objetivizan para disponer de ellos según lo requiere la nación. Los indígenas no son "el salvaje" tradicional carente de toda organización y listo para ser incorporado al orden, ni su tierra es "el desierto" en espera de colonización. Las mujeres no son tampoco "la mujer" unidimensional recluida en el espacio doméstico como objeto amoroso. Seguramente no podía ocurrir de otra manera en un texto cuya autora es consciente en grado sumo de la manipulación que lleva a cabo el discurso moderno patriarcal al acercarse a su Otro, siendo ella como es uno de los tantos seres excluidos cuya voz ese discurso quiere suplantar.

Guatimozín no pertenece a ningún proyecto de fundación, y por ello las coordenadas que lo estructuran son otras. Su deseo es más literario en sentido estricto y más exploratorio: escribir una novela histórica a la altura de las grandes de la época en su género e imaginar qué pudo haber sido esa organización social americana y cómo pudo haber sido su encuentro con el mundo europeo que la llevó al colapso. Desde allí goza la materialidad de su texto y logra acceso a espacios que en su momento excluyen a las mujeres como sujetos de discurso.

3. *EL CACIQUE DE TURMEQUÉ.*
Desviación feminista de un documento histórico

> El marido y el romanticismo son dos ene-
> migos irreconciliables; para que viva el
> uno es necesario que el otro muera; y
> todo marido se alegrará sin duda de que
> el muerto sea el romanticismo.
>
> Ramón de Palma
> "La romántica," 1838

Gertrudis Gómez de Avellaneda (1814-1873) escribió *El cacique de Turmequé* en 1860 durante su estancia en Cuba. El texto no se publicó hasta 1871, año en el que apareció entre las obras breves en prosa reunidas por la autora en el tomo quinto de sus *Obras literarias*.

El proceso de escritura de esta novela es contemporáneo del artículo de Avellaneda titulado "La mujer" y de su trabajo en el *Álbum cubano de lo bueno y lo bello*, el periódico de orientación feminista fundado y dirigido por ella en La Habana en 1860. En relación a la fecha de su publicación, *El cacique de Turmequé* es también un texto contemporáneo de *Una anécdota de la vida de Cortés* (1871), relato corto en el cual Avellaneda re-escribe desde una perspectiva más feminista el epílogo de su novela *Guatimozín* (1846).[40]

Si la actitud autorial en *Guatimozín* era feminista sólo implícitamente, como mostré en el apartado anterior, lo dominante ahora en el texto de *El cacique* es la discusión acerca de la definición cultural de "la mujer," ya que, como expondré en lo que sigue, es una perspectiva esencialmente feminista la que origina la escritura de este texto y la que orienta a la totalidad de su relato.

Esta novela corta re-escribe una de las historias de la *Conquista y descubrimiento del Nuevo Reino de Granada*, la reputada crónica colonial mejor conocida como *El carnero* y escrita entre 1635 y 1638 por Juan Rodríguez Freile (1566-1640).[41] Del conjunto de relatos que se entretejen en esta crónica (veinticuatro según el estudio de Silvia Benso [101]), Avellaneda elige para su re-escritura la historia de cierta dama santafereña cuya hermosura y vida disipada dieron origen a "los muchos alborotos que tuvo esta ciudad, i pérdida de muchas haciendas, i daños" y al "ir i venir de visitadores i jueces" (*El carnero* 111, 112). Rodríguez Freile relata esta historia, entretejida con otras, en los capítulos XIII, XIV y XV de su crónica, y son estos los capítulos que Avellaneda lee minuciosamente y re-escribe.

Cierta dama de *El carnero*. Las hijas de Eva y el descalabro de un reino

El carnero se editó por primera vez en Bogotá en 1859. Avellaneda leyó el texto en esta edición; prueba de ello es el hecho de que la autora se refiera al cronista como a Rodríguez "Tresle," siendo "Fresle" el apellido que recibe el autor en esa edición. Uno o varios ejemplares del libro debieron haber llegado a La Habana, y podemos imaginar que la crónica circuló con alguna amplitud dentro del mundo letrado habanero. Algún ejemplar del texto, popular ya desde antes de su publicación (Cristina 524), debió llegar a manos de Avellaneda, quien en medio de sus actividades feministas en Cuba lo leyó y decidió emprender la re-escritura de una de sus historias.

Como señala Enrique Pupo-Walker en su estudio sobre *El carnero*, "el texto procura un desarrollo cronológico de acontecimientos" que a ojos del lector moderno tienden a parecer "una suma indiscriminada de experiencias y datos, a veces de interés muy desigual" (*La vocación literaria* 126). Este relato utiliza una gran variedad de recursos narrativos procedentes tanto de la historiografía, la ficción y el folklore, como de la literatura didáctica y religiosa de la Edad Media y del Renacimiento (*La vocación literaria* 128).

El extenso título de la crónica promete relatar el descubrimiento y la conquista del Nuevo Reino de Granada, la historia de sus naturales, de los generales, capitanes y soldados que vinieron en su conquista, de los presidentes, oidores y visitadores de la Real Audiencia y de sus arzobispos y prebendados, así como contar "*algunos casos sucedidos en este reino, que van en la historia para ejemplo, i no para imitarlos por el daño de conciencia*" (*El carnero* 3, mi énfasis). Aunque la serie de "exempla" que contiene esta crónica se prefigura apenas al final del título como un apéndice, estos casos ejemplarizantes intercalados a los sucesos históricos en sentido tradicional son los que ocupan mayor espacio textual en el relato y los que reciben mayor atención por parte del autor (Benso 164).

En su actitud moralizante y de maestro (Benso 163), "el motivo ético" de mayor presencia en el texto de Freile "es el de la fragilidad e inconstancia casi fatalmente conexas con la hermosura mujeril, de la cual proceden infinitas culpas y desgracias" (Alessandro Martinengo 284). Esta temática misógina, de acuerdo a Martinengo, asume tanto relieve en el texto, que las invectivas y largas series de ejemplos protagonizados por mujeres adquieren casi el carácter de libro dentro de libro (284-85). El narrador de Freile presenta a las mujeres y a la hermosura como causa de grandes convulsiones sociales y remonta reiteradamente los males de la humanidad al pecado de Eva, recurriendo con ello a un "motivo común en los escritos de moral católica y de apologética" e inscribiendo su discurso dentro de la "secular tradición de moralística misógina" (Martinengo 286).

Ivette Hernández, en su artículo sobre *El carnero*, propone una lectura de la crónica de Freile como "un lugar de disciplina o castigo que se ejerce sobre una realidad vivida y experimentada como caos" (222).[42] El objeto de disciplina es con frecuencia una mujer y el principio organizativo la moralística misógina, con recurso a ejemplos tomados de la historia sagrada, de la tradición grecolatina clásica y de la historia española. Este componente misógino de *El carnero* y su importancia dentro del texto como uno de sus principios interpretativos han sido bastante estudiados por la crítica reciente, y aún la crítica tradicional ha mostrado al menos su presencia. No quiero por ello detenerme en este análisis, sino sólo mencionar la fuerza e importancia de su presencia y señalarlo como el motivo en el que se origina su re-escritura en *El cacique de Turmequé*.

Los capítulos de Freile que Avellaneda re-escribe narran el desorden en que se encontraba Santa Fe de Bogotá hacia el año de 1579. En el relato de las irregularidades de la administración colonial y de los esfuerzos del visitador Juan Bautista Monzón por poner algún orden en la Real Audiencia de Santa Fe, aparece la historia de un amor adúltero que origina nuevos problemas en el gobierno y graves desórdenes públicos, y que finalmente es causa de la prisión de muchos hombres ilustres y de la remoción de todos de sus cargos.

El marco de la historia de Freile es misógino desde su introducción. Aún antes de iniciarse el relato de los hechos aparecen las máximas y la documentación del caso en la historia sagrada, con cuya mediación se introduce e interpreta el acontecimiento:

Seguía el fiscal [Orosco] los amores de una dama hermosa que había en esta ciudad, mujer de prendas, casada i rica. Siempre me topo con una mujer hermosa que me dé en qué entender. Grandes males han causado en el mundo las mujeres hermosas; i sin ir más lejos, mirando la primera que sin duda fue la más linda, como amasada de la mano de Dios, [¿]qué tal quedó el mundo por ella? De la confesión de Adán, su marido, se puede tomar, respondiendo a Dios: "Señor, la mujer que me dísteis, esa me despeñó." ¡Qué de ellas podía yo agora ensartar tras Eva! pero quédense. Dice frai Antonio de Guevara, obispo de Mondoñedo, que la hermosura i la locura andan siempre juntas; i yo digo que Dios me libre de mujeres que se olvidan de la honra i no miran al *qué dirán*, porque perdida la vergüenza se perdió todo. (111)

La crónica cuenta luego que la esposa de Orosco (sic), al enterarse de los amores de su marido con la hermosa dama, fue presa de "el rabioso mal de los celos ... que senjendraron en los infiernos," y "ciega i perdida" pide al visitador Monzón que ponga fin a esa relación (111). El visitador se lo promete, y para cumplirlo va a casa de la dama, aunque sin buen éxito: "en la conversación tocó la queja de la fiscala, i de los toques i respuestas salió el visitador mui enfadado, i ella se convirtió en un áspid ponzoñoso" (111). Enojada con Monzón, la hermosa dama exige a Orosco la cabeza de éste, y su petición resulta ser a la postre "el origen de la prisión del licenciado Monzón, i de los muchos alborotos que tuvo esta ciudad, i pérdida de muchas haciendas, i daños, como adelante veremos" (111-12):

Demanda rigurosa fue la de esta mujer, i dama que siendo hermosa da en cruel, eslo de veras; i más si aspira a venganza. Buen ejemplo tenemos en Thamar, hermana de Absalón, i en Florinda, hija de Don Julián, la *Cava* por otro nombre, pues la una fue causa de la muerte de Amón, promojénito de David, i la otra fue causa de la muerte de Rodrigo, último rey de los godos, i de la pérdida de España, donde tantas muertes hubo. ¡Oh mujeres, malas sabandijas, de casta de víboras![43] . . . La casa a donde sólo la voluntad es señora, no está segura la razón, ni se puede

tomar punto fijo. Este fue el orijen i principio de los dis-
gustos de este reino . . . (112)

Según el relato de Freile, la petición de la dama lleva al fiscal a
acusar falsamente a Don Diego de Torres, cacique de Turmequé, de
querer alzarse con sus indios en contra de la Corona, todo ello para implicar en esta supuesta conspiración al visitador Monzón, amigo del
cacique. El cacique "era mestizo, hombre rico i gran jinete, con lo cual
tenía muchos amigos i le obedecía mucha jente de los naturales; i a esto
se le añadía ser grande amigo del visitador" (112).

Después de un tiempo de confusión y de intriga, en el cual la región
entera se pone en pie de guerra a espera del ataque, Don Diego, el
cacique, cae preso y es luego condenado a muerte. Juan Roldán, una
especie de pícaro que trabaja para el visitador, lo ayuda a escapar
durante la noche previa a su ejecución, y por ello va luego a la cárcel y
sufre tormento. La intriga deriva también en la prisión del visitador
Monzón, quien sufre allí varios atentados contra su vida. Detrás de todo
ello está siempre el fiscal, ayudado de muchos personajes influyentes a
quienes no conviene la visita de Monzón. Los hechos lo llevan también
a planear la muerte del marido de su dama, capitán de una escuadra de
caballería. La hermosa entre tanto está desterrada en una ciudad
cercana y en la distancia su amor por Orosco (sic) parece entibiarse;
contribuye a ello también el hecho de que su marido escucha rumores
sobre el caso: "De los celos de la fiscala, que para venganza de ellos no
tenía más armas que la lengua . . . andaba el aire inficionado, y alguno
tocó en el oído al capitán de a caballo, marido de la dama causadora de
tantas revueltas" (124).

Finalmente llega a Santa Fe un nuevo visitador con nuevos oidores
y administradores de justicia, uno de los cuales alaba Freile por su buena
labor. Orosco y su principal cómplice van presos a España, y Monzón es
enviado como oidor a Lima. Por su parte el cacique Don Diego, después
de ocultarse durante algún tiempo entre sus indios,

fue a España en seguimiento de sus negocios, adonde se
casó i murió allá. Dijeron que le había dado Philipo II,
nuestro rey i señor, cuatro reales cada día para su plato,
porque picaba los caballos de la caballeriza real, i como era
tan gran jinete se entretenía entre señores, con lo que pasó
su vida hasta acabarla. (126)

En cuanto a la dama causante de esta serie de desgracias, cuenta la crónica que murió tres años después de los sucesos:

> Ya tengo dicho que todos estos casos . . . los pongo para ejemplo . . . Este año de 1584 murió aquella hermosura causadora de las revueltas pasadas i de la prisión del licenciado Monzón. Díjose que fue ayudada de su marido, porque habiéndola sangrado, por un achaque, saliendo la sangre de las venas estaba el marido presente, allegó a taparle la herida diciendo: "No le saquen más sangre." En el dedo pulgar con que detuvo la sangre, se dijo, llevaba pegado el veneno con que la mató. Dios sabe la verdad, allá están todos. Nuestro Señor, por quien es, los haya perdonado. (135)

Esta historia enlaza, en el mismo capítulo, con el relato de otro adulterio, que aunque menos detallado, da al narrador un espacio más para abundar de nuevo en sus máximas:

> Peligrosa cosa es tener mujer hermosa, i mui enfadosa tenella fea; pero bienaventuradas las feas, que no he leído que por ellas se hayan perdido reinos ni ciudades, ni sucedido desgracias, ni a mí en ningún tiempo me quitaron el sueño, ni ahora me cansan en escribir sus cosas . . . (137)

La historia de amor adúltero de la hermosa santafereña con el fiscal Orosco (sic) es el relato que Avellaneda re-escribe en *El cacique de Turmequé*. Este relato de Freile, como puede observarse en la presentación que he hecho de él, ofrece varios elementos atrayentes para la elaboración de una novela sentimental romántica: es la historia de un amor apasionado y turbulento que ignora las convenciones sociales; ocurre además en un lugar distante y convulsionado, y ofrece dentro de sus personajes a un atrayente mestizo que lleva el título de "cacique de Turmequé." Pero no es sólo este contenido narrativo el que interesa a Avellaneda: el motivo esencial de su re-escritura es responder y rebatir de manera implícita los juicios ancestrales contra el género femenino que Freile reproduce en su crónica y que orientan su relato.

El cacique de Turmequé: Un ejemplo de lectura-escritura desde los márgenes

El cacique de Turmequé, al igual que *Guatimozín*, tiene un narrador omnisciente en tercera persona. La autora implícita, como tal vez podía adivinarse, hace que la dama de Freile conozca durante su destierro en Tunja al cacique de Turmequé, ya que allí tiene él sus dominios. Lejos de Santa Fe, y durante las ausencias del marido, esta hermosa romántica y su amante mestizo viven un idilio amoroso. Aunque la historia de Avellaneda comienza con el amor de Estrella (nombre que Avellaneda da a la dama) por Orozco, muy pronto su historia de amor con Don Diego, el cacique, se convierte en el tema central del relato.[44]

Excepto esta modificación, el texto de Avellaneda sigue punto por punto los hechos narrados por la crónica colonial, aunque reorganizados según las expectativas modernas de la forma que debe tener un relato, es decir, con más rigor en la cronología y sin los saltos temáticos ni las digresiones características del texto de Freile. La narradora cita en varias ocasiones el texto colonial, y en un momento menciona esta crónica como el "curioso libro . . . del cual nos hemos servido para esta verídica leyenda" (266).

La historia de amor que Avellaneda urde entre Estrella y el cacique, historia que no contradice el desarrollo de los hechos narrados por Freile y que más bien explica el entibiamiento que sufre en Turmequé el amor de la dama por Orozco, es tal vez la mayor modificación de contenido que hace Avellaneda con respecto al texto de Freile. Otras diferencias, las más significativas, se encuentran en la elaboración de sus personajes femeninos: la simpatía de la autora inferida por Estrella y por la esposa engañada la lleva a elaborar con más detenimiento a estos dos personajes, los cuales escapan así a los tipos de "la hermosa" y "la celosa" y logran ahora matizar y explicar el sentido de sus acciones.

Por otro lado, en relación a la temática, Avellaneda da tanto espacio textual a la historia de amor como a la crónica política (Picón-Garfield, "Sexo/texto" 112) y, a diferencia de lo que ocurre en *El carnero*, juzga esta última con detenimiento y dentro de su específico espacio causal, con lo cual Eva y sus hijas resultan exoneradas de sus cargos referentes al descalabro del reino. Es interesante ver cómo es precisamente un discurso político el que abre la novela:

Tan grandes habían llegado a ser los desórdenes y abusos de la magistratura española en el reino de la Nueva-Granada, hacia el año de 1579, que atravesando los mares el ruido del escándalo resonó dentro de los muros del regio alcázar, obligando a Felipe II a elegir con premura un visitador, o juez de residencia, cuya honradez, integridad y energía pudieran detener los progresos de aquel mal, que amenazaba hacer para siempre odiosa la administración de la madre patria en sus ricos dominios del vasto continente americano. (247)

Con esta introducción, cuyo texto completo es más extenso que el que cito, la narradora coloca en primer término el desorden del reino como estado de cosas previo al tumulto de los amores, a la vez que asume de nuevo, como en *Guatimozín*, una voz dentro del discurso histórico y político[45] del cual las mujeres han sido tradicionalmente excluidas.

En el texto de Avellaneda los sucesos políticos tienen su propia dinámica, y la narradora se encarga de explicarlos haciendo el relato de la situación del Nuevo Reino de Granada a la llegada del visitador Monzón y del malestar que suscitó su visita, presentando también a sus enemigos políticos y los peligros que tuvo que enfrentar. La historia de amor contribuye a agravar el mal estado de la situación política, pero no es su origen. Estrella ahora es culpable sólo de la llamada "inconstancia," que no es otra cosa que una ley natural en la historia de los amores y a la cual nadie en realidad puede escapar. Ahora, a diferencia de su hipotexto, la ceguera de Orozco y su afán de venganza son los causantes del desorden, y no ya la hermosura de la dama sin nombre ni la lengua de la celosa esposa (Picón-Garfield, "Sexo/texto" 113).

Estrella, "la *incomparable* Estrella," es una célebre beldad casada con un capitán español, nacida en Andalucía y "llegada en el apogeo de su desarrollo" a los alrededores de Santa Fe:

Estrella, en nuestro concepto, no era una persona positivamente mala, sino que tenía—como otras muchas mujeres—la desgracia de haberse quedado incompleta, acaso por falta de educación. Viva de fantasía, vehemente de carácter, impresionable por temperamento, carecía, en cambio, de exactitud en el raciocinio, de fijeza en las ideas, de profundidad en los afectos.
. . .

[N]o pertenecía al número de aquellas frías coquetas capaces de hacerse un juego del amor que inspiran, y un triunfo de los desastres que ocasionan. (249, 253)

La cita anterior es sólo un fragmento del amplio espacio textual que la novela dedica a la elaboración del personaje. Para caracterizarla ya no basta con decir que era hermosa y descendiente de Eva: "en nuestro concepto," a diferencia del de Freile, su ser no se define por la maldad, siendo por el contrario el orden social el causante de los defectos que en ella pueda haber. A ello se une su naturaleza romántica y su entusiasmo, rasgos positivos en sí mismos pero pervertidos en ella por la educación; estos la llevan a imaginar a sus amantes como seres ideales a los cuales se puede pertenecer, sin percatarse de que son construcciones de la imaginación que con el tiempo sólo descubren su verdadero ser para desvanecerse enseguida:

[D]os años después de casada se aburría grandemente la *incomparable* capitana, porque su novelesca imaginación no hallaba el idilio—que había soñado—en la historia real del matrimonio; y una serie de falsos raciocinios la había casi convencido de que debía ser desgraciada, como víctima de un engaño del que era responsable su cónyuge.

¿Por qué no continuaba siendo a sus ojos el amante medio desconocido, envuelto entre los celajes de oro que le revistiera su virginal entusiasmo? ¿Por qué se transformaba en un hombre, noble y cariñoso sin duda, pero asaz distinto de lo que ella lo juzgaba en sus insomnios de joven enamorada, tan pronto convirtiéndole en héroe, digno de figurar en los libros de caballería—con cuya lectura se extasiaba—; tan pronto adorándole como a uno de aquellos seres ideales que suelen columbrar los poetas en los arrebatos sublimes de su inspiración divina?

Estrella se sentía, por tanto disgustada de su esposo, sin que se le ocurriera acusarse nunca a sí misma de locura e inconstancia; pues antes bien era—según su lógica— la persona paciente y sacrificada, asistiéndole, consiguientemente, indisputable derecho para quejarse de su suerte y procurar endulzársela. (249)

Estas reflexiones de Estrella que la narradora traduce para el lector constituyen una nueva articulación de las ideas de Avellaneda acerca del

215

carácter contingente del amor, causa de la llamada inconstancia. Avellaneda expone con claridad esta idea en un poema con ese tema, en el cual rechaza el que se adscriba sólo a las mujeres esta característica, a la vez que la presenta como consecuencia necesaria de la búsqueda incansable del ideal en un mundo en el que éste no existe:

> Contra mi sexo te ensañas
> Y de inconstante me acusas,
> Que así piensas que te excusas
> De recibir cargo igual.
>   ¿Por qué ¡oh amigo! No emprendes
> Analizar en ti mismo
> Del alma humana el abismo,
> Buscando el foco del mal?
> . . .
>   [E]n los pálidos fantasmas,
> Que agranda y mide ella sola,
> Se finje ver le [sic] aureola
> De la dicha y del amor:
>   ¡Resbala pronto la venda!
> ¡Resbala, y ve con despecho,
> Que vuela, en humo deshecho,
> El fulgor de su ilusión!
>   Que no cabe en ser que piensa
> Que eterno el engaño sea;
> Aunque es eterna la idea
> Que sedujo al corazón.
>
>   No es, no, flaqueza en nosotros,
> Sí indicio de altos destinos,
> Que aquellos bienes divinos
> Nos sirvan de eterno imán,
>   Y que el alma no los halle,
> Por más que activa se mueva,
> Ni tú en las hijas de Eva,
> Ni yo en los hijos de Adán.
> . . .
>   Y aquí, do todo nos habla
> De pequeñez y mudanza,
> Sólo es grande la esperanza

Y perenne el desear.
(cit. Picón-Garfield, "La historia . . ." 89-90)[46]

La presencia de conceptos como estos en la elaboración de Estrella la
hacen similar a otros personajes de sus novelas, como el de Carlota en
Sab o el de Catalina en *Dos mujeres*, o al personaje mismo de Avellaneda
con sus ideas subversivas acerca del matrimonio: su convicción de la contingencia necesaria del amor la lleva a rechazar el matrimonio en tanto
unión eterna, no viendo en él otra cosa que una convención social que va
en contra de la naturaleza humana. Cabe recordar aquí su novela *Dos
mujeres*, en la cual, solidaria a la vez con la esposa y con la amante,
critica la institución matrimonial de su momento y sugiere que el amor
prima sobre el matrimonio (Miller 208). En una carta de 1846 a Juan
Valera, en la cual parece sentirse obligada a explicar su próximo matrimonio con Sabater, le asegura a este escritor que no va a "profanar[se]
con el matrimonio":

> [L]e he manifestado que aborrecía los compromisos eternos
> y que toda obligación me oprimía . . . Por consiguiente no
> es un marido; . . . es un amante, un amigo distinguido; un
> hombre que no tiene otros derechos que los que le con-
> ceden mis promesas, que los que le asegura la fe de mi
> palabra . . . Yo no tendré hijos; yo no seré la mujer propia
> de ningún hombre; pero soy la amiga de un hombre sincero
> . . . [Y]o haré del casamiento lo que deba ser. Yo le impon-
> dré mi sello, no él el suyo. (cit. Castro y Calvo 124-25)

Estas ideas acerca del amor y de la institución matrimonial
subyacen a la elaboración del personaje de Estrella y contribuyen a
matizar el sentido de sus acciones. Así pues, en estas circunstancias y
"disgustada de su esposo," Estrella conoció al fiscal,

> a quien durante algunos meses adornó con los más bellos
> ropajes que pudo inventar su meridional fantasía, hasta el
> punto de llegar a persuadirse que era el solo mortal capaz
> y digno de inspirarla un amor verdadero e indestructible.
> Aquello, en la lógica de Estrella, no podía parecer a los ojos
> de Dios vulgar crimen de adulterio; porque Orozco y ella—
> predestinados a amarse—cedían faltal e irresistiblemente
> a la fuerza de ineludible decreto. (249)

Sin embargo, ya en el tiempo de las quejas de la fiscala, el fiscal se estaba despoetizando a los ojos de Estrella (249). Los reclamos de la mujer engañada, por su parte, son presentados también con cierta simpatía; sus palabras precisan mejor las características de su situación, a la vez que sirven a la autora implícita para hacer una nueva denuncia contra la institución matrimonial, asunto de carácter más público que privado y en el cual la situación de la mujer es desventajosa:

> Me veo aborrecida, sacrificada—gritaba retorciéndose las manos con desesperación—. El hombre al que hice dueño de mi mano y de mi cuantiosa fortuna no se contenta con abandonarme, sino que hace pública su idolatría por una mujer casada . . . Os pido amparo y remedio, señor visitador. (248)

Por entonces los vecinos descubren a Estrella atisbando por la ventana "al afamado jinete cacique de Turmequé" en las escasas visitas que éste hace a Santa Fe (250):

> En honor a la verdad, tenemos que confesar que no era solamente Estrella quien se complacía en contemplar la gallarda apostura de aquel príncipe indiano de elegante talle, de negros y fulgurantes ojos, de tez ligeramente bronceada . . . y de profusa cabellera rizada, que sombreaba—prestándole cierta gravedad melancólica—una frente altiva y espaciosa, hecha al parecer expresamente para ostentar una corona.
>
> . . .
>
> Aquel jinete celebrado llevaba en sus venas sangre regia americana; pues nació del himeneo del conquistador don Juan de Torres con una princesa, hija del soberano de Tunja, la cual le levó en dote el principado o cacicazgo de Turmequé. (250)

El cacique no frecuenta en absoluto la sociedad de las damas durante sus escasas visitas a la ciudad. Estrella tiene entonces la suerte inesperada de ser enviada a Turmequé, ya que Monzón, para alejarla de Orozco, traslada allí a su marido. Así comienza Orozco a pagar los sufrimientos que causa a su esposa, circunstancia de la cual se alegra la narradora en una actitud solidaria con esta mujer: "Comenzó entonces la expiación providencial, debida justamente a tantas humillaciones y angustias como aquel mal marido había hecho sufrir a su despreciada consorte" (252). Como se observa en este fragmento, el texto desvía la crítica de "la celosa" que hace el texto de *El carnero* para concentrarse por el contrario en la figura del mal marido.

Desesperado ante el silencio de Estrella, Orozco viaja a Turmequé para verla; al descubrir que ha sido reemplazado en el corazón de su querida, se bate a duelo sin éxito con Don Diego, el cual se convierte desde entonces en motivo de sus acciones futuras y en objeto de sus planes de venganza. Es entonces cuando inventa la historia de la conspiración del cacique contra la Corona, en la cual logra también implicar al visitador Monzón, "resuelto al parecer a vengarse a todo trance" (256). Avellaneda cita a Freile en un sentido diferente al dominante en *El carneno*:

> En vista de tantos preparativos y armamentos, las gentes sencillas llegaron a amedrentarse de veras, y— según palabras del cronista D. Juan Rodríguez Tresle [sic] —se *alborotó toda aquella tierra; si bien entendían los buenos el engaño y la falsedad en que se fundaba todo.* (256)

En lugar de citar los fragmentos que hacen recaer la responsabilidad sobre Estrella, Avellaneda escoge una cita que implica al fiscal: ya no es "la hermosa" la causante del desorden del reino, sino un hombre cegado por la sed de venganza y muy astuto a la hora de fraguar sus engaños. Con este movimiento la autora inferida coloca en el lugar de la hermosura y los celos "femeninos" al deseo de venganza y al engaño, situándolos además en un personaje masculino que en Freile no es objeto de mayor inculpación. La narradora insiste sobre este punto reiteradamente: habla del "*ensañado aborrecimiento* [de Orozco] hacia el hombre que le había robado el corazón de su querida," de su "*ciego encono* contra [Monzón], el severo censor de sus devaneos, quien—desterrándole el objeto amado—había sido origen de sus primeros pesares, y aún de las posteriores consecuencias de aquella separación impía" (258, mi énfasis); enfatiza que el cacique y Monzón son víctimas "de *inicua* trama," y el cacique "víctima inocente de *la más sañosa envidia*" (259, mi énfasis). Las reflexiones de Estrella también lo presentan así: ella teme "la *implacable venganza del amante pretérito y sustituido*" (259, mi énfasis), su "*audacia y perversidad,*" y rechaza su propósito de sacrificar un inocente "a *sus rencores de hombre*" (260, mi énfasis). De esta manera el texto de Avellaneda desvía el motivo de antipatía, desplazándolo de Estrella, para quien hay solidaridad y comprensión, y dirigiéndola en cambio contra el personaje de Orozco.

Por otra parte, el texto de Avellaneda, a imitación del de Freile, ofrece máximas y ejemplos de la tradición grecolatina clásica y de la historia sagrada para comentar algunas de las situaciones. Pero, a diferencia de lo que ocurre en la crónica, los ejemplos ahora son figuras masculinas que quieren representar la indolencia y que responsabilizan plenamente a los hombres de sus acciones, sin posibilidad de descargo en el discurso misógino. Las figuras femeninas de sus ejemplos son mujeres poderosas y activas, ya no víctimas pasivas como Tamar y Florinda. Así, como Hércules a los pies de Onfalia, o como Sansón ciego de pasión por Dalila, el cacique, pudiendo huir de la persecución de Orozco para buscar justicia en España, decide en cambio permanecer al lado de la "incomparable Estrella" (257):

> *Hércules* hilaba a los pies de O[n]falia, *olvidando* toda una vida de gloriosas proezas; y *Sansón*—adormecido en el regazo de Dalila—*se dejaba despojar* de la cabellera, en que consistía su fuerza, para ser entregado a los filisteos . . .
>
> ¿Qué mucho, pues, que un indolente príncipe indiano, en el período más fuerte de su amorosa pasión, lo olvidase también todo y todo lo arriesgase . . .? (257, mi énfasis)[47]

Si examinamos ahora el carácter de sus sentencias, vemos que éstas no son ya sobre la hermosura, origen de todos los males, ni sobre la crueldad que suele acompañarla. La sentencia que ofrece el texto de *El cacique*, en lugar de culpabilizar a Estrella, explica su inconstancia: "Cierto moralista ha dicho que nada llega a ser tan indiferente para una mujer como el amante que no ha sabido conservar su conquista" (260). En este fragmento es interesante notar también que el nuevo texto no responde a las sentencias de Freile con otras máximas de tema similar sino indirectamente, a través de sus ejemplos: Dalila podría servir perfectamente como ejemplo a Freile, ya que ella ha sido tradicionalmente una de esas crueles hermosas; el ejemplo de Avellaneda, a diferencia de lo que haría el de Freile, no la acusa, responsabilizando por el contrario a Sansón por su indolencia y por entregarse irreflexivamente a su pasión: Dalila no lo despoja, él "se deja despojar" (257).

Éste es tal vez el punto apropiado para señalar que el texto de *El cacique de Turmequé* no critica directamente al de *El carnero*, y sólo una lectura comparativa descubre al primero como una respuesta a la misoginia del segundo. El juicio a la hermosa dama que hace el narrador de *El carnero* aparece sólo como el juicio popular al personaje de Estrella: "todos referían hechos descubiertos, o inventados, para hacer más digna de execración y desprecio a la liviana mujer causa de tantas revueltas y desgracias" (267). A este respecto, *El cacique de Turmequé* ofrece una similitud con los *Comentarios reales* del Inca Garcilaso de la Vega, pues cita al texto anterior sólo para autorizar el propio e invitar a su lectura, sin mencionarlo en los momentos en que realmente lo está corrigiendo o comentando.

Continuando ahora con nuestro relato, el síncope que sufre Estrella al final de la historia de Freile es aquí producto de la falsa noticia—inventada por el esposo—según la cual el barco en que el cacique iba a España había naufragado en medio del océnao. El marido de Estrella planea con toda premeditación el asesinato de ésta:

> El esculapio ordenó inmediatamente sangrarla, y—conociendo la costumbre seguida en tales accidentes—el marido lo había previsto, sin duda, pues todo estaba preparado para que se cumpliese sin el menor retardo la prescripción facultativa.
> Picóse, pues, la vena de uno de los hermosos brazos de la paciente, sin embargo de que empezaba a recobrar los sentidos, y la vista de tanta sangre debió causar tan irresistible impresión en el ánimo del esposo, que—apenas la vio brotar—dióse prisa a poner sobre la herida el pulgar [con veneno] de su diestra . . . (271)

Antes de morir, Estrella alcanza a confesarse y a pedir perdón a su marido:

> confesóse con penitentes disposiciones, recibió enseguida el santo viático, y en un momento de conversación a solas que tuvo después con su marido, se asegura que le pidió perdón llena de arrepentimiento profundo, y que lo alcanzó de veras.
> . . .

221

Al día siguiente no existía ya aquella mujer bellísima, cuya desgracia repentina trocó en compasión y en simpatía las meledicencias públicas. (271)

Para esta bellísima mujer, a diferencia de lo que ocurre en el texto de Freile, hay compasión y simpatía. También contrario a lo que relata *El carnero*, hay un enjuiciamiento al marido, el cual en la novela de Avellaneda va a prisión por el asesinato de su esposa, si bien luego se lo deja libre por la gestión de uno de los nuevos jueces (a quien, curiosamente, admira mucho el narrador de Freile): la nueva administración, contrario a lo que afirma *El carnero*, fue de tal suavidad, que "hizo sobreseer hasta muchos presos por delitos comunes, contándose entre ellos el del capitán viudo de la infortunada Estrella" (271).

Avellaneda lleva a cabo esta re-escritura de *El carnero* durante su estancia en Cuba entre 1859 y 1864. Como mencioné en la introducción a este capítulo, durante estos años Avellaneda realizó una intensa actividad editorial y de escritura, buena parte de ella siguiendo preocupaciones feministas de reflexión acerca de la definición cultural de "la mujer" y de cómo ésta caracteriza y limita sus espacios de actuación. Uno de los resultados de esta actividad fue su artículo "La mujer" publicado en 1860. En su primera parte, Avellaneda se queja de "las vulgaridades que circulan por [el mundo] en detractación del sexo femenino" (276); en consecuencia, su artículo se ocupa de refutar esas "vulgaridades" replanteando las características que de acuerdo a su propuesta distinguen a las mujeres, tanto "respecto al sentimiento y a la importancia que él le ha asignado en los anales de la religión," como "a las grandes cualidades del carácter, de que se derivan el valor y el patriotismo," "a su capacidad para el gobierno de los pueblos y la administración de los intereses públicos," y a "su capacidad científica, artística y literaria," según lo señalan los títulos de cada una de sus cuatro partes.[48]

Como afirma Mary L. Pratt, "La mujer" hace parte de un inmenso *corpus* de textos contestatarios escritos por mujeres latinoamericanas que atacan y resisten la subordinación y el estrechamiento de la acción social femenina llevados a cabo por el discurso patriarcal ("Género y ciudadanía" 269).[49] En sus líneas finales, el artículo de Avellaneda se declara abiertamente a favor de "la emancipación de la mujer" y da ejemplos de mujeres contemporáneas "decididas, por fin, a tomar en manos sus propios intereses" (284). El texto termina con la afirmación categórica de que "[e]n los países en que la mujer está envilecida, no vive nada que sea grande: la servidumbre, la barbarie, la ruina moral es el destino inevitable a que se hallan condenados" (284).

Hay que recordar también que este artículo apareció en el *Álbum cubano de lo bueno y lo bello*, el periódico de publicación quincenal fundado por ella en La Habana a comienzos de 1860 y dirigido especialmente al público femenino. Nina M. Scott ha estudiado con detenimiento los números que aparecieron durante sus seis meses de circulación. Scott describe el *Álbum* como una publicación con secciones dedicadas a la prosa narrativa breve y por entregas, la poesía, el ensayo, la música, la crónica social y la moda (59); contaba además con una sección titulada "Galería de mujeres célebres," según Scott "a time honored ploy to legitimize women's activities in the present" (59), de forma semejante a como lo hizo en su momento Sor Juana Inés de la Cruz (Scott 59) y también a la manera de los periódicos feministas franceses de la década de 1830. Desde este periódico Avellaneda hizo también publicidad a su novela *Dos mujeres*, de la cual llevó varios ejemplares a La Habana, contraviniendo la censura que había impedido la entrada de la novela a la isla en 1846 (N. Scott, "Shoring Up . . ." nota 8).

Este contexto abiertamente feminista es el que debe tenerse en cuenta en el momento de leer *El cacique de Turmequé*. Esta novela fue escrita en la ciudad cubana de Cárdenas (Meléndez 84), lugar al cual Avellaneda se trasladó con su esposo en agosto de 1860 (Cotarelo y Mori 352); estas fechas nos llevan a concluir que cuando la terminó ya su periódico, por falta de suscriptores, había dejado de publicarse, pues su último número es del 1° de agosto de ese año (Cotarelo 351). El hecho de no haber publicado en él su novela, al lado de sus otras leyendas, no se debe, pues, a ningún tipo de autocensura. Por lo demás, su artículo "La mujer," más explícitamente combativo que *El cacique*, sí apareció en los primeros números del *Álbum*, y a su novela la guían coordenadas de pensamiento que están en continuidad con las preocupaciones feministas expresadas en ese artículo.

Evelyn Picón-Garfield, una de las pocas personas que ha estudiado esta novela, señala que Avellaneda en *El cacique* "destruye la imagen rígidamente estereotipada de la mujer colonial remedo de la de su propia época" ("Sexo/Texto . . ." 109). Como mostré en mi presentación de la novela, la complejidad de los personajes femeninos trasciende las imágenes monolíticas patriarcales de "la mujer," proponiendo una nueva lectura de la historia desde una perspectiva no misógina que pone en juego los diversos componentes de lo real, subvirtiendo la representación tradicional de "la mujer" como el Otro lejano en quien pueden situarse todo lo incomprensible y el origen del caos.

En la presentación de la crónica de Freile mencioné que uno de los principios organizativos fundamentales de *El carnero* está constituido justamente por los supuestos genéricos patriarcales que Avellaneda quiere combatir. Buena parte de las sentencias y ejemplos en que abunda la crónica hace parte de esas "vulgaridades que circulan por [el mundo] en detractación del sexo femenino" y que Avellaneda rechaza abiertamente en su artículo de 1860 (276). Por otra parte, en el momento en que esta autora escribe su novela, *El carnero* es un texto popular que se halla en proceso de convertirse en una de las obras canónicas de la cultura y de la historia hispánicas. Avellaneda parece ser consciente también de este componente canónico, ya que partes fundamentales del texto apuntan a que la novela está escrita para un lector que conoce la crónica de Freile con la cual entra en diálogo.

La lectura minuciosa de *El cacique de Turmequé* revela la presencia de estos dos elementos—la popularidad de que goza *El carnero* y su componente misógino—en el origen de su escritura. Esto me lleva a afirmar que al texto de *El cacique*, en tanto re-escritura de la crónica colonial, subyace una reflexión sobre la tradición literaria y el canon, así como la conciencia de que éstos constituyen una serie de prácticas de lectura que dependen "de la realización de innumerables suposiciones individuales y colectivas" (Picón-Garfield, "La historia . . ." 75). En este caso particular, las prácticas en cuestión son las de la ideología patriarcal, prácticas que mediante construcciones genéricas ancestrales subordinan y cohartan las posibilidades de actuación de las mujeres tanto en el orden de lo privado como en el de lo público. El texto de *El cacique* sabe que las sociedades tienden a conservar tales construcciones mediante su reproducción en diferentes artefactos culturales, como ocurre en la crónica de Freile, y que ellas son las que regulan la recepción del texto y sus subsiguientes modulaciones en los nuevos artefactos.

Este hecho es el que Avellaneda intenta cambiar mediante su re-escritura: lejos de hacerse eco de la tradición patriarcal misógina, esta autora escribe una novela que matiza y problematiza esa tradición, introduciendo una perspectiva interpretativa que se sale del esquema dominante. Su novela es una subversión del canon literario y de sus presupuestos culturales: como propone Picón-Garfield, *El cacique de Turmequé*, en tanto re-escritura, se presenta ante el lector como un texto que quiere interferir dentro de la "jerarquía valorativa canónica" y proponer prácticas alternativas de lectura ("La historia . . ." 75).

El exceso de una lectura ex-céntrica y divergente. La recepción crítica de *El cacique de Turmequé*

La lectura de la novela que he realizado hasta aquí, me lleva a afirmar que cualquier acercamiento crítico a *El cacique* que ignore la radicalidad de su relación palimpsestuosa con *El carnero* dejará de lado uno de sus principales contenidos y la más importante de las coordenadas que lo definen. El tema de esta novela es ante todo el texto de *El carnero* y la ideología patriarcal que éste encarna.

Ya he dicho en otra parte que las novelas de Avellaneda recibieron por mucho tiempo poquísima atención crítica, y que el cambio ocurrido a este respecto durante los años ochenta de nuestro siglo ha favorecido esencialmente a *Sab* y a *Dos mujeres*. *Guatimozín* ha sido muy poco estudiada, y *El cacique de Turmequé* ha recibido aún menos atención. En tiempos recientes sólo han aparecido un artículo de María A. Salgado de 1973 y los dos estudios de Evelyn Picón-Garfield que he venido citando, siendo los de ésta última, en mi concepto, más acertados en su acercamiento que el de Salgado.

Castro y Calvo describe las novelas de Avellaneda en general como "largos y laxos folletones" que se publicaron gracias "a su inquieta actividad intrigante dentro de su pequeño mundillo literario" (213). Su artículo "La mujer" compartió también ese rechazo; así, en concepto de Cotarelo y Mori, éste es un texto poblado de "sandeces," un artículo "de escasísimo valor" y de método "ingenuo" (350). Muy diferente fue la recepción de su gestión feminista por parte de la generación de escritoras jóvenes cubanas; una de ellas, Domitila García de Coronado, publicó en 1868 el *Album poético-fotográfico de escritoras cubanas*, una antología de poesía escrita por mujeres dedicada a Avellaneda y que incluía poemas de ésta, de Luisa Pérez y de varias escritoras más[50]; esta recepción feminista en Cuba continuó a lo largo de las décadas siguientes, y es responsable en parte de la presencia constante de Avellaneda en los textos escolares de la época republicana.

Volviendo a la ligera y escasa recepción crítica de *El cacique*, Concha Meléndez, en su libro de 1934 sobre la novela indianista, presenta someramente su argumento y afirma que es inferior en estilo a *Guatimozín* (84). Emilio Cotarelo y Mori, en *La Avellaneda y sus obras* (1930), dedica dos cortos párrafos a comentar esta novela, señalando que tiene las mismas reservas frente a *El cacique de Turmequé* que frente a *Guati-*

mozín: "La autora *se acomodó a una relación histórica* del suceso, lo cual, sin duda, contribuyó a [su] *escasa poesía* . . . Para eso *más hubiera valido publicar la relación* con notas y aclaraciones, pues *al menos sería un documento histórico*" (354, mi énfasis). Sobre *Guatimozín* había dicho que tenía "exceso de historia, que no es historia verdadera, y poca novela" (128), y que "mejor y mayor novela" habría sido sin duda una "relación exacta de [el] acontecimiento" (129).

Al igual que en mi acercamiento a *Guatimozín*, me veo precisada de nuevo a buscar en Cotarelo y Mori como representante de la crítica tradicional, una explicación a ese relativo silencio de la crítica con respecto a *El cacique de Turmequé*. Su texto acusa a esta novela, al igual que a *Guatimozín*, de apegarse a la relación histórica, hecho del cual se deriva su "escasa poesía" y que la hace "poco novela." Lamentablemente Cotarelo no explica a qué se refiere exactamente con estos dos últimos calificativos. Su contexto crítico, sin embargo, y otros comentarios en el mismo sentido, me llevan a pensar que lo que se echa de menos es una presencia autoral romántica: la "originalidad" y lo "personal."[51] Un juicio de Menéndez y Pelayo parece apoyar mi propuesta: este autor sostiene que las novelas de Avellaneda "[son] la parte de su obra que resulta . . . *menos personal*" y que aunque sus "cuentos o novelas cortas valen algo más, . . . no se observa en ellos una *manera muy propia y definida*" (cit. Cotarelo y Mori 379, mi énfasis).

Los contenidos conceptuales que guían a los comentarios citados me llevan a afirmar que a esta novela se la ha venido leyendo—o se la leyó, para hacerla luego a un lado—dentro de un paradigma romántico que le queda estrecho y que no la comprende: re-escribir una relación histórica, desde esa perspectiva interpretativa, sólo significa llevar a cabo un falseamiento de la verdad que no se ve compensado siquiera por un producto final realmente "poético."

Como expuse en el primer capítulo de este estudio, el concepto de originalidad es de procedencia romántica, y su elaboración rigurosa data apenas de poco más de un siglo. En la introducción al presente capítulo señalé también que el sujeto romántico es esencialmente masculino y que las mujeres escritoras, aunque encontraron lugar dentro de ese nuevo paradigma para constituirse en sujetos discursivos, no pudieron identificarse plenamente con él. El caso de Avellaneda, la escritora romántica de quien hablamos, es un ejemplo claro. Sus novelas *Guatimozín* y *El cacique de Turmequé* no sufren la "ansiedad de la influencia": Avellaneda no busca presentarse ante el lector como el Autor fuente original de lo nunca antes "expresado." Lejos de querer mostrarse como lo nuevo, su voluntad, según ya vimos, es la de hacer manifiesta la tradición literaria a la cual pertenece, inscribirse dentro de ella, y comentarla.

Tal vez este hecho, este negarse a entrar plenamente dentro del paradigma moderno, es el que se encuentra al origen de la molestia que produce su texto. Y no es sólo esto: se trata también de una novela que se sitúa en la frontera entre el relato histórico y el literario, desdibujando su pretendida nitidez e insistiendo en el error que ya había sido sancionado por Goethe y por Manzoni.[52] Avellaneda hace tema de su novela a una historia que ya ha sido relatada sólo para entregar al lector romántico un documento histórico contaminado y sin mayor valor literario: *El cacique de Turmequé* resulta ser, para la crítica romántica tradicional, una falsificación de la historia, un texto donde la verdad se pierde sin que con ello logre tampoco ninguna ganancia "la poesía."

La autora de *El cacique* no quiere escribir, como lo querrían tal vez sus críticos románticos, uno de esos textos que se pretenden primigenios y que en verdad lo que hacen es reproducir conceptos que a ella le son adversos. Por el contrario, *El cacique de Turmequé* toma a *El carnero*, un texto popular que se lee además como documento verídico, y lo re-escribe para enfatizar sus componentes patriarcales represivos y subvertirlos. El discurso romántico no incluye esta posibilidad dentro de sus perspectivas interpretativas, y por ello la crítica ha trivializado al texto de Avellaneda: re-escribir un texto es, para ese discurso, una actividad excesiva y carente de propósito; es un desperdicio y una desviación, equivale a una falsificación innecesaria que sólo produce extravío. Como escribía Cotarelo, más hubiera valido publicar la relación, pues al menos sería un documento histórico: ¿qué mejor novela que la relación exacta del acontecimiento?

La crítica romántica tradicional no se da cuenta de que el relato con pretensiones de verdad es producto de una serie de decisiones y de interpretaciones que lo relativizan y que lo hacen sólo una entre las varias posibilidades de representación del suceso. Como muestra Hayden White (ver el primer capítulo del presente estudio), el relato histórico elige los hechos que lo conformarán, los jerarquiza y los organiza en una serie causal, todo ello según las coordenadas de un discurso interpretativo que precede a la experiencia misma y que en buena medida la determina. Los sujetos que no se identifican plenamente con el discurso dominante, como Avellaneda, suelen ser conscientes de ello. Por esto, la propuesta ex-céntrica de *El cacique* en el plano literario no es "inventar" "nuevas" situaciones sino re-interpretarlas, a la vez que hacer manifiesto, en el plano del discurso histórico, el marco interpretativo que produce el acontecimiento en cuanto tal y lo "explica."

Así pues, como ya antes afirmé, cualquier lectura de *El cacique de Turmequé* que ignore la radicalidad de su relación palimpsestuosa con *El carnero,* dejará de lado uno de sus principales contenidos y la más importante de las coordenadas que lo definen. El tema de esta novela es ante todo el texto de *El carnero* y la ideología patriarcal que éste encarna.

No quiero terminar sin señalar a esta novela como uno de los varios ejemplos que contradicen la afirmación de José Antonio Portuondo según la cual "la tragedia de la Avellaneda fue precisamente su no compromiso, su no querer comprometerse, su situación indecisa" (*Capítulos* 208). Juan Valera lo afirmó también al escribir que en la obra de Avellaneda " tienen poca resonancia las cuerdas del patriotismo, del amor a la libertad, de la filantropía" (cit. Cotarelo y Mori 381, 382); también lo hizo Menéndez Pelayo al hablar de sus "tenues dotes de observación social" (cit. Cotarelo y Mori 379). Mi presentación de *El cacique de Turmequé* contradice a todas estas afirmaciones. La reflexión sobre la sociedad no se reduce al llamado "patriotismo," y el hecho de que no sea la Patria el motivo de los desvelos de Avellaneda no quiere decir que en su obra no encuentren resonancia "las cuerdas del amor a la libertad."

Como señala Picón-Garfield, los críticos guiados por el discurso patriarcal suelen ignorar que "la política implica otros sistemas de poder y subordinación" ("La historia" 79). En el caso de la autora que estudiamos, como en tantos otros, el monólogo que imponen se muestra sordo a formas alternativas de discurso, formas divergentes que a sus ojos no son otra cosa que desviación y desperdicio.

NOTAS

1. Para la información biográfica sobre Gómez de Avellaneda, tanto en este punto como en los que siguen, me baso en los textos de Emilio Cotarelo y Mori, José María Castro y Calvo, Domingo Figarola-Caneda y Hugh A. Harter, principalmente.

2. Castro y Calvo, por ejemplo, precisa que "[p]ara comprender bien a esta criatura será preciso descubrir el germen de su afán erótico, sin que por ello Gertrudis deje de ser estimable, buena, creyente y virtuosa" (36).

3. Menéndez Pelayo señala, por ejemplo, que las novelas de Avellaneda son "la parte de su obra que resulta más anticuada, *menos personal* y más llena de *falsos sentimientos,*" afirmando también que "sus cuentos o novelas cortas valen algo más," "pero no se observa en ellos una *manera muy propia* y definida, aunque

prueban siempre el talento de su autora" (cit. Cotarelo y Mori 350, 379, mi énfasis).

4. En su libro *El triunfo del liberalismo y la novela histórica* (1976), Juan Ignacio Ferreras hace una presentación detallada del desarrollo de la prensa y de las editoriales en España durante los primeros cincuenta años del siglo XIX. Su estudio muestra cómo el romanticismo y la empresa editorial se desarrollan de manera simultánea, y ofrece cifras valiosas para la comprensión del fenómeno que estamos estudiando.

Entre 1820 y 1860 aparecen en Madrid 197 nuevos editores y libreros (36). Las novelas por entregas (forma en que publica Avellaneda sus novelas *Dos mujeres* y *Guatimozín*) tienen, para 1845, tiradas de 10.000 o más ejemplares, y consisten en un pliego de imprenta semanal, por lo demás bien pagado a los escritores y escritoras (36).

Ferreras destaca también dentro de este desarrollo de la industria editorial el gran aumento en el público femenino, hecho éste de interés económico para los empresarios y de preocupación para los moralistas (54).

5. En su artículo "Las mujeres y el imaginario nacional" (54-55), Mary L. Pratt cita un poema de José María Heredia que articula una idea similar:

¿A Minerva te consagras?
Perdone Amor tu imprudencia:
Advierte que tanta ciencia
No es propia de la beldad.
. . .
Mucho adelantado tienes,
Pues que supiste agradarme:
Yo te amo . . . Sabiendo amarme,
No quieras aprender más.

6. Varios estudios se han detenido ya en esta aproximación al texto de *Sab* ya no solamente como novela antiesclavista, sino desde la perspectiva feminista, el primero de ellos de Pedro M. Barreda (1978). Entre ellos se encuentran los de S. Kirkpatrick, Lucía Guerra, Doris Sommer y Nina M. Scott, citados en la bibliografía. Con respecto a *Dos mujeres* quiero destacar los estudios de Lucía Guerra, Beth Miller y S. Kirkpatrick.

7. Es curioso observar cómo el término "hombre público" se refiere a las actividades políticas y connota prestigio, mientras el de "mujer pública" se usa comúnmente como sinónimo de prostitución: es su actividad sexual la que define a las mujeres, la que puede ser pública o privada, sexualidad socialmente nociva o función reproductora legítima.

8. No sólo no se esperaba sofisticación en la "literatura femenina," sino que no era deseable, por lo que ello implicaba de trabajo, es decir, de tiempo robado al hogar. A este respecto, cabe mencionar a Helena Araújo cuando señala un hecho determinante en el contexto femenino latinoamericano: "la escritora latinoamericana ha escrito desafiando una sociedad y un sistema que imponen el anonimato.

Ha escrito sintiéndose ansiosa y culpable de robarle horas al padre o al marido. Sobre todo, ha escrito siendo infiel a ese papel para el cual fuera destinada, el único, de madre" ("Narrativa femenina . . ." 23).

9. Este vocabulario es también el que usan las sátiras que le dedican. La que cito a continuación (cit. Cotarelo y Mori 126) retrata a la autora adoptando de manera calcuradora uno u otro sexo, según convenga a sus propósitos usar ya del prestigio del nombre masculino, ya de "la coquetería" femenina:

> Hay en Madrid un ser de alto renombre
> con fama de bonito y de bonita
> que por su calidad de hermafrodita
> tan pronto viene a ser hembra como hombre.
> Esta es la Avellaneda, no os asombre,
> que cuando intenta misteriosa cita
> calándose el sombrero y la levita
> de Felipe Escalada toma el nombre.
> Va Felipe al Liceo y ¡ahí es nada!;
> observa que hay quien obsequiarle pueda;
> forma cálculos sabios a la entrada;
> el sombrero y levita a un lado queda,
> y el señor don Felipe de Escalada
> se convierte en *Madama* Avellaneda.

"Felipe de Escalada" es el nombre que Avellaneda utilizó para identificar uno de los dos poemas que presentó al certamen del Liceo en honor a Isabel II. Era el nombre de su medio hermano.

10. Seguramente Coronado tuvo razón al percibir en esta discusión genérica en torno a Avellaneda un intento de debilitar la tradición literaria propiamente femenina (que en ese momento estaba tratando de elaborarse), al despojarla de una de sus más importantes figuras.

11. Y éste no fue el único proyecto diferente al de la independencia: hubo también, principalmente entre los dueños de ingenios azucareros, quienes desearon durante algún tiempo una anexión a los Estados Unidos. Este proyecto anexionista se desechó después de la Guerra de Secesión, a causa de la eliminación de la esclavitud del territorio norteamericano.

12. A propósito del gobierno de Serrano en Cuba, José A. Escoto señala que éste se ocupó "enseguida de tratar de cerrar el abismo que existía entre peninsulares y cubanos, y mucho adelantó para ello, debiéndose a él completamente la formación del gran partido reformista que en sus filas cuenta tal vez tantos peninsulares como cubanos," añade que "bajo su gobierno se dejó más libertad a la prensa y se obtuvieron algunas útiles reformas para el país": ayuntamientos electivos, reformas arancelarias, atención a la educación y a la justicia, obras públicas, intervención de los cubanos en el gobierno, y, en general, una política conciliadora (243).

Escoto sostiene que cuando Avellaneda regresó a España en 1864 continuó trabajando con otros cubanos para obtener reformas liberales para Cuba (192-93); ese proyecto político perdió todas sus posibilidades durante los últimos años del reinado de Isabel II.

13. Debo el conocimiento de esta importante colección de documentos a Pedro M. Barreda.

14. Estos autores dedican buena parte de su producción crítica al estudio de la obra poética de Avellaneda y le otorgan un lugar protagónico dentro de la poesía cubana. La antología de Chacón y Calvo titulada *Las cien mejores poesías cubanas*, incluye doce poemas de Casal, once de Avellaneda, diez de Heredia y nueve de Martí; aparecen sólo tres de Luisa Pérez. Algo muy diferente iba a ocurrir a partir de la década de 1940 con la relectura de Martí, la publicación de sus obras completas y el subsecuente desarrollo de sus ideas en textos como *Lo cubano en la poesía* de Cintio Vitier; este reconocido crítico reconocerá el "acento cubano" en Luisa Pérez, más no en Avellaneda, obviando así su estudio detallado.

15. Debo esta observación a Pedro M. Barreda. Luisa Campuzano está estudiando en este momento la recepción feminista de Avellaneda en Cuba.

16. Ya en otra parte he mencionado la posición de Avellaneda con respecto a la institución matrimonial. Varias cartas a sus amigos abordan este problema, además de sus novelas *Sab* y *Dos mujeres*. En una de sus cartas a Cepeda, en 1845, dice que "el matrimonio es un mal necesario del cual pueden sacarse muchos bienes. Yo lo considero a mi modo, y a mi modo lo abrazaría" (cit. Castro y Calvo 64). En otra carta de 1846, hablando de su próximo matrimonio con Sabater, precisa: "yo no tendré hijos; yo no seré la mujer propia de ningún hombre," "yo haré del casamiento lo que deba ser. Yo le impondré mi sello, no él el suyo" (cit. Castro y Calvo 125).

17. José Antonio Portuondo y Raimundo Lazo señalan las mismas características en sus presentaciones de Luisa Pérez de Zambrana. Lazo, en 1965, destaca la "vida recatadamente hogareña de la poetisa" (99). Portuondo, en 1937, la muestra con "su esposo, buen guiador de sus nuevas lecturas" y con "los hijos [que] le hicieron más hondas y felices las pupilas" (*Capítulos de la literatura cubana* 1937, 289): "en verso y en carne" Luisa era "la mujer de cada día, la esposa fiel, madre amantísima que ama callada y melancólicamente más allá de la muerte, y sufre diariamente su dolor con cristiana mansedumbre," siempre "la mujer de su casa" (294).

18. Claro que no es Martí el primer cubano que volverá sobre la supuesta androginia de Avellaneda. Un retrato hecho por Ángel Mestre y Tolón en 1865 afirma que durante la estancia de la autora en Cuba tuvo la "ocasión de observar algunos rasgos que ponen en evidencia su índole varonil," entre ellos su insistencia en pagar su propio boleto de tren, la manera tranquila en que habla de su obesidad y la capacidad de trabajo, que pocos pueden seguir. Y continúa: "un amigo mío me ha dicho ¡Qué bien serviría Tula Avellaneda para modelo de una estatua de la Duda! . . . Él mismo me ha hecho observar que Gertrudis es nombre

que por su terminación puede convenir igualmente a ambos sexos" (cit. Escoto 152).

19. Rosario Acuña era una poeta de Santander, España, nacida en 1851 y que acababa de ser laureada por su drama *Rienzi el Tribuno* (1876). Max Henríquez Ureña afirma que Martí la creyó cubana porque "así lo habían publicado algunos periódicos" mexicanos (218). Esta Rosario Acuña no es tampoco la mexicana Rosario de la Peña, llamada "la de Acuña" y amante del poeta Manuel Acuña (M. Henríquez Ureña 219), y probablemente también de Martí.

20. El estudio de Elizabeth Garrels (1989) constata el inmenso eco que el discurso rousseauniano tuvo en América Latina, concretamente en la generación romántica argentina de 1837. Domingo Faustino Sarmiento, en 1844, sostiene que "la discusión filosófica de las verdades sociales no se ha hecho para las mujeres," cuyos "cerebros" son "impotentes para abrazar las verdades abstractas" (cit. Pratt, "Género . . ." 266). Muy importante entre los argentinos fue un discípulo de Rousseau, Aimé-Martin, cuyo tratado *De l'education des mères de famille ou de la civilisation du genre humaine par les femmes* (1834) tradujeron y publicaron en Chile en los años cuarenta para uso de "los hombres que piensan" y con la recomendación de no ponerlo directamente en manos de mujeres (Garrels 31-32). Un artículo anónimo de 1838 elabora también esta imagen doméstica femenina: "Llamada a llenar las obligaciones de esposa y madre, vele, presida, los deberes domésticos, dirija la primera educación de sus hijos; inculque en sus tiernos corazones el amor a la Patria" (cit. Garrels 32).

21. La *Historia de la literatura cubana* de Raimundo Lazo (1974) es un ejemplo claro de la manera en que las novelas de Avellaneda se sitúan con respecto a *Cecilia Valdés* dentro del canon de la literatura cubana. Mientras Lazo dedica siete páginas a la novela de Villaverde, en un sólo párrafo habla de toda la obra en prosa de Avellaneda, párrafo que no está siquiera ubicado en la parte dedicada a los novelistas cubanos. Hay que señalar sin embargo que Lazo estudia con mucho cuidado la poesía de Avellaneda y le da un lugar muy destacado dentro de la poesía cubana.

22. Barreda y Béjar mencionan como voces románticas disidentes también a los poetas Dolores Veintimilla de Galindo, Gabriel de la Concepción Valdés, Gregorio Gutiérrez González y José Hernández (90).

23. Menos intransigente de lo que serían posteriores generaciones, Matamoros afirma que Cuba, sin embargo, la perdona y la ama (cit. Escoto 54).

24. Lazo señala también, al hablar de Fornaris en su *Historia de la literatura cubana* (1974), que su poesía criollista gozó de gran popularidad gracias a sus contenidos "patrióticos y sentimentales": sus poemas, musicalizados por Francisco Castillo Moreno y Carlos Manuel de Céspedes, fueron ampliamente conocidos y "cantados por el pueblo."

25. Este conflicto siguió rodeando la obra de Avellaneda por mucho tiempo. Cotarelo y Mori afirma que en 1914, "apenas comenzados los trabajos [para la conmemoración del centenario], se ensañaron los literatos cubanos en agrias disputas sobre la vieja cuestión bizantina de si la Avellaneda era española o

cubana" (383); "con todo, . . . se publicaron algunos buenos trabajos acerca de la escritora; se reimprimieron biografías, retratos, cartas, poesías, artículos de la misma" (383-84). Parte de esa celebración del centenario de su nacimiento, fue la primera edición de sus obras completas, en seis tomos, publicación de obvio e inmenso valor; ésta es la única edición de sus obras completas que se ha hecho, pues la de la Biblioteca de Autores Españoles reproduce la selección publicada por la autora entre 1868 y 1871.

26. Tampoco José Lezama le brindó otro espacio de lectura; en una conferencia de 1966 sobre Avellaneda, afirma que "[h]oy podemos llegar a la conclusión de que gran parte de la poesía de Avellaneda ha sucumbido, y que su obra es en realidad un gran naufragio" (164).

27. La crítica reciente producida dentro de Cuba ha mostrado un giro importante en el acercamiento a la obra de Avellaneda, giro al que corresponden las numerosas reediciones de su obra a cargo de Mary Cruz y de Antón Arrufat. Ya he señalado la lectura feminista de Luisa Campuzano; ella y Susana Montero están estudiándola dentro de la tradición literaria femenina, liberándola así del lastre nacionalista patriarcal que la había enterrado. Campuzano en particular ha señalado que Gertrudis Gómez de Avellaneda y la Condesa de Merlín fueron "consideradas desde fines del siglo XIX como fundadoras de nuestra literatura de mujeres por el incipiente movimiento feminista cubano," y propone también una lectura de su obra como contradiscurso de la nación.

Arrufat, Cruz, y más recientemente Zaida Capote, se han preocupado por resaltar los contenidos emancipatorios de su obra, si bien desde perspectivas que no comparto del todo. Capote está leyendo las novelas de Avellaneda como "una secreta impugnación," liberándolas de la trivialización de la que fueron objeto por tanto tiempo.

28. Más adelante, a propósito de *El cacique de Turmequé*, me detendré con más detalle en este importante ensayo de Avellaneda.

29. Hay que recordar que también *Sab* (como señala Pedro Barreda en un artículo), es un texto atípico dentro de su género, la llamada novela antiesclavista ("Abolicionismo y feminismo en la Avellaneda: lo negro como artificio narrativo en *Sab*").

30. Chateaubriand explica así la elección del tema de su novela: "las tribus indias [de Luisiana], conspirando por espacio de dos siglos de opresión para dar la libertad al Nuevo Mundo, me parecieron prestarse perfectamente a mi trabajo y ofrecerme *un asunto casi tan magnífico como la conquista de Méjico*" (*Atala* 7, mi énfasis).

31. Dada la importancia que ha tenido este estudio de Lukács, quiero aquí detenerme y explicar el motivo del uso limitado que hago de él en mi investigación.

La aproximación de Lukács tiene, en general, características que contradicen los supuestos de mi acercamiento al relato histórico. Publicado por primera vez en Moscú en 1937, su tratado presenta a la historia como *proceso evolutivo* ininterrumpido guiado por el progreso, y a la "novela histórica clásica," cuyo modelo es Walter Scott, como el único relato histórico capaz de hacer un *fiel retrato* de ese proceso. El texto de Lukács es un llamado a la novela histórica contemporánea a renovar lo que este autor considera la grandeza artística y la fuerza de "la novela histórica clásica" (332), ya que para él ese género no es hoy otra cosa que "[a]decadent play with forms," "[a] conscious violation of history," "[and] disbelief in the possibility of knowing [it]" (251). Según Lukács, la novela histórica "has to demonstrate by artistic means that historical circumstances and characters existed in such and such way" (43).

Doris Sommer ("Not Just any Narrative") y Neil Larsen han mencionado ya los problemas conceptuales que surgen al enfrentar la teoría de Lukács con los fenómenos narrativos hispanoamericanos, y Juan I. Ferreras ha señalado sus problemas dentro del contexto romántico europeo. Barbara Foley va sobre la raíz del problema al criticar la afirmación de Lukács según la cual "the early 19th century historical novel is beyond ideology" (Foley 152); Foley tiene razón al señalar al respecto que el héroe de las novelas históricas "corroborates a myth of nationalist progress that is quintessentially class-bound" (154). En el primer capítulo del presente estudio creo haber elaborado suficientemente esta postura frente al relato histórico, tanto literario como científico.

32. Este ensayo de Manzoni es sin embargo una crítica al género. De acuerdo a este autor, la novela histórica no satisface al lector ni en su deseo de conocimiento ni en su deseo por lo bello: a la vez que falsifica y corrompe la escritura histórica al no poder señalar qué es real y qué inventado, su mezcla de realidad y ficción hace imposible la sensación de homogeneidad que constituye el placer de la lectura (64-72). Aunque dice estar consciente del gran éxito de la novela histórica y del placer y estima con que se lee a Scott, prevé una decadencia próxima y merecida para el género (73). Como señala Sandra Bermann, para Manzoni la novela histórica tiene el problema de que en ella "history and invention become willfully opaque, lending to invention the mask of history and to the narrator the guise of an honest historian" (39). Manzoni desarrolla en este ensayo la crítica inicial que recibió el género por parte de Goethe (Alonso 88ss).

33. En este punto cabe recordar que *Atala* fue traducida en París por Fray Servando Teresa de Mier y Simón Rodríguez en el mismo año de su publicación.

34. Ver nota 32, sobre la crítica de Manzoni al género de la novela histórica.

35. Las cartas de Cortés pertinentes al relato de Avellaneda son la segunda y la tercera, firmadas en 1520 y 1522 respectivamente. Los capítulos de la *Historia verdadera* re-escritos son los que van del número 88 al 157. Para narrar la muerte de Guatimozín en el epílogo, Avellaneda re-escribe los fragmentos análogos de esas crónicas, los cuales se encuentran en el capítulo 177 y en la carta sexta (de 1526). Díaz del Castillo terminó de escribir su crónica hacia 1579, a la edad de ochenta y cuatro años; no se publicó hasta 1632.

Para estudios detallados de los motivos que estructuran y definen a estos dos textos, ver Beatriz Pastor, *Discurso narrativo de la conquista* (1983), y Walter Mignolo, "Cartas, crónicas y relaciones del descubrimiento y la conquista" (1982).

36. En el texto de la novela hay dos excursos que sobresalen por su extensión y por exceder en cierta medida el simple análisis de la situación. Uno de ellos analiza la cuestión del amor no correspondido (261-62), y varios críticos han señalado al respecto que mientras Avellaneda lo escribía estaba viviendo los momentos más difíciles de su relación con García Tassara. El otro excurso, que es el que me interesa ahora, se detiene largamente en el rechazo general que sufren quienes por su inteligencia superior se destacan de entre "la medianía de las masas"; este comentario viene a propósito de la conspiración de Villafaña contra Cortés (358). Curiosamente ésta es la única incursión de la narradora en terreno puramente español.

37. No quiero profundizar en este aspecto, pues no es éste el propósito de mi estudio. Aquí me interesa sólo señalar esa presencia, cuyo análisis sin duda sería interesante llevar a cabo.

38. Es curioso observar también en esta cita cómo el relato origina el movimiento de la acción en una figura femenina: así como el poeta que libra a Guatimozín de su inmerecido olvido es una mujer, una mujer también es a quien se señala como origen del hecho histórico mismo.

39. Ver Sandra Messinger Cypess, "Eve and the Serpent. The Nationalists' View," en su libro *La Malinche in Mexican Literature. Form History to Myth*.

40. *Una anécdota de la vida de Cortés* constituye el único fragmento de *Guatimozín* que la autora incluyó en la colección "completa" de sus obras, preparada por ella misma entre 1868 y 1871; este relato corto fue publicado por primera vez en el tomo quinto, al lado de *El cacique de Turmequé* y de "La mujer." En el texto de *Una anécdota*, en nota a pie de página, Avellaneda afirma que sus problemas de salud no le permitieron revisar y corregir toda su novela (207). La lectura de ambos relatos confirma, a mi parecer, la verdad de su afirmación, pues en el texto de 1871 no se percibe ningún tipo de autocensura, todo lo contrario.

El texto de 1871 es una nueva versión del epílogo de 1846, un poco más extenso que éste, y consta de tres partes. La primera es una introducción que suple la información necesaria para la comprensión del texto del epílogo y caracteriza someramente a Cortés y a Guatimozín en conformidad con el texto de 1846; esta parte incluye también, con algunas modificaciones, el excurso de la novela sobre la superioridad del genio y la repulsa que sienten por él las masas. La segunda parte relata la ejecución de Guatimozín, siguiendo una estructura similar a la del texto original, pero la actitud de Marina es más altiva y orgullosa frente a los españoles. La parte tercera relata los sucesos de la noche en que Gualcazintla intenta asesinar a Cortés y termina muerta a manos de Marina.

Es en esta última parte donde ocurren las principales modificaciones sobre el texto de 1846: Cortés y Marina ya no comparten un mismo lecho, y del atentado contra Cortés Marina sólo ve el desenlace, es decir, el momento en que éste lleva a Gualcazintla desmayada en sus brazos a la habitación que le han asignado; por su propia cuenta Marina se introduce a hurtadillas en ese cuarto para matar a Gualcazintla, en un acto motivado en parte por celos y en parte por indignación ante lo que cree un abuso sexual de Cortés sobre la joven y desdichada viuda

(214). La escena final de Marina con Cortés no es ya la de una amante tierna y abnegada, sino una escena violenta de recriminaciones de Marina al conquistador por su deslealtad y por el fin terrible a que ha dado a sus amores al haberla obligado a casarse con uno de sus capitanes y a vivir en la hipocresía para conservar "la paz doméstica" del hogar de Cortés con su esposa española (213).

41. Para una biografía sucinta de Rodríguez Freile, ver Enrique Pupo-Walker, *La vocación literaria del pensamiento histórico en América Latina* (123-24).

42. Aprovecho aquí para agradecer a Ivette Hernández la ayuda que me prestó al orientarme dentro de la bibliografía crítica sobre *El carnero*.

43. Tamar era media hermana de Amón, hijos ambos de David. El segundo libro de Samuel (13:1-29) cuenta que Amón se finge enfermo un día para atraer a Tamar a su cuidado, forzándola después a una unión sexual que ella rechaza y por la cual luego la expulsa de su casa. Saliendo de allí Tamar recorre las calles con la cabeza cubierta de ceniza y llorando su desgracia. Absalón, hermano de Tamar, la acoge en su casa, y viendo que David no se decide a castigar a Amón, fragua su asesinato (Edith Deen 296-97).

Florinda, la *Cava* (derivado de una palabra árabe que significa "ramera"), hija de Don Julián, fue violada por Don Rodrigo en su corte. Dice la leyenda que Julián, quien guardaba Ceuta, dio paso libre a los moros para entrar en el Andalus y vengarse con ello de la afrenta de Rodrigo (*Enciclopedia universal ilustrada* [Madrid: Espasa-Calpe, 1926] Tomo 51, 1244-46). Avellaneda re-escribe también esta historia en su tragedia *Egilona* (ver Evelyn Picón-Garfield, "La historia recodificada . . ." 76 ss).

En los ejemplos de Tamar y Florinda puede observarse que el relato lleva a cabo un proceso de inversión que convierte a la víctima en victimario y en ejecutante de un delito de inmensas proporciones en el plano político y social. (Nota de C. Alzate)

44. *El cacique* es una novela esencialmente sentimental. Concha Meléndez la incluye dentro del *corpus* de novelas indianistas, pero en realidad la presencia de "el indio" en cuanto tal es muy escasa y marginal dentro de la novela, limitada al origen mestizo de don Diego y a algunos comentarios sobre "los indios" de su hacienda.

45. Es interesante recordar también que Avellaneda escribe este texto durante su estancia en Cuba, siendo parte del gobierno colonial y en medio de la discusión acerca del destino de la isla. Este texto es un evidente comentario político a esa situación.

46. Mary L. Pratt, en su artículo "Género y ciudadanía," estudia este poema como contradiscurso a un poema de Heredia sobre la inconstancia de las mujeres en el amor. Pratt señala que el tema de la inconstancia no es sólo erótico, sino también cívico-político dentro del discurso decimonónico (263).

47. Ónfala es la reina de Lidia a cuyas órdenes sirve Hércules como esclavo durante un año (habiendo sido condenado al exilio y a la esclavitud en castigo a un crimen); dicen que ambos se amaron, y que durante el tiempo que permanecieron juntos Hércules se entregó a los placeres y a la molicie, entretenido en hilar

en los descansos del amor (*Enciclopedia Universal Ilustrada* [Madrid: Espasa-Calpe, 1958] Tomo 39, 1270-71). En cuanto al segundo ejemplo, el libro de los Jueces (16:4-22) cuenta que Sansón, esclavo de su pasión por Dalila, reveló a ésta la fuente de su fuerza; ella utilizó su revelación para entregarlo a su pueblo filisteo (Deen 78-81). (Nota de C. Alzate)

48. Este artículo apareció en el *Álbum cubano de lo bueno y lo bello*, periódico creado y dirigido por la autora. Nina Scott hace una reveladora presentación de la manera en que Avellaneda rodea cada parte de su artículo dentro de los cuatro diferentes números en que apareció por primera vez. La primera parte, por ejemplo, aparece en el segundo número del *Álbum*, al lado de un artículo de la *poetisa* Luisa Pérez sobre la caridad en las mujeres y de una carta de Ramón Zambrana, marido de ésta y rector de la Universidad de La Habana, que critica la exclusión de las mujeres de los asuntos trascendentales (63).

49. En su artículo "Género y ciudadanía" Mary L.Pratt hace un estudio minucioso de la sofisticada estrategia argumentativa presente en el artículo "La mujer." Lo describe como el "gesto de empezar a hablar desde dentro del terreno legítimo subalterno, para luego resemantizarlo" (272).

50. Debo el conocimiento de este texto a Luisa Campuzano. También de 1868 es la antología de poesía cubana compilada por José Fornaris que excluye a Gómez de Avellaneda y a la cual hice referencia en la primera parte de este capítulo.

51. Este componente "personal," dentro del discurso romántico, no es otra cosa que la expresión particular de lo "universal" llevada a cabo por el Genio. Amado Alonso lo articuló también en su ensayo de 1942 sobre la novela histórica en general. Alonso afirma que "entre la novela histórica y la creación literaria que quiera alcanzar el supremo rango de lo que llamamos poesía" se insinúa "[una] suerte de incompatibilidad" (9), y que las "limitaciones poéticas" de que adolece la novela histórica le vienen de la dificultad que tienen en elaborar las "manifestaciones universales de lo humano" (20-32). Ya en el primer capítulo tuve oportunidad de hacer un análisis de esta crítica. En el capítulo final abordaré de nuevo este tema.

52. Ver nota 32.

DESVIACIÓN Y VERDAD.
CONSIDERACIONES FINALES

For, what could be simpler than refrain-
ing from invention?
Alessandro Manzoni
On the Historical Novel, 1850

What then was required was a secular
transformation of fatality into continuity,
contingency into meaning. As we shall
see, few things were (are) better suited to
this end than the idea of nation.
Benedict Anderson
Imagined Communities, 1991

Las novelas históricas que he examinado en los capítulos precedentes constituyen cuatro casos de re-escritura llevados a cabo por dos
autores marginales en varios aspectos con respecto a la tradición a la
cual pertenecen. Dentro de las circunstancias concretas de producción de
dichos textos, la situación problemática de sus autores dentro de la
institución literaria de su momento motiva en gran medida la escritura
e imprime rasgos específicos a su producción. Como hemos podido apreciar a lo largo de los capítulos anteriores, las diferencias entre ambos
escritores son muchas, y cada uno de sus textos tiene también características muy específicas que lo particularizan aún dentro de la obra de
cada autor. Sin embargo, el estudio detallado de las cuatro novelas llevado a cabo en los dos capítulos precedentes descubre también semejanzas reveladoras surgidas en el movimiento de leerlas juntas y desde una
perspectiva común.

Dedicaré esta sección final a hacer una recapitulación que precise
esas relaciones apenas sugeridas entre los cuatro textos, sin perder de
vista las similitudes y diferencias entre autores, novelas y contextos.
Luego pasaré a señalar las consecuencias que la lectura detallada de los
textos tiene con respecto a los supuestos teóricos presentados en el capítulo primero.

Cuatro novelas históricas: fundación nacional, parodia y re-escritura

Como hemos visto, las dos novelas de Gertrudis Gómez de Avellaneda constituyen una incursión subversiva en un género impropio. *Guatimozín, último emperador de México* (1846) es básicamente eso: un movimiento lúdico en contraste con el cual pueden examinarse otra vez el rigor de los géneros fundacionales, su voluntad y sus supuestos. Escrita en pleno auge de los nacionalismos y en un género literario ideal para la fundación, Avellaneda, sin ninguna voluntad de este tipo, se desvía de esos propósitos para ocuparse de la artificialidad del medio literario, conocerse y darse a conocer como escritora y explorar sin afán concluyente los discursos más propios del género, como son el político y el amoroso. Marginal a la élite fundadora y extraño a su voluntad homogenizadora, *Guatimozín* es un texto de significado inestable y que rehuye el monólogo que reifica a "el salvaje" y a "la mujer" como meros objetos de conciencia incapaces de agencia. Su lectura de los textos coloniales de Bernal Díaz del Castillo y de Hernán Cortés, motivada inicialmente por el deseo de documentación propio de la novela histórica, si bien constituye a nivel explícito una estrategia de autorización para el texto que lo emparenta con los discursos científicos, a nivel implícito resulta ser un cuestionamiento al valor absoluto de esos textos como documentos y un comentario que con frecuencia quiere completar el relato o contradecirlo; si el texto se enfrenta con alguna de las crónicas directamente es con la del soldado Bernal Díaz, y ello en muy contadas ocasiones, nunca con la relación oficial de Hernán Cortés. La presencia del texto de Rodríguez Freile en *El cacique de Turmequé* (1860) es similar a ésta: si lo menciona es para autorizar el nuevo relato, mientras su crítica se elabora sólo a nivel implícito; sin embargo, a diferencia de *Guatimozín*, esa re-escritura de la crónica colonial no es sólo uno de los componentes del relato sino motivo esencial del nuevo texto. Como vimos, en esta novela el texto de *El carnero* no aparece como el documento intocable del cual se debe partir sino como un relato interesado que es necesario re-escribir: *El cacique de Turmequé* re-escribe la historia desde una perspectiva no misógina que subvierte la representación monolítica patriarcal de "la mujer," y ello define esta novela.

El mundo alucinante (1969) y *La Loma del Ángel* (1987) fueron escritas un poco más de un siglo después, cuando la llamada crisis del sujeto es ya generalizada y no ocurrencia puntual y marginal dentro del discurso de la modernidad, como sí lo es en el caso de Avellaneda. En Arenas la conciencia de esa crisis hace parte de un fenómeno generalizado posterior a las guerras mundiales y objeto de una masiva y rigurosa reflexión contemporánea que pone en primer plano la textualidad de los productos culturales y sus relaciones con el poder. Desde allí, los textos adquieren calidad de artefactos terminados cuya forma y disposición precisa de palabras puede ser objeto de examen y repetición tanto como sus contenidos conceptuales, y cuyas circunstancias específicas de producción se desplazan a un primer plano. Por esto en las novelas de Arenas la re-escritura es plagio y es mímica: repetición lúdica, texto hecho tema en toda su especificidad. Los diversos discursos no marcan ya momentos más o menos elaborados de la expresión verbal del pensamiento, como ocurre en el universo conceptual predominantemente moderno dentro del que se mueve Avellaneda: los discursos son ahora diversas conformaciones verbales no jerarquizables que elaboran mundos y que pueden readoptarse para repensar la realidad o subvertirse cuando hacen parte del discurso dominante. Por esto es diferente la presencia de los hipotextos en las novelas de Arenas con respecto a las de Avellaneda: sólo los textos de Arenas son casos de parodia en sentido estricto, sólo en ellos, como diría Bajtin, "el género mismo, el estilo, el lenguaje, son puestos entre irreverentes y lúdicas comillas" (*The Dialogical Imagination* 55). A la elaboración de las novelas de Arenas se añade pues, también, la revaluación contemporánea de la risa como mecanismo serio de acceso al conocimiento y al discurso, elemento inexistente en las dos novelas de Avellaneda y fundamental en las de Arenas, herencia de las vanguardias artísticas de nuestro siglo.

El mundo alucinante es una parodia respetuosa de las *Memorias* de Fray Servando en la cual Arenas se identifica tanto con el texto como con Mier, en tanto víctimas de los que él considera discursos monológicos autoritarios. La novela quiere dar testimonio de tal violencia y examinarla como situación arquetípica a través de las revoluciones americanas y de sus modelos europeos, y lo hace partiendo de la apropiación de un discurso premoderno que a veces copia textualmente y a veces imita, y que en su carácter "inconsistente" y "egocéntrico" le permite relatar su disidencia. Como vimos, haciéndole el juego al privilegio que da el discurso oficial a la novela histórica y a la novela testimonial, *El mundo alucinante* amplía las posibilidades discursivas de estos dos géneros cuestionando sus supuestos y subvirtiéndolos desde su interior mismo.

El caso de *La Loma del Ángel*, de otro lado, no es ya el de la identificación con un marginado, sino la inscripción de su autor dentro de una

élite privilegiada política y literaria. Como vimos, se trata de una parodia sarcástica que reexamina y reelabora el canon literario fundacional
y el estilo realista que éste privilegia; pero es también una parodia amorosa: *La Loma del Ángel* es, como *Cecilia Valdés,* una novela del exilio,
y su autor se identifica con Villaverde en tanto autor perseguido por un
régimen autoritario. La imitación lúdica del estilo realista, llevada hasta
la hipérbole, quiere a un mismo tiempo poner en primer plano las estrategias narrativas del llamado realismo y reactivar el carácter subversivo
inicial del texto parodiado.

La relación de las novelas de Avellaneda con sus hipotextos es
diferente en varios otros aspectos. Arenas en principio tiene derecho al
discurso, mientras Avellaneda no: ella rechaza los géneros considerados
"femeninos" en su época y exige entrada a los que le son impropios. En
el caso de Avellaneda, el hecho de incursionar en la novela histórica es
en sí mismo subversivo; los hipotextos en su relato autorizan el discurso,
el cual sólo a nivel implícito llega a polemizar con ellos: es autoridad lo
que necesita su discurso, suficientemente polémico de por sí, y el cuestionamiento puede ser indirecto sin dejar de ser por ello radical.

Dentro de sus diferencias, sin embargo, ambos autores marcan con
un sello de atipicidad su entrada al género de la novela histórica,
atipicidad que les viene de su posición marginal con respecto a las élites
literarias de su momento. Las cuatro novelas reclaman voz para sus
autores, reclaman un sitio dentro de la tradición y expresan una voluntad de cuestionar a la institución sin tener que permanecer fuera de ella.
Como mostré a lo largo de sus respectivos capítulos, y con respecto a las
convenciones de sus momentos, ambos autores aparecen como exceso y
desviación.

Desviación y verdad

A lo largo del presente estudio, de manera no del todo prevista,
perdió protagonismo el análisis del relato histórico en cuanto tal y lo
ganaron la re-escritura y la parodia. Al final del capítulo tres, a propósito
de *El cacique de Turmequé*, el énfasis volvió a equilibrarse un poco, lo
cual me hizo posible retomar la discusión inicial y preparar el espacio
para estas consideraciones finales. Comencé este estudio pensando en la
novela histórica, y casi que lo más específico de ese género, como es el
relato de hechos pasados, fue pasando a un segundo plano tras la importancia que adquirían la lectura y re-escritura que los dos autores

llevaban a cabo en sus textos. Los términos de "desviación" y "verdad" aparecieron repetidamente y en diversas formas en los estudios críticos tradicionales acerca de los dos autores y de sus textos, y aplicados, de manera inesperada, tanto a la escritura de Gómez de Avellaneda como a la de Arenas. Como vimos, dicha crítica recurre con frecuencia a los conceptos de desviación y de exceso para calificar de inapropiados a unos textos que no se ajustan a la expectativas de la forma que deben tener los relatos con pretensiones de verdad, forma descrita con precisión dentro de los contextos de producción de estas novelas.

Según mostré a lo largo de los capítulos anteriores, tanto en el contexto de Arenas como en el de Avellaneda los proyectos de fundación nacional son la figura dominante. Dentro de ellos, la novela histórica se presenta como un género de gran productividad, en tanto artefacto textual que permite a los grupos fundadores (re)construir una historia nacional en la que el pasado aparece como una prefiguración de su proyecto y que los presenta como el grupo que sabe interpretar el ser y el destino de la patria y como el único que puede garantizar su realización hacia el futuro. Avellaneda y Arenas son escritores excluidos del grupo fundacional: Avellaneda como mujer de mediados del siglo XIX, con una "tarea patriótica" fundamental, pero circunscrita al ámbito doméstico y asignada por ciudadanos que sí son sujetos de conciencia y en cuyas manos está pensar y delinear el proyecto; y Arenas como ciudadano cuyas necesidades y deseos resultan no coincidir con los del ente abstracto de "el Pueblo," ente colectivo al interior del cual los individuos concretos desaparecen y sus particularidades devienen "egocéntricas" y "contrarrevolucionarias." Sin embargo, no obstante ser sujetos excluidos del grupo fundacional en cuanto tal, también ellos escriben novelas históricas, excluyendo como opción la del silencio. Sus textos hacen parte del discurso sobre la nación, si bien cuestionando sus supuestos de manera radical y haciendo patentes sus contradicciones.

Avellaneda recurre a la novela histórica inicialmente como género en el que todo escritor se estaba ensayando, contraviniendo los consejos patriarcales de no mezclarse en los asuntos del mundo ni entrar en contacto con pasiones políticas y amorosas: ese contacto era peligroso y su relato requería una capacidad analítica que era muy reducida en "la mujer," cuya energía se concentraba esencialmente en la emotividad de su corazón de madre. Su segunda novela histórica convierte a esta reflexión acerca de la definición cultural de "la mujer" en su tema: toma un texto que encarna de manera clara varias de las "vulgaridades que circulan por el mundo en detractación del sexo femenino" y re-presenta los hechos históricos destacando en primer plano la misoginia que orienta al relato "original" y proponiendo una nueva interpretación de los hechos y una nueva historia.

Arenas escribe, muy en consonancia con su momento, una novela histórica y en cierta medida testimonial; pero aunque premiada, la institución literaria oficial se niega a publicarla: no relata el devenir histórico como una progresión en ascenso, y el sujeto discursivo, lejos de presentarse como el salvador de una víctima, lo que hace es identificarse con ella. Su otra novela re-escribe un relato histórico canónico, ofreciéndose como otra *Cecilia Valdés* en un reiterado momento de represión y de lucha emancipatoria.

Como hemos visto, desde su situación marginal Avellaneda y Arenas son conscientes de las negaciones que los discursos nacionalistas universalizantes contienen, de las negaciones que les son propias y de las cuales dependen. Sus textos son el lugar de la disidencia y por ello inherentemente contrarios al discurso fundacional. Como he venido mostrando, este discurso cree no poder vivir en lo diverso y todo lo entiende según oposiciones dicotómicas, dado que el carácter emancipatorio por medio del cual se legitima se basa en su pretendido carácter objetivo y universal. Por esto el discurso fundacional es un discurso perteneciente a la modernidad: encarna la misma modernidad que le enseñó a Occidente que el ser humano, haciendo correcto uso de sus facultades intelectuales, debe llegar a las mismas conclusiones acerca de cualquier asunto sin importar si su lugar es Cuba, Guinea, Francia o Malasia, aunque sólo un Sujeto Trascendental, europeo, puede juzgar con precisión qué tan correcto fue ese uso.

Esa misma modernidad, para garantizar la claridad de los juicios como expuse en el capítulo primero, dividió la experiencia en esferas autónomas regidas por leyes específicas; y a partir de allí dio origen a las ciencias positivas y dijo que una cosa era la Historia y otra la Literatura, y generó la figura del Genio y del Autor para regular esa nueva esfera de lo estético.

Pero Avellaneda y Arenas lo mezclan todo conscientes de la violencia ejercida por el discurso que lo separa. Los textos que he presentado no piensan a las letras en oposición a los hechos, ni a la escritura como una actividad claramente diferenciable de la lectura; para ellos la frontera entre la realidad y la literatura, entre la verdad y la ficción, no tiene la nitidez que el discurso moderno quiere prescribirle: esa frontera es permeable porque para ambos, como en otra parte afirmé a propósito de Arenas, es evidente que mirar es en gran medida leer y que escribir acerca de la realidad es re-escribir sobre los textos que ya antes la han elaborado.

Los textos de Avellaneda que hemos leído son un ejemplo de que la crisis del individuo universalista, si bien generalizada hoy en día, estuvo presente ya desde los inicios del discurso moderno y de su elaboración estética en el romanticismo. Sus textos confirman las reflexiones de Lyotard en torno al significado del prefijo "post-" en el hecho llamado *pos*moderno: tal prefijo no refiere una sucesión diacrónica de períodos perfectamente identificables y diferenciados que se superen uno en el otro (47); de ahí que resulte más fecundo pensar lo posmoderno como un mirar reflexivo de la modernidad sobre sí misma: un mirar consciente de que su discurso aún lo permea todo y nos constituye, un mirarse (50). De la misma manera, puede también hablarse de hechos *pos*románticos dentro del romanticismo, y Avellaneda es en buena medida uno de ellos: ella es una figura plenamente romántica para la cual es inevitable llevar a cabo un mirar crítico reflexivo sobre el discurso al cual pertenece. En sus textos se muestra esa conciencia que Linda Hutcheon situa a la raíz del auge contemporáneo de la parodia al definirla como un espacio para confrontar el problema de la relación que guarda lo estético con lo político y lo social (*A Poetics of Postmodernism* 22) y al presentar como posible causa de su proliferación actual el hecho de que hoy vivamos en un mundo donde la cultura ha reemplazado a la naturaleza como tema del arte (*A Theory of Parody* 82). Para Avellaneda, como escritora feminista, era ya evidente a mediados del siglo XIX el carácter cultural de la llamada "naturaleza," y de la "naturaleza femenina" en particular.

Tal reflexión sobre los contenidos políticos de lo estético, de presencia obvia también en los textos de Arenas, es un ejemplo de la mirada *pos*romántica sobre el discurso romántico; y lo es también el hecho de sustituir la llamada naturaleza por la cultura como tema del arte. Los textos de ambos autores son contrarios al fraccionamiento que la modernidad lleva a cabo al interior de la experiencia: contrarios a esa división en la que nacen las esferas de lo cognitivo, lo político y moral y lo estético, esferas al interior de las cuales se de-limitan a su vez los campos cuyo estudio se asignaría a las diversas disciplinas. El hecho estético surgió de esa delimitación, caracterizado de manera negativa por no ser cognitivo ni político, y la obra de arte se describió entonces como "superación" de toda performatividad científica o política.

Como afirma Foucault, ese fue el origen de la literatura en su concepto romántico predominante aún hoy: la literatura definida como forma independiente, de difícil acceso, replegada sobre el enigma de su nacimiento y referida por completo al acto puro de escribir, en el reino de la intransitividad radical (*Las palabras y las cosas* 293). Para el discurso romántico la obra de arte no es conocimiento empírico, y por tanto fluye sin mediación alguna desde el ser trascendental de su Autor: éste, en el libre juego de sus facultades, produce un objeto artístico ante cuya contemplación el lector puede deponer los criterios pragmáticos y morales que dominan su vida diaria y regocijarse así en la actividad pura de un espíritu por fin libre de los intereses cotidianos que lo alejan de su ser trascendental.

Según expuse en el capítulo primero, el sujeto trascendental moderno es el individuo homogéneo, autoconsciente y responsable que tiene acceso a lo más genuino de la realidad. Cuando este individuo es autor literario, al escribir su obra ésta surge espontáneamente y sin mediación alguna, original y primera; si lo que escribe es historia, el individuo está capacitado para hacer por fin el recuento verdadero, gracias a la objetividad de su investigación y a la acción desinteresada de su escritura. Diferente a éste, el sujeto que llamo posromántico se siente menos *sujeto de* y más *sujeto a*, como lo plantea Foucault: uno es el sujeto voluntarista de las dicotomías y el otro el que sufre la violencia de ese discurso. Para este último, conceptos como *la realidad*, *la experiencia objetiva*, *la historia*, se llenan de intencionalidad y de poder: el sujeto posromántico se acerca a ellas como a textos, sabiéndolas producto de elaboraciones relacionadas más con contextos sociales, económicos, políticos, raciales y genéricos que con supuestas características del "ser humano en general." De esta manera se resquebrajan y confunden las diversas esferas en que la experiencia había sido dividida, y con ellas el sujeto trascendental y su manifestación artística en el genio creador: de nuevo lo cognitivo, lo político y lo estético se mezclan en un continuo dentro del cual se hace difícil diferenciarlos con precisión.

La fractura conceptual entre estos dos discursos es la que se hace manifiesta en los juicios que la crítica tradicional romántica hace sobre las novelas de Reinaldo Arenas y de Gertrudis Gómez de Avellaneda. Esta crítica la estudié inicialmente en el caso de Arenas, y sus supuestos conforman lo que en el segundo capítulo llamé, siguiendo a Emir Rodríguez Monegal, "poética revolucionaria." Tales supuestos, como vimos, son definidos con gran rigor en los textos críticos publicados en Cuba durante finales de los años sesenta y comienzos de los setenta. La claridad con que aparecieron allí me permitió comprender mejor la poética fundacional decimonónica, así como entender la del siglo XX como una reelaboración de ésta: esa poética revolucionaria de nuestro siglo presenta a autores como Domingo Delmonte, Ramón de Palma y José Martí como sus precursores, y a sus textos como una primera articulación de sus supuestos. El proyecto fundacional cubano comenzado en 1959 se mira en los textos fundacionales del siglo XIX como en un espejo y se declara su heredero. Esta fue la manera como me aproximé al siglo XIX en Cuba, desde la lectura que la oficialidad cubana revolucionaria hizo de ella hacia mediados de nuestro siglo.

De hecho ambas poéticas tienen varias similitudes y su vocabulario coincide en buena medida: ambas parten de las dicotomías literatura/realidad y lectura/escritura, tan poco apropiadas para leer los textos de Avellaneda y de Arenas. Ya en los capítulos anteriores pude citar extensamente algunas articulaciones de esas poéticas, y por ello aquí voy sólo a recordar algunos de sus apartes.

El objetivo primordial de estas poéticas es encontrar-definir "lo cubano," y con miras a ello prescriben la forma literaria más idónea para hacerlo. Fernández Retamar en 1971 sostiene que "nuestra cultura . . . [r]equiere como primera condición nuestra propia existencia," y que "la historia, antes que obra de letras es obra de hechos" (*Calibán* 119). Esto lo lleva a declararse contrario a un tipo de literatura que califica de libresca y escéptica: laberintos sin solución, actos de escritura que más bien parecen actos de lectura (96). En el mismo sentido, José A. Portuondo califica a la novela experimental del momento como "algo que se llama novela por no pasar el trabajo para encontrarle un nombre más apropiado," y que no es más que "cauce del individualismo y de extravagancia en el arte" (cit. R. Monegal, "La nueva novela" 655); por contraste con "lo disforme y barroco" característico de esa literatura, Portuondo prescribe fórmulas para "penetrar en las esencia de lo nuestro, de lo nacional, y, por intensificación, de lo americano" ("Literatura" 393).

En el mismo sentido, a mediados del siglo XIX Ramón de Palma había definido a cierto romanticismo como "deseo sin objeto, inquietud sin razón, fastidio sin motivo," recomendando al novelista escoger asuntos cubanos e imitar la verdad (cit. Arrufat 753). A juicio de Manuel de la Cruz, *Cecilia Valdés*, con su sobriedad, propiedad y pureza, cumplió bien con este cometido. Para Antón Arrufat tales formulaciones constituyen la oportuna "rectificación" que los delmontinos hicieron del romanticismo y que los convirtió en precursores de la novela cubana (751): en el grupo delmontino Arrufat alaba la "actitud de desprendimiento del yo y de modestia" que les hizo posible enfrentar el "duro y realista deber de luchar por la entidad de la nación" (751-25); Delmonte había sido claro al afirmar que "la sociedad tiene derechos que exigir de sus ingenios y el poeta deberes que cumplir como tal."

No es difícil ver una reiteración del discurso fundacional delmontino en la poética revolucionaria de nuestro siglo, y Arrufat lo hace explícito. El deseo sin objeto, característico del romanticismo misántropo y excéntrico, deviene laberinto sin solución y escepticismo; la misma voluntad de imitar la verdad es la que rechaza a la literatura de lo disforme y barroco; y la rechaza por individualista y extravagante, oponiéndole la misma actitud de desprendimiento del yo y de modestia que hace anteceder la Nación a todo otro motivo, egoísta por principio. También ambas poéticas quieren presentar la realidad de lo cubano como una entidad externa y anterior al discurso y a la que éste debe acceder siguiendo una forma discursiva idónea. Por esto ambas separan la lectura de la escritura: su objeto es la naturaleza de lo cubano, y ésta es una entidad autónoma que es referente en sí misma.

Con respecto al discurso fundacional los textos de Avellaneda y Arenas son esencialmente ambigüedad y extravagancia. Su objeto no se identifica con el de la Nación, y la naturaleza que la literatura fundacional dice retratar es para ambos un artefacto que encarna los intereses del grupo político que la elabora. Por esto para ambos autores escribir es en buena medida leer, re-escribir el relato llamado realista para desenmascarar las pretensiones de universalidad con las cuales quiere suplantar la particularidad de sus voces. De ahí el llamado carácter libresco de sus textos, el cual, lejos de significar oquedad formal como supone el discurso romántico fundacional, penetra de forma radical en *la realidad*, aunque no para relatarla en su pretendida completud sino para contar sus fisuras: para mostrar su carácter textual e intencional.

No lejos de los supuestos de las poéticas fundacionales, Rodríguez Monegal niega su carácter de novela histórica a *El mundo alucinante*: no encuentra apropiada la selección ni la presentación de los hechos, tampoco los anacronismos ni las múltiples versiones del acontecimiento; a su juicio, Arenas deja ver demasiado su mano en la factura del relato. Lo mismo le parecieron a Cotarelo y Mori *Guatimozín* y *El cacique de Turmequé*: de acuerdo a este crítico, la novelista hablaba por su cuenta o ponía sus ideas en labios de los personajes; había en la obra mucha historia, que no era historia verdadera, y sus personajes, en especial los indígenas y los femeninos, eran poco verosímiles.

Ante ambas poéticas, ninguna de las cuatro novelas históricas que hemos estudiado se adapta a la forma que deben tener los relatos con pretensiones de verdad. Por contraste con la literatura fundacional, su carácter de artificio resulta demasiado manifiesto, haciendo imposible el retrato de la esencia nacional, y se percibe por tanto como sobre-elaboración ambigua e improductiva. Por no compartir los supuestos del discurso fundacional ni sus propósitos, sus relatos aparecen como desviación y exceso: desviación con respecto a los motivos legítimos y a sus formas, exceso en su voluntad de volver sobre lo ya dicho cuando la realidad es la que reclama.

Como afirma Jean Franco, "[n]ations . . . [c]reate exemplary narratives and symbolic systems which secure the loyalty and sacrifice of diverse individuals" (79). Ni Avellaneda ni Arenas aceptan el sacrificio, y, contrario al discurso que quiere excluir a sus textos del conjunto de relatos con voluntad de verdad, ellos cuentan su historia. Su historia y su verdad no tienen como referente a la realidad entendida como naturaleza anterior al discurso. Su historia y su verdad tienen como referente a los discursos universalistas que fraguan la realidad, una realidad que ellos no pueden dejar de percibir como artefacto porque no es la suya.

En buena medida para estos autores la realidad son textos, textos que son tema de su escritura, escritura que deviene por tanto re-escritura. Los referentes de sus novelas son otros textos, relatos anteriores cuya producción e inscripción en la tradición los constituye en hechos históricos como cualquier otro. La historia que escriben no es la nunca antes contada, sino la historia de cómo ese relato ha sido escrito, y también la que quiere volver a contar el acontecimiento porque no comparte el relato que de él se ha hecho. Las novelas históricas de Gertrudis Gómez de Avellaneda y Reinaldo Arenas son relatos escritos en contra de la historiografía patriarcal y evolutiva que homogeniza la realidad a costa de sus particularidades y trivializa sus proyectos.

249

BIBLIOGRAFÍA

TEXTOS PRIMARIOS

Arenas, Reinaldo. *La Loma del Ángel*. 1987. Miami: Universal, 1995.
_____. *El mundo alucinante*. 1969. Barcelona: Montesinos, 1992.
Avellaneda, Gertrudis Gómez de. Ver Gómez de Avellaneda y Arteaga, Gertrudis.
Barnet, Miguel. *Biografía de un cimarrón*. 1966. Barcelona: Ariel, 1968.
Carpentier, Alejo. *El siglo de las luces*. 1962. Barcelona: Seix Barral, 1988.
Cortés, Hernán. *Cartas de relación de la conquista de México*. 1519-1526. México: Espasa-Calpe, 1961.
Díaz del Castillo, Bernal. *Historia verdadera de la conquista de la Nueva España*. 1632. Prólogo de Carlos Pereyra. Madrid: Espasa-Calpe, 1968.
Gómez de Avellaneda y Arteaga, Gertrudis. *El cacique de Turmequé*. 1871. En *Obras de Doña Gertrudis Gómez de Avellaneda*. Tomo 5. Edición y Estudio preliminar de José María Castro y Calvo. Biblioteca de Autores Españoles, vol. 288. Madrid: Atlas, 1974. 247-72.
_____. *Guatimozín, último Emperador de México*. 1846. Edición e introducción de Mary Cruz. La Habana: Letras Cubanas, 1979.
Mier Noriega y Guerra, Fray Servando Teresa de. *Memorias*. 1817. Prólogo de Alfonso Reyes. Madrid: Americana, 1917.
Rodríguez Freile, Juan. *El carnero. Crónica de la conquista y descubrimiento del Nuevo Reino de Granada*. 1638. Facsímil de la edición príncipe de 1859. Estudio Preliminar de Hernán Lozano. Cali, Colombia: La Industria Cultural, 1989.
Villaverde, Cirilo. *Cecilia Valdés o La Loma del Ángel*. 1882. Edición e Introducción de Jean Lamore. Madrid: Cátedra, 1992.

OBRAS CONSULTADAS

Abrams, Meyer H. *The Mirror and the Lamp: Romantic Theory and Critical Tradition*. New York: Oxford U.P., 1953.
Achuy, Darío. Prólogo. *El carnero* de Juan Rodríguez Freyle. Caracas: Ayacucho, 1979.

Aguilera, Miguel. Comentario crítico biográfico. *El carnero* de Juan Rodríguez Freire [sic]. Bogotá: Ministerio de Educación Nacional, 1963. 7-28.

Alba-Buffill, Elio. "La Avellaneda a la luz de la crítica de Enrique José Varona." En Zaldívar *et al*. 213-23.

Alborg, Juan Luis. *Historia de la literatura española. El romanticismo.* Madrid: Gredos, 1980.

Alegría, Fernando. *Nueva historia de la novela hispanoamericana.* Hanover, NH: Ediciones del Norte, 1986.

Alonso, Amado. *Ensayo sobre la novela histórica. El modernismo en La gloria de Don Ramiro.* Buenos Aires: U. de Buenos Aires, 1942.

Altamar, Curcio. *Evolución de la novela en Colombia.* Bogotá: Caro y Cuervo, 1957.

Alvar, Manuel. "Bernal Díaz del Castillo." En Iñigo Madrigal, Coordinador. 127-34.

Alvarez Borland, Isabel. "The Task of the Historian in *El general en su laberinto.*" *Hispania,* 76.3 (1993): 439-45.

Anderson, Benedict. *Imagined Communities. Reflections on the Origin and Spread of Nationalism.* London: Verso, 1983.

Anderson Imbert, Enrique. "Intertextualidad en la narrativa." *La literatura como intertextualidad. IX Simposio Internacional de literatura.* Asunción, Universidad del Norte, 1991. Buenos Aires: Vinciguerra, 1992. 43-56.

_____. *Historia de la literatura hispanoamericana.* 1970. Tomo 1. México: Fondo de Cultura Económica, 1993.

_____. "Notas sobre la novela histórica en el siglo XIX." *La novela iberoamericana.* Arturo Torres Ríoseco, Ed. Albuquerque: U. of New México P., 1952. 3-15.

Araújo, Helena. "Narrativa femenina latinoamericana. La Sherezada." *Hispamérica* 11.32 (1982): 23-35.

Arenas, Reinaldo. *Antes que anochezca. Autobiografía.* México: Tusquets, 1992.

_____. *Celestino antes del alba.* La Habana: Ediciones Unión, 1967.

_____. "Celestino y yo." *Unión* 6.3 (1967): 117-19.

_____. *El Central.* 1970. Barcelona: Seix Barral, 1981.

_____. "Fray Servando: víctima infatigable." *Literature and Popular Culture in the Hispanic World. A Symposium.* Ed. Rose S. Minc. Gaithersburgh MD: Hispamérica and Montclair State College, 1981. 15-18.

Arrom, José Juan. "Criollo: definición y matices de un concepto" y "La Virgen del Cobre: historia, leyenda y símbolo sincrético." *Certidumbre de América*. Madrid: Gredos, 1971. 11-26, 184-214.

_____. *Esquema generacional de las letras hispanoamericanas*. Bogotá: Caro y Cuervo, 1977.

Arrufat, Antón. "El nacimiento de la novela en Cuba." *Revista Iberoamericana* 152-53 (1990): 747-57.

_____. Prólogo. *Espatolino*. De Gertrudis Gómez de Avellaneda. La Habana: Letras Cubanas, 1984. 5-29.

Avellaneda, Gertrudis Gómez de. Ver Gómez de Avellaneda y Arteaga, Gertrudis.

Bakhtin, Mikhail. "Discourse Typology in Prose." *Twentieth Century Literary Theory*. Eds. V. Lambropoulos and D.N. Miller. Albany: State University of New York P., 1987. 285-303.

_____. "Epic and Novel" and "Discourse in the Novel." *The Dialogic Imagination*. Trans. Caryl Emerson and Michael Holquist. Austin: U. of Texas P., 1981. 3-40, 259-422.

_____. *Rabelais and His World*. Trans. Helene Iswolsky. Bloomington: Indiana U.P., 1984.

Balderston, Daniel, Ed. *The Historical Novel in Latin America: A Symposium*. Gaithersburg: Hispamérica, 1986.

Barnet, Miguel. *La fuente viva*. La Habana: Letras Cubanas, 1983.

_____. "Testimonio y comunicación: una vía hacia la identidad." *Unión* (1980): 131-43.

Barquet, Jesús J. *Consagración de La Habana. Las peculiaridades del grupo Orígenes en el proceso cultural cubano*. Coral Gables: University of Miami, 1992.

_____. "Del gato Félix al sentimiento trágico de la vida. Nueva Orleans, 1983." En Ette 1992. 65-74.

Barreda Tomás, Pedro. "Abolicionismo y feminismo en la Avellaneda: lo negro como artificio narrativo en *Sab*." *Cuadernos Hispanoamericanos* 342 (1978): 613-26.

_____. *The Black Protagonist in the Cuban Novel*. Amherst: U. of Massachusetts P., 1979.

_____. "El indianismo y el indigenismo en la narrativa hispanoamericana." *Libro de homenaje a Luis Alberto Sánchez*. Lima: Villanueva, 1967. 45-61.

_____. "Vestirse al desnudo, borrando escribirse: *El Central* de Reinaldo Arenas." *Boletín de la Academia Puertorriqueña de la Lengua Española* 12 (1984): 25-37.

_____. "La visión conflictiva de la sociedad cubana: tema y estructura en *Cecilia Valdés.*" *Anales de la Literatura Hispanoamericana* 5 (1976): 131-53.

Barreda Tomás, Pedro y Eduardo Béjar. Estudio preliminar. *Poética de la nación: Poesía romántica en Hispanoamérica (Crítica y antología).* Boulder, Colorado: Society of Spanish and Spanish American Studies Series. En prensa.

Barthes, Roland. "The Death of the Author." 1968. *Modern Criticism and Theory.* Ed. David Lodge. London & New York: Longman, 1988. 167-72.

_____. "Le discours de l'histoire." *Poétique* 49 (1982): 13-21.

_____. "Introduction to the Structural Analysis of Narrative." *Image, Music, Text.* Trans. Stephen Heath. New York: Hill and Wang, 1977.

_____. *S/Z.* Trad. Nicolás Rosa. México: Siglo XXI, 1980.

Béjar, Eduardo. "La textualidad de Reynaldo Arenas." Diss. University of Massachusetts at Amherst, 1985.

Bello, Andrés. "Juicio sobre las obras poéticas de Don Nicasio Álvarez Cienfuegos." 1823. *Obras completas*, vol. 9. Caracas: La Casa de Bello, 1981. 199-213.

Bénassy, Marie-Cécile. Avant-propos. *Historia de la revolución en la Nueva España, antiguamente Anáhuac.* De Fray Servando Teresa de Mier.

Benítez Rojo, Antonio. "Cirilo Villaverde, fundador." *Revista Iberoamericana* 56.152-53 (1990): 769-76.

_____. "¿Cómo narrar la nación? El círculo de Domingo del Monte y el surgimiento de la novela cubana." *Cuadernos Americanos* 3.45 (1994): 103-25.

_____. "Power/Sugar/Literature: Toward a Reinterpretation of Cubanness." *Cuban Studies* 16 (1986): 9-31.

Benso, Silvia. "La técnica narrativa de Juan Rodríguez Freile." *Thesaurus* 32,1 (1977): 95-165.

Bergmann, Emilie y Paul Julian Smith, eds. *¿Entiendes? Queer Readings, Hispanic Writings.* Durham and London: Duke U. P., 1995.

Bermann, Sandra. Introduction. *On the Historical Novel.* By Alessandro Manzoni.

Bhabha, Homi K, ed. *Nation and Narration.* London and New York: Routledge, 1990.

Bloom, Harold. *The Anxiety of Influence. A Theory of Poetry.* New York: Oxford U.P., 1973.

Borges, Jorge Luis. *Obras completas*. 3 tomos. Buenos Aires: Emecé, 1989.

Borinsky, Alicia. "Re-escribir y escribir: Arenas, Menard, Borges, Cervantes, Fray Servando." *Revista Iberoamericana* 92-93 (1975): 605-16.

Bovi-Guerra, Pedro. "*El mundo alucinante*: ecos de *Orlando* y otros ecos." *Románica* 15 (1978-1979): 97-107.

Bueno, Salvador. *De Merlín a Carpentier*. La Habana: Unión de Escritores y Artistas de Cuba, 1977.

Bushnell, David y Neill Macaulay. *The Emergence of Latin America in the Nineteenth Century*. New York and Oxford: Oxford U.P., 1988.

Camacho Guisado, Eduardo. "Juan Rodríguez Freile." En Iñigo Madrigal. 145-50.

Campuzano, Luisa. "Dos viajeras cubanas a los Estados Unidos: la Condesa de Merlin y Gertrudis Gómez de Avellaneda." En *Mujeres latinoamericanas: historia y cultura. Siglos XVI a XIX*. Tomo II. La Habana/Iztapalapa: Casa de las Américas / U.A.M.Iztapalapa, 1997. 145-51.

Capote Cruz, Zaida. "*Espatolino*: una secreta impugnación." *Unión* 26 (1997): 20-22.

Carilla, Emilio. *El romanticismo en la América hispana*. 1958. Tercera edición. Dos volúmenes. Madrid: Gredos, 1975.

Carpentier, Alejo. "De lo real maravilloso americano." 1949. En *Tientos, diferencias y otros ensayos*. Barcelona: Plaza y Janés, 1987. 66-75.

_____. "La novela latinoamericana en vísperas de un nuevo siglo." 1979. En González Echevarría 1984. 19-48.

_____. "Problemática de la actual novela latinoamericana." 1964. *Tientos, diferencias y otros ensayos*. Barcelona: Plaza y Janés: 1987. 7-28.

Casal, Julián del. *Prosas*. 3 tomos. La Habana: Consejo Nacional de Cultura, 1963.

Casaus, Víctor. *Defensa del testimonio*. La Habana: Letras Cubanas, 1990.

Castillo, Debra. *Talking Back. Toward a Latin American Feminist Literary Criticism*. Ithaca: Cornell U.P., 1992.

Castro Leal, Antonio. Prólogo. *Memorias* de Fray Servando Teresa de Mier. México: Porrúa, 1946.

Castro y Calvo, José María. Estudio Preliminar. *Obras de Doña Gertrudis Gómez de Avellaneda,* tomo I. 9-230.

255

Catena, Elena. Introducción. *Poesías y epistolario de amor y amistad de Gertrudis Gómez de Avellaneda.* Madrid: Castalia, 1989. 7-35.

Cevallos-Candau, Francisco Javier, Jeffrey A. Cole, Nina M. Scott and Nicomedes Suárez-Araúz, Eds. *Coded Encounters: Writing, Gender and Ethnicity in Colonial Latin America.* Amherst: U. of Massachusetts P., 1994.

Coronado, Carolina. "Doña Gertrudis Gómez de Avellaneda." 1858. *Obras literarias de la Señora Doña Gertrudis Gómez de Avellaneda. Colección Completa.* 5 tomos. Madrid: Imprenta Rivadeneira, 1868-1871. Tomo 5. 389-96.

Correas de Zapata, Emilia. "Escritoras latinoamericanas: sus publicaciones en el contexto de las estructuras del poder." *Revista Iberoamericana* 51.132-133 (1985): 591-603.

Cotarelo y Mori, Emilio. *La Avellaneda y sus obras. Ensayo biográfico y crítico.* Madrid: Archivos, 1930.

Cristina, María Teresa. "La literatura en la conquista y en la colonia." *Manual de historia de Colombia.* Juan Gustavo Cobo Borda y Santiago Mutis, eds. Bogotá: Instituto Colombiano de Cultura, 1978. 493-566.

Cruz, Manuel de la. "Cecilia Valdés." 1885. *Homenaje a Cirilo Villaverde.* 76-80.

_____. "Cirilo Villaverde." 1890. *Homenaje a Cirilo Villaverde.* 81-89.

Cruz, Mary. Prólogo. *Gertrudis Gómez de Avellaneda. Obra selecta.* Caracas: Biblioteca Ayacucho, 1990. ix-xxv.

_____. Prólogo. *Guatimozín* de Gertrudis Gómez de Avellaneda. 9-39.

Curcio Altamar, Antonio. *Evolución de la novela en Colombia.* Bogotá: Instituto Caro y Cuervo, 1957.

Cypess, Sandra Messinger. "Eve and the Serpent. The Nationalists' View." *La Malinche in Mexican Literature. From History to Myth.* Austin: U. of Texas P., 1991. 41-67.

Chacón y Calvo, José María. *Las cien mejores poesías cubanas.* 1921. Madrid: Ediciones de Cultura Hispánica, 1958.

_____. *Ensayos de literatura cubana.* Madrid: Callejas, 1922.

Chang-Rodríguez, Raquel. "El 'Prólogo al lector' de *El carnero*: guía para su lectura." *Thesaurus* 29.1 (1974): 177-81.

_____, Ed. *Prosa hispanoamericana virreinal.* Barcelona: Borrás, 1978.

_____, et al. *La historia en la literatura iberoamericana*. New York: Ediciones del Norte, 1989.

Chateaubriand, René de. *Atala-René*. 1801. México: Porrúa, 1987.

Chiampi, Irlemar. "Lo maravilloso y la historia en Alejo Carpentier." González Echevarría 1984. 221-49.

Deen, Edith. *All of the Women of the Bible*. New York: Harper and Brothers, 1955.

Delmonte, Domingo. "La novela histórica." 1832. Cintio Vitier 1968. La Habana: Biblioteca Nacional José Martí, 1968. 114-20.

Diego, Eliseo. "Sobre *Celestino antes del alba*." *Casa de las Américas* 45 (1967): 162-66.

Diez años de revolución: el intelectual y la sociedad. Casa de las Américas. No. 56 (1969).

Durán, Manuel. "Notas sobre la imaginación histórica y la narrativa hispanoamericana." González Echevarría 1984. 287-307.

Escoto, José Augusto, Ed. *Gertrudis Gómez de Avellaneda. Cartas inéditas y documentos relativos a su estancia en Cuba. 1859-1864*. Matanzas: La Pluma de Oro, 1912.

Esteve-Barba, Francisco. *Historiografía indiana*. Madrid: Gredos, 1964.

Ette, Ottmar. "Los colores de la libertad. Nueva York, 14 de enero, 1990." Ette 1992. 75-91.

_____, ed. *La escritura de la memoria. Reinaldo Arenas: Textos, estudios y documentación*. Frankfurt am Maim: Vervuert Verlag, 1992.

_____. "La obra de Reinaldo Arenas. Una visión de conjunto." En Ette 1992. 95-138.

_____. " 'Traición, naturalmente.' Espacio literario, poetología implícita en *La Loma del Ángel* de Reinaldo Arenas." En Sánchez, ed. 87-107.

Fernández-Mercané, Leonardo. "El romanticismo europeo, preludio de Gertrudis Gómez de Avellaneda." En Zaldívar *et al.* 25-36.

Fernández Retamar, Roberto. *Calibán. Ensayos sobre la cultura de Nuestra América*. 1971. Buenos Aires: La Pléyade, 1984.

Ferreras, Juan Ignacio. *El triunfo del liberalismo y de la novela histórica (1830-1870)*. Madrid: Taurus, 1976.

Figarola-Caneda, Domingo y Emilia Boxhorn, Eds. *Gertrudis Gómez de Avellaneda. Biografía, bibliografía e iconografía*. Madrid: Sociedad General Española de Librerías, 1929.

Foley, Barbara. *Telling the Truth. The Theory and Practice of Documentary Fiction*. Ithaca & London: Cornell U.P., 1986.

Fornet, Ambrosio. "A propósito de *Sacchario.*" *Casa de las Américas* 64 (1971): 183-86.

Foster, David William. *Alternate Voices in the Contemporary Latinamerican Narrative*. Columbia: U. of Missouri P., 1985.

_____. "Consideraciones en torno a la sensibilidad gay en la narrativa de Reinaldo Arenas." *Revista Chilena de Literatura* 42 (1993): 89-94.

Foucault, Michel. *Las palabras y las cosas. Arqueología de las ciencias humanas*. Trad. Elsa Cecilia Frost. Bogotá: Siglo XXI, 1986.

_____. "What is an Author?" 1969. Trans. Josué V. Harari. *The Foucault Reader*. Ed. Paul Rabinow. New York: Pantheon, 1984. 101-20.

Franco, Jean. *Plotting Women. Gender and Representation in Mexico*. New York: Columbia U.P., 1989.

Galván, Manuel de Jesús. *Enriquillo. Leyenda histórica dominicana*. 1882. Santo Domingo, Rep. Dominicana: Ediciones del Taller, 1989.

García de Coronado, Domitila. *Album poético-fotográfico de las escritoras cubanas*. 1868. La Habana: Imprenta Militar, 1872.

García Sánchez, Franklin. "El dionisismo paródico-grotesco de *La Loma del Ángel* de Reinaldo Arenas." *Revista Canadiense de Estudios Hispánicos* 17.2 (1993): 271-79.

García Vega, Lorenzo. *Antología de la novela en Cuba*. La Habana: Úcar, García S.A., 1960.

Garrels, Elizabeth. "La Nueva Heloisa en América o el ideal de la mujer de la generación de 1837." *Nuevo texto crítico* 4 (1989): 27-38.

Genette, Gérard. *Narrative Discourse Revisited*. Trans. Jane E. Lewin. Ithaca: Cornell U.P., 1988.

_____. *Palimpsestos: La literatura en segundo grado*. 1982. Traducción de Celia Fernández Prieto. Madrid: Taurus, 1989.

Gerassi Navarro, Nina. "Pirate Novels: Metaphors of a Developing Identity." Diss. Columbia University, 1993.

Gilbert, Sandra M. and Susan Gubar. "Infection in the Sentence: The Woman Writer and the Anxiety of Authorship." Warhol. 289-300.

Gilman, Stephen. "Bernal Díaz del Castillo and 'Amadís de Gaula.' " *Studia Philologica (Homenaje a Dámaso Alonso)*. Madrid: Gredos, 1961. 99-113.

Gómez de Avellaneda y Arteaga, Gertrudis. "Una anécdota de la vida de Cortés." 1871. *Obras de Doña Gertrudis Gómez de Avellaneda*. Tomo 5. 207-14.

_____. *Diario de amor: Autobiografía*. 1839-1854. La Habana: Letras Cubanas, 1993.

_____. "La mujer." 1860. *Obras de Doña Gertrudis Gómez de Avellaneda*. Tomo 5. 275-84.

_____. *Dos mujeres*. 1842. *Obras de la Avellaneda. Edición nacional del Centenario*. Tomo 5. 5-210.

_____. *Obras de Doña Gertrudis Gómez de Avellaneda*. Edición y estudio preliminar de José María Castro y Calvo. 5 tomos. Biblioteca de Autores Españoles. Madrid: Atlas,1974.

_____. *Obras de la Avellaneda. Edición nacional del centenario*. 6 tomos. La Habana: Imprenta de Aurelio Miranda, 1914.

_____. *Sab*. 1841. Edición de Carmen Bravo-Villasante. Salamanca: Anaya, 1970.

Gómez-Gil, Orlando. *Historia crítica de la literatura hispanoamericana*. New York: Hart & Wilson, 1968.

González Stephan, Beatriz, Javier Lasarte, Graciela Montaldo y María Julia Daroqui, Eds. *Esplendores y miserias del siglo XIX. Cultura y sociedad en América Latina*. Caracas: Monte Ávila, 1995.

_____. *La historiografía literaria del liberalismo hispanoamericano del siglo XIX*. La Habana: Casa de las Américas, 1987.

González Peña, Carlos. *Historia de la literatura mexicana*. México: Porrúa, 1945. 194-97.

González, Flora. "Repetición y escritura en la obra de Reinaldo Arenas." En González Echevarría 1984. 395-408.

González-Echevarría, Roberto, Comp. *Historia y ficción en la narrativa hispanoamericana. Coloquio de Yale*. Caracas: Monte Ávila, 1984.

_____. "Humanism and Rhetoric in *Comentarios reales* and *El Carnero*." *In Retrospect: Essays in Latin American Literature*. Ed. Elizabeth S. y Timothy J. Rogers. York, SC: Spanish Literature Publications, 1987. 8-23.

_____. *Isla a su vuelo fugitiva. Ensayos críticos sobre literatura hispanoamericana*. Madrid: José Porrúa Turranzas, 1983.

_____. *Myth and Archive. A Theory of Latin American Narrative*. Cambridge: Cambridge U.P., 1990.

_____. "An Outcast of the Island." *The New York Times Book Review* (Oct 24, 1993): 1, 32-33.

_____. *The Pilgrim at Home*. Austin: U. of Texas P., 1977.

_____. *The Voice of the Masters. Writing and Authority in Modern Latin American Literature*. Austin: U. of Texas P., 1985.

Guerra, Lucía. "Estrategias femeninas en la elaboración del sujeto romántico en la obra de Gertrudis Gómez de Avellaneda." *Revista Iberoamericana* 51.132-133 (1985): 707-22.

Guicharnaud-Tollis, Michele. "Notas sobre el tiempo histórico en la ficción: la conquista de México en *Guatimozín.*" *Cuadernos Americanos* 3.45 (1994): 88-102.

Gutiérrez Girardot, Rafael. *Modernismo: Supuestos históricos y culturales.* México: F.C.E., 1988.

Gutiérrez-Vega, Zenaida. *José María Chacón y Calvo, hispanista cubano.* Madrid: Ediciones de Cultura Hispánica, 1969.

Harter, Hugh A. *Gertrudis Gómez de Avellaneda.* Boston: Twayne, 1981.

Hasson, Liliane. "*Antes que anochezca (Autobiografía)*: una lectura distinta de la obra de Arenas." Ette 1992. 165-73.

_____. "Memorias de un exiliado. París, primavera, 1985." En Ette 1992. 35-63.

Henríquez Ureña, Max. *Panorama histórico de la literatura cubana.* Dos tomos. Puerto Rico: Mirador, 1963.

Henríquez Ureña, Pedro. *Las corrientes literarias en la América hispánica.* 1949. México: FCE, 1978.

Heredia, José María. "Ensayo sobre la novela." 1832. En Cintio Vitier 1968. 157-66.

Hernández, Ivette. "El desorden de un reino: historia y poder en *El carnero.*" En *Conquista y contraconquista. Actas del XXVIII Congreso del Instituto Internacional de Literatura Iberoamericana.* México: Colegio de México y Brown University, 1994. 219-29.

Hernández-Miyares, Julio E. "Variaciones en un tema indianista de la Avellaneda." En Zaldívar, 1981.

_____ y Perla Rozencvaig, Eds. *Reinaldo Arenas: alucinaciones, fantasía, realidad.* Glenview, Illinois: Montesinos/Scott, Foresman, 1990.

Herrero-Olaizola, Alejandro. "*El mundo alucinante* o el 'postmodernismo' de Reinaldo Arenas: visiones y re-visiones paródicas de la historia de Fray Servando." *Symposium* (1994) 48.2: 120-34.

Homenaje a Cirilo Villaverde. Cuba en la UNESCO, 3-5. La Habana. 1964.

Hugo, Victor. Préface. *Cromwell.* Paris: Nelson, 1939. 9-72.

Hutcheon, Linda. *A Poetics of Postmodernism: History, Theory, Fiction.* New York: Routledge, 1988.

_____. *A Theory of Parody: Teachings of Twentieth Century Art Forms.* New York: Methuen, 1985.

Inclán, Josefina. "La mujer en la mujer Avellaneda." En Zaldívar *et al.* 71-92.

Iñigo Madrigal, Luis, Coord. *Historia de la literatura hispanoamericana, tomo I: Época colonial.* Madrid: Cátedra, 1982.

Jara Cuadra, René. "Aspectos de la intertextualidad en *El mundo alucinante.*" *Texto Crítico* (Xalapa) 5.13 (1979): 219-35.

Jenny, Laurent. "The Strategy of the Form." *French Literary Theory. A Reader.* Ed. Tzvetan Todorov. New York: Cambridge U.P., 1982

Junco, Alfonso. *El increíble Fray Servando. Psicología y epistolario.* México: Editorial Jus, 1959.

Kant, Immanuel. *Crítica del juicio.* Trad. Manuel García Morente. Madrid: Espasa-Calpe, 1984.

Kelly, Joan. "Did Women Have a Renaissance?" *Women, History and Theory.* Chicago: U. of Chicago P., 1981. 18-47.

Kirkpatrick, Susan. *Las Románticas. Women Writers and Subjectivity in Spain 1835-1850.* Berkeley: U. of California P., 1989.

Kristeva, Julia. "Women's Time." Warhol. 443-62.

Lamore, Jean. Introducción. *Cecilia Valdés* de Cirilo Villaverde. 11-48.

Larsen, Neil. "A Note on Lukács' *The Historical Novel* and the Latin American Tradition." Balderston. 121-28.

Lauretis, Teresa de. "Queer Theory: Lesbian and Gay Sexualities. An Introduction." *Differences: A Journal of Feminist and Cultural Studies* 3.2 (1991): iii-xviii.

Lazo, Raimundo. *Historia de la literatura cubana.* Segunda edición. 1965. México: UNAM, 1974.

Lezama Lima, José. "A partir de la poesía." 1960. En *La cantidad hechizada.* La Habana: UNEAC, 1970. 31-53.

_____. "Conferencia sobre Gertrudis Gómez de Avellaneda." *Fascinación de la memoria.Textos inéditos.* La Habana: Letras Cubanas, 1993. 155-65.

_____. "La expresión americana." 1957. *Confluencias. Selección de ensayos.* Ed. Abel E. Prieto. La Habana: Letras Cubanas, 1988. 211-93.

_____. "Gertrudis Gómez de Avellaneda." *Antología de la poesía cubana.* Tomo II. La Habana: Consejo Nacional de Cultura, 1965. 69-73.

Loureiro, Ángel, Ed. *Autobiografía: estudios y documentación. Suplementos Anthropos* 29 (1991).

Lozano, Hernán. Introducción. *Conquista y descubrimiento del Nuevo Reino de Granada* de Juan Rodríguez Freile. Cali, Colombia: La Industria Cultural, 1989. v-xxviii.

Luis, William. *Literary Bondage. Slavery in Cuban Literature.* Austin: U. of Texas P., 1990.

Lukács, Georg. *The Historical Novel.* 1937. Trans. Hannah and Stanley Mitchell. Boston: Beacon Press, 1962.

Lyotard, Jean Francois. "Note on the Meaning of 'Post-.'" *Postmodernism. A Reader.* Ed. Thomas Docherty. New York: Columbia U.P., 1993. 47-50.

Mac Adam, Alfred J. "Cecilia travestí: *La Loma del Ángel.*" Hernández-Miyares *et al.* 191-96.

Maíz-Peña, Magdalena. "Entre biografía y mitografía femenina: *Antonieta* de Bradu." *Letras Femeninas*, Número extraordinario conmemorativo, 1974-1994: 139-46.

Manzoni, Alessandro. *On the Historical Novel and, in General, on Works Mixing History and Invention.* 1850. Trans. Sandra Bermann. Lincoln: U. of Nebraska P., 1984.

Manzoni, Celina. "Memoria de la noche. La autobiografía de Reinaldo Arenas." *Fronteras literarias en la literatura latinoamericana. Actas de las XI Jornadas de Investigación.* Instituto de Literatura Hispanoamericana. Buenos Aires, 1996, 343-50.

Martí, José. *Obras completas.* La Habana: Editorial Nacional de Cuba, 1963.

Martin, Claire Emilie. "Slavery in the Spanish Colonies: the Racial Politics of the Countess of Merlin." Meyer, ed. 37-45.

Martinengo, Alessandro. "La cultura literaria de Juan Rodríguez Freyle." Traducción de Giovanni De Cesare. *Thesaurus* 19 (1964): 274-99.

Marting, Diane, Ed. *Escritoras de Hispanoamérica. Una guía bio-bibliográfica.* Edición en español de Montserrat Ordóñez. Bogotá: Siglo XXI, 1991.

Mead, Robert. *Breve historia del ensayo hispanoamericano.* México: Andrea, 1956.

Meléndez, Concha. *La novela indianista en Hispanoamérica (1832-1889).* Segunda edición. 1934. Río Piedras: U. de Puerto Rico, 1961.

Menton, Seymour. "Christopher Colombus and the New Historical Novel." *Hispania* 75 (1992) 930-40.

_____. *Latin America's New Historical Novel.* Austin: U. of Texas P., 1993.

_____. "Modelos épicos para la novela de la Revolución Cubana." En González Echevarría 1984. 343-58.

_____. *Prose Fiction of the Cuban Revolution*. Austin: U. of Texas P., 1975.

Merlin, María de las Mercedes Santa Cruz, Condesa de. "The Women of Havana. To George Sand." 1844. Trans. Claire Emilie Martin. *Rereading the Spanish American Essay: Translations of 19th and 20th Century Women Essays*. Ed. Doris Meyer. Austin: U. of Texas Press, 1995. 13-22.

_____. *Viaje a La Habana*. 1844. La Habana: Librería Cervantes, 1922.

Meyer, Doris, ed. *Reinterpreting the Spanish American Essay. Women Writers of the 19th and the 20th Centuries*. Austin: U. of Texas P., 1995.

Mier Noriega y Guerra, Fray Servando Teresa de. *Escritos y memorias*. Segunda Edición. Prólogo y selección de Edmundo O'Gorman. México: U.N.A.M., 1994.

_____. *Historia de la revolución de la Nueva España, antiguamente Anáhuac*. 1813. Edición crítica e Introducción de André Saint-Lu y Marie-Cécile Bénassy-Berling. Prefacio de David Brading. París: La Sorbonne, 1990.

Mignolo, Walter. "Cartas, crónicas y relaciones del descubrimiento y la conquista." En Iñigo Madrigal. 57-116.

Miller, Beth. "Gertrude the Great: Nineteenth Century Feminist." *Women in Hispanic Literature: Icons and Fallen Idols*. Berkeley, Los Angels and London: U. of California P., 1983. 201-14.

Moi, Toril. *Sexual / Textual Politics: Feminist Literary Theory*. New York: Methuen, 1985.

Molloy, Sylvia. *At Face Value. Autobiographical Writing in Spanish America*. Cambridge: Cambridge U.P., 1991.

Montero, Oscar. "Julián del Casal and the Queers of Havana." Bergmann. 92-112.

Montero Díaz, Santiago. "La doctrina de la historia en los tratadistas del Siglo de Oro." *Hispania* 4 (1941): 3-39.

Montoya de Zayas, Ondina. "La Avellaneda en su tiempo." En Zaldívar et al. 111-31.

Morejón, Nancy. *Fundación de la imagen*. La Habana: Letras Cubanas, 1988.

Morley, Mónica y Enrico Mario Santí. "Reinaldo Arenas y su mundo alucinante: una entrevista." *Hispania* 66 (1983): 114-18.

Morúa Delgado, Martín. "Impresiones literarias: las novelas del Señor Villaverde." 1891. En *Homenaje a Cirilo Villaverde*. 116-35.

Narváez, Carlos R. *"La Loma del Ángel*: transgresión, apropiación y reconstrucción de *Cecilia Valdés*." Hernández-Miyares *et al.* 182-90.

Olivares, Jorge. "Otra vez *Cecilia Valdés*: Arenas con(tra) Villaverde." *Hispanic Review* 62.2 (1994): 169-84.

Ortega, Julio. "The Dazzling World of Friar Servando." Trans. Tom J. Lewis. *Review (A Publication of the Center for Inter-American Relations) 8* (1973): 45-48.

_____. "Sobre *El siglo de las luces*." En *Asedios a Carpentier*. Ed. Klaus Müller-Bergh. Santiago de Chile: Editorial Universitaria, 1972. 191-206.

Otero, Lisandro. "Delmonte y la cultura de la sacarocracia." *Revista Iberoamericana* 152-153 (1990): 723-31.

_____. "Notas sobre la funcionalidad de la cultura." *Casa de las Américas* 68 (1971): 94-107.

Pagni, Andrea. "Palabra y subversión en *El mundo alucinante*." Ette, ed. 139-48.

Palma, Ramón de. "La romántica." 1838. En Cintio Vitier 1968. 187-93.

Partner, Nancy. "Making Up Lost Time: Writing on the Writing of History." *Speculum* 61.1 (1986): 91-117.

Pastor Boomer, Beatriz. *Discurso narrativo de la conquista de América: Ensayo*. La Habana: Casa de la Américas, 1984.

Paz, Octavio. *Los hijos del limo: Del romanticismo a la vanguardia*. Barcelona: Seix Barral, 1974.

_____. *El laberinto de la soledad*. México: F.C.E., 1967.

Picard, Roger. *El romanticismo social*. 1944. Trad. Blanca Chacel. México: F.C.E., 1947.

Picón-Garfield, Evelyn. "Conciencia nacional ante la historia: *Guatimozín, último emperador de México*." En Picón Garfield e I.A. Schulman, Eds. 39-65.

_____. "Desplazamientos históricos: *Guatimozín* de Gertrudis Gómez de Avellaneda." En Chang-Rodríguez, 1989. 97-107.

_____. "La historia recodificada en el discurso de Gertrudis Gómez de Avellaneda." *Inti. Revista de literatura hispánica* 40-41 (1994-1995): 75-91.

_____. "Sexo/texto: la política de Gertrudis Gómez de Avellaneda." *Casa de las Américas* 172-173 (1989): 107-14.

Picón-Garfield, Evelyn e Iván Schulman, Eds. *Contextos: Literatura y sociedad latinoamericana del siglo XIX*. Urbana: U. of Illinois P., 1991.

Piñeyro, Enrique. "Sobre Gertrudis Gómez de Avellaneda. Su coronación en La Habana." En *Bosquejos, retratos, recuerdos*. La Habana: Consejo Nacional de Cultura, 1964. 217-36.

Portuondo, José Antonio. *Capítulos de la literatura cubana*. La Habana, Letras Cubanas, 1981.

_____. "Literatura y sociedad." En *América Latina en su literatura*. Coordinador César Fernández Moreno. México: UNESCO/Siglo XXI, 1972. 391-405.

Posada Mejía, Germán. "La historiografía en el Nuevo Reino de Granada (1540-1810)." *Boletín de Historia y Antigüedades* 39.452-454 (1952): 303-28.

Pratt, Mary Louise. "Género y ciudadanía: las mujeres en diálogo con la nación." González Stephan *et al.* 261-75.

_____. "Las mujeres y el imaginario nacional del siglo XIX." *Revista de Crítica Literaria Latinoamericana* 38 (1993): 51-62.

_____. "Women, Literature and National Brotherhood." *Women, Culture and Politics in Latin America*. Berkeley and Los Angeles: U. of California P., 1990. 48-73.

Pupo-Walker, Enrique, Ed. *El cuento hispanoamericano ante la crítica*. Madrid: Castalia, 1973.

_____. "Primeras imágenes de América." González Echevarría 1984. 85-103.

_____. "Sobre el discurso narrativo y sus referentes en los *Comentarios Reales* del Inca Garcilaso de la Vega." Chang-Rodríguez, Comp. 21-43.

_____. *La vocación literaria del pensamiento histórico de América*. Madrid: Gredos, 1982.

Quiroga, José. "Fleshing Out Virgilio Piñera from the Cuban Closet." Bergmann. 168-80.

Rama, Ángel. *La ciudad letrada*. Hanover, NH: Ediciones del Norte, 1984.

_____. "Literatura y cultura." *Transculturación narrativa en América Latina*. México: Siglo XXI, 1982. 11-56.

_____. "Medio siglo de literatura latinoamericana." *La novela en América Latina: Panoramas, 1920-1980*. Bogotá: Instituto Colombiano de Cultura, 1982. 99-202.

_____. "Reinaldo Arenas al ostracismo." *Eco* 231.38-39 (1981): 332-36.

_____. *Rubén Darío y el modernismo. Circunstancia socioeconómica de un arte americano.* Caracas: U. Central de Venezuela, 1970.

Ramos, Julio. "Trópicos de la fundación: poesía y nacionalidad en José Martí." *Paradojas de la letra.* Caracas: Ediciones Excultura, 1996. 153-64.

Reid, Alastair. "Troublemaker." *The New York Review of Books,* 40.19 (1993): 23-25.

Renan, Ernest. "What is a Nation?" Trans. and notes by Martin Thom. *Nation and Narration.* Ed.Homi Bhabha. London and New York: Routledge, 1990. 8-22.

Rexach, Rosario. "Nostalgia de Cuba en la obra de la Avellaneda." Zaldívar *et al.* 265-79.

Reyes, Alfonso. Prólogo. *Memorias.* De Servando Teresa de Mier. Madrid: Americana, 1917. vii-xxii.

Rimmon, Shlomith. "A Comprehensive Theory of Narrative. Genette's *Figures III.*" *PTL* 1 (1976): 33-62.

Rivas, Mercedes. "Un ejercicio de reescritura: *Cecilia Valdés* en *La Loma del Ángel* de Reinaldo Arenas." En *Conquista y contraconquista. Actas del XXVIII Congreso del Instituto Internacional de Literatura Iberoamericana.* México: Colegio de México y Brown University, 1994. 605-11.

Rodríguez Monegal, Emir. "Carnaval/Antropofagia/Parodia." *Revista Iberoamericana* 45. 108-109 (1976): 401-12.

_____. "The Labyrinthine World of Reinaldo Arenas." *Latin American Literary Review* 8.16 (1980): 126-31.

_____. "La novela histórica: otra perspectiva." González Echevarría 1984. 169-84.

_____. "La nueva novela vista desde Cuba." *Revista Iberoamericana* 41.92-93 (1975): 647-62.

Rodríguez Herrera, Esteban. Introducción y Estudio crítico. 1953. *Cecilia Valdés.* De Cirilo Villaverde. La Habana: Huracán, 1972.

Romero, Mario Germán. Introducción. *El carnero.* De Juan Rodríguez Freile. Bogotá: Instituto Caro y Cuervo, 1984. xii-lxvi.

Romeu, Raquel. "*La Loma del Ángel*: Re-escritura de Cecilia Valdés a ciento cincuenta años." *La literatura como intertextualidad. IX Simposio Internacional de literatura,* Asunción, Universidad del Norte, 1991. Buenos Aires: Vinciguerra, 1992. 420-33.

Ross, Kathleen. "A Natural History of the Old World: the *Memorias* of Fray Servando Teresa de Mier." *Revista de estudios hispánicos* 23.3 (1989): 87-99.

Rozencvaig, Perla. *"El portero* de Reinaldo Arenas: las puertas multidimensionales del exilio." Sánchez, ed. 161-67.

Said, Edward. *Culture and Imperialism*. New York: Vintage Books, 1993.

_____. *The World, the Text and the Critic*. Cambridge, Mass.: Harvard U.P., 1983.

Salgado, María A. "El arte de la leyenda de Gertrudis Gómez de Avellaneda." Zaldívar *et al*. 339-46.

Sánchez-Eppler, Benigno. "Call My Son Ismael: Exiled Paternity and Father/Son Eroticism in Reinaldo Arenas and José Martí." *Differences: A Journal of Feminist Cultural Studies* 6.1 (1994): 69-97.

Sánchez, Reinaldo, Ed. *Reinaldo Arenas: recuerdo y presencia*. Miami: Universal, 1994.

Santos, Nelly E. "Las ideas feministas de la Avellaneda." Zaldívar *et al*. 132-41.

Sarduy, Severo. "El barroco y el neobarroco." *América Latina en su literatura*. César Fernández Moreno, Coordinador. México: UNESCO/ Siglo XXI, 1972. 167-84.

_____. "Escrito sobre Arenas." *Revista Iberoamericana* 57.154 (1991): 331-35.

_____. "Tu dulce nombre halagará mi oído." 1978. Zaldívar *et al*. 19-21.

Scott, Nina M. Introduction. *Sab* and *Autobiography* by Gertrudis Gómez de Avellaneda. Edited and translated by Nina M. Scott. Austin: U. of Texas P., 1993. xi-xxvii.

_____. "Shoring Up the 'Weaker Sex.' Avellaneda and Nineteenth Century Gender Ideology." Meyer, ed. 57-67.

_____. "Ver cosas nunca oídas ni aún soñadas: Bernal Díaz' Initial Impression of México." *Cuadernos de ALDEEU* 1.2-3 (1983): 469-79.

Scott, Walter. Dedicatory. *Ivanhoe*. By Walter Scott. New York: Dodd, Mead & Co., 1928.

Schiller, Friedrich. *La educación estética del hombre*. Madrid: Espasa-Calpe: 1968.

Schulman, Iván. Prólogo. *Cecilia Valdés o la Loma del Ángel* de Cirilo Villaverde. Caracas: Ayacucho, [1981]. ix-xxvii.

_____. "Reflections on Cuba and Its Antislavery Literature." *Annals of Southeastern Conference on Latin American Studies* 7 (1976): 59-67.

Sklodowska, Elzbieta. *"El mundo alucinante*: historia y ficción." Hernández-Miyares *et al.* 158-64.

_____. *La parodia en la nueva novela hispanoamericana.* Philadelphia: John Benjamins Publishing Co., 1991.

_____. "El (re)descubrimiento de América: la parodia de la novela histórica." *Romance Quarterly* (1990): 343-52.

_____. "Testimonio mediatizado: ventriloquía o heteroglosia?" *Revista de crítica literaria latinoamericana* 38 (1993): 81-90.

Smith, Sidonie. "Hacia una poética de la autobiografía de mujeres." Trad. Reyes Lázaro. En Angel Loureiro, ed. 93-105.

Solotorevski, Myrna. "El relato literario como configurador de un referente histórico: *Termina el desfile* de Reinaldo Arenas." *Revista Iberoamericana* 57.154 (1991): 365-69.

Sommer, Doris. "Cecilia no sabe, o los bloqueos que blanquean." *Revista de crítica literaria latinoamericana* 19.38 (1993), 239-48.

_____. *Foundational Fictions: The National Romances of Latin America.* Berkeley: U. of California P., 1991.

_____. "Not Just any Narrative: How Romance Can Love Us to Death." Daniel Balderston, Ed. 47-73.

_____. "Who can tell? Filling in Blanks for Villaverde." *American Literary History* 6.2 (1994): 213-33.

Soto, Francisco. *"Celestino antes del alba:* escritura subversiva / sexualidad transgresiva." *Revista Iberoamericana* 154 (1991): 345-53.

_____. *Conversación con Reinaldo Arenas.* Madrid: Betania, 1990.

_____. *Reinaldo Arenas: The Pentagonía.* "Introduction" and "The Pentagonía within the Context of the Cuban Documentary Novel." Gainsville: U.P. of Florida, 1994. 1-48.

Staël, Germaine de. *An Extraordinary Woman. Selected Writings by Germaine de Staël.* Trans. Vivian Folkenflik. New York: Columbia U.P., 1987.

Valero, Roberto. "Otra vez el mar, de Reinaldo Arenas." *Revista Iberoamericana* 57.154 (1991): 355-63.

Varona, Enrique José. Discurso en la velada por el centenario del nacimiento de la Avellaneda. *Obras de la Avellaneda. Edición nacional del centenario.* Tomo 1. xv ss.

_____. "Hojas al viento, por Julián del Casal." En *Prosas* de Julián del Casal, tomo 1. 26-29.

_____. *Textos escogidos.* Edición de Raimundo Lazo. México: Porrúa, 1968.

Villaverde, Cirilo. Prólogo. *Cecilia Valdés o la Loma del Ángel* de Cirilo Villaverde. Caracas: Ayacucho, [1981].

Villegas, Abelardo. *Antología del pensamiento social y político de América Latina*. Washington: Unión Panamericana, 1964.

Vitier, Cintio. "La aventura de *Orígenes*." Lezama Lima *Fascinación*. 309-37.

_____. *Lo cubano en la poesía*. 1958. La Habana: Instituto del Libro, 1970.

_____, Ed. *La crítica literaria y estética en el siglo diecinueve cuabano*. La Habana: Biblioteca Nacional José Martí, 1968.

_____. Prólogo y Advertencia. *Espejo de paciencia*. De Silvestre de Balboa. La Habana: U. Central de Las Villas, 1960. 5-58.

Volek, Emil."La carnavalización y la alegoría en *El mundo alucinante* de Reinaldo Arenas." *Revista Iberoamericana* 51.130-31 (1985): 125-48.

Warhol, Robyn, Ed. *Feminisms. An Anthology of Literary Theory and Criticism*. New Brunswick, N.J.: Rutgers U.P., 1991.

Weintraub, Karl J. "Autobiografía y conciencia histórica." Trad. Ana M. Dotras. En Angel Loureiro, ed. 18-33.

Wellek, René. *A History of Modern Criticism :1750-1950. The Romantic Age*. New Haven and London: Yale U.P., 1955.

White, Hayden. *The Content of the Form: Narrative Discourse and Historical Representation*. Baltimore: Johns Hopkins U.P., 1987.

_____. "The Forms of Wildness: Archaeology of an Idea." *Tropics of Discourse*. Baltimore: Johns Hopkins U.P., 1978. 150-82.

_____. "The Historical Text as Literary Artifact." *Tropics of Discourse*. Baltimore: Johns Hopkins U.P., 1978. 81-100.

_____. *Metahistory. The Historical Imagination in the XIX century*. Baltimore: Johns Hopkins U.P., 1973.

Woolf, Virginia. *Orlando*. 1928. Trad. Jorge L. Borges. 1937. Barcelona: Edhasa, 1977.

Zaldívar, Gladys, y Rosa Martínez Cabrera. *Homenaje a Gertrudis Gómez de Avellaneda. Memorias del Simposio en el centenario de su muerte*. Miami: Universal, 1981.

_____. "La metáfora de la historia en *El mundo alucinante*." En *Novela cubana de los años sesenta*. Miami: Universal, 1977. 41-67.

Zamora, Margarita. *Language, Authority and Indigenous History in the Comentarios reales de los incas*. New York: Cambridge U.P., 1988.

Zea, Leopoldo. Introducción. En Villegas. 1-56.